भारतीय एवं विश्व इतिहास वस्तुनिष्ठ प्रश्न

भारतीय एवं विश्व इतिहास वस्तुनिष्ठ प्रश्न

व्याख्या सहित

SSC, Banking, Railway एवं अन्य प्रतियोगी परीक्षाओं हेतु

1500+ वस्तुनिष्ठ प्रश्न

RK SUCCESS SOLUTIONS

प्रस्तावना (Preface)

प्रतियोगी परीक्षाओं की तैयारी करने वाले विद्यार्थियों के लिए इतिहास एक अत्यंत महत्वपूर्ण विषय है। यह केवल अतीत की घटनाओं का अध्ययन नहीं है, बल्कि वर्तमान को समझने और भविष्य को दिशा देने का एक सशक्त माध्यम भी है। भारतीय एवं विश्व इतिहास का गहन अध्ययन अभ्यर्थियों के ज्ञान को समृद्ध करता है और उन्हें विभिन्न परीक्षाओं में सफलता प्राप्त करने के लिए एक मजबूत आधार प्रदान करता है।

वर्तमान समय में प्रतियोगी परीक्षाओं का स्वरूप लगातार बदल रहा है। प्रश्नों का स्तर अधिक विश्लेषणात्मक और तथ्यात्मक होता जा रहा है, जिसके लिए नियमित अभ्यास और सही मार्गदर्शन अत्यंत आवश्यक है। इसी आवश्यकता को ध्यान में रखते हुए इस पुस्तक "भारतीय एवं विश्व इतिहास वस्तुनिष्ठ प्रश्न" का निर्माण किया गया है।

इस पुस्तक में भारतीय तथा विश्व इतिहास के महत्वपूर्ण विषयों को समाहित करते हुए नवीनतम परीक्षा पैटर्न के अनुसार वस्तुनिष्ठ प्रश्न (MCQs) प्रस्तुत किए गए हैं। प्रत्येक प्रश्न को इस प्रकार तैयार किया गया है कि वह परीक्षाओं में पूछे जाने वाले प्रश्नों की वास्तविक शैली और स्तर को दर्शाता है। साथ ही, प्रत्येक प्रश्न के साथ संक्षिप्त एवं स्पष्ट व्याख्या भी दी गई है, जिससे अभ्यर्थी विषय को गहराई से समझ सकें और अपनी तैयारी को और अधिक सुदृढ़ बना सकें।

यह पुस्तक SSC, Banking, Railway, UPSC तथा अन्य प्रतियोगी परीक्षाओं की तैयारी करने वाले सभी अभ्यर्थियों के लिए उपयोगी सिद्ध होगी। हमारा प्रयास रहा है कि यह पुस्तक सरल भाषा, स्पष्ट प्रस्तुति और उच्च गुणवत्ता वाली सामग्री के माध्यम से विद्यार्थियों के लिए एक विश्वसनीय मार्गदर्शक बने। हम आशा करते हैं कि यह पुस्तक आपकी सफलता की यात्रा में एक महत्वपूर्ण भूमिका निभाएगी।

– लेखक

भारतीय एवं विश्व इतिहास वस्तुनिष्ठ प्रश्न

विषय सूची (Contents)

भाग 4: विश्व इतिहास

भाग 5: अभ्यास खंड (MCQ Practice Section)

भाग 6: त्वरित पुनरावृत्ति (Revision Section)

Chapter 1: प्रागैतिहासिक काल

1. प्रागैतिहासिक काल किसे कहा जाता है?

(A) जब धातुओं का उपयोग शुरू हुआ

(B) जब लेखन कला का विकास हो गया

(C) जब मानव ने लिखना नहीं सीखा था

(D) जब नगरों का विकास हुआ

उत्तर: (C)

व्याख्या: प्रागैतिहासिक काल वह समय है जब मानव ने लेखन कला विकसित नहीं की थी और जानकारी पुरातात्विक साक्ष्यों से मिलती है।

2. प्रागैतिहासिक काल का मुख्य स्रोत क्या है?

(A) साहित्यिक ग्रंथ

(B) पुरातात्विक साक्ष्य

(C) शिलालेख

(D) अभिलेख

उत्तर: (B)

व्याख्या: इस काल में लेखन का अभाव था, इसलिए जानकारी औजारों, हड्डियों और गुफा चित्रों से मिलती है।

3. पुरापाषाण काल को किस नाम से भी जाना जाता है?

(A) ताम्रपाषाण काल

(B) नवीन पाषाण काल

(C) प्राचीन पाषाण काल

(D) लौह काल

उत्तर: (C)

व्याख्या: पुरापाषाण काल को प्राचीन पाषाण काल भी कहा जाता है, जिसमें प्रारंभिक पत्थर के औजारों का उपयोग हुआ।

4. मानव ने सबसे पहले किस प्रकार के औजारों का उपयोग किया?

(A) धातु के औजार

(B) पत्थर के औजार

(C) लकड़ी के औजार

(D) हड्डी के औजार

उत्तर: (B)

व्याख्या: प्रारंभिक मानव ने पत्थर के औजारों का उपयोग शिकार और सुरक्षा के लिए किया।

5. भीमबेटका गुफाएँ किस राज्य में स्थित हैं?

(A) उत्तर प्रदेश

(B) मध्य प्रदेश

(C) बिहार

(D) राजस्थान

उत्तर: (B)

व्याख्या: भीमबेटका गुफाएँ मध्य प्रदेश में स्थित हैं और यहाँ प्राचीन गुफा चित्र पाए जाते हैं।

6. आग का उपयोग मानव ने सबसे पहले किस काल में किया?

(A) नवपाषाण काल

(B) ताम्रपाषाण काल

(C) पुरापाषाण काल

(D) लौह काल

उत्तर: (C)

व्याख्या: पुरापाषाण काल के अंतिम चरण में मानव ने आग का उपयोग करना सीखा।

7. मध्यपाषाण काल की प्रमुख विशेषता क्या थी?

(A) कृषि का आरंभ

(B) छोटे औजारों का उपयोग

(C) धातुओं का उपयोग

(D) नगरों का विकास

उत्तर: (B)

व्याख्या: इस काल में माइक्रोलिथ नामक छोटे औजारों का उपयोग हुआ।

8. नवपाषाण काल की सबसे महत्वपूर्ण उपलब्धि क्या थी?

(A) शिकार

(B) कृषि का आरंभ

(C) धातु का उपयोग

(D) लेखन का विकास

उत्तर: (B)

व्याख्या: नवपाषाण काल में कृषि शुरू हुई जिससे स्थायी जीवन संभव हुआ।

9. मानव ने स्थायी निवास कब शुरू किया?

(A) पुरापाषाण काल

(B) मध्यपाषाण काल

(C) नवपाषाण काल

(D) लौह काल

उत्तर: (C)

व्याख्या: कृषि के कारण नवपाषाण काल में स्थायी बस्तियाँ बनीं।

10. पहिए का आविष्कार किस काल में हुआ?

(A) पुरापाषाण काल

(B) मध्यपाषाण काल

(C) नवपाषाण काल

(D) ताम्रपाषाण काल

उत्तर: (C)

व्याख्या: नवपाषाण काल में पहिए के आविष्कार से परिवहन आसान हुआ।

11. पुरापाषाण काल के मानव का मुख्य व्यवसाय क्या था?

(A) कृषि

(B) शिकार और संग्रह

(C) व्यापार

(D) पशुपालन

उत्तर: (B)

व्याख्या: इस काल में मानव भोजन के लिए शिकार और संग्रह पर निर्भर था।

12. किस काल में मानव ने पशुपालन शुरू किया?

(A) पुरापाषाण काल

(B) मध्यपाषाण काल

(C) नवपाषाण काल

(D) लौह काल

उत्तर: (C)

व्याख्या: नवपाषाण काल में मानव ने पशुओं को पालना शुरू किया।

13. प्रागैतिहासिक काल के लोग किस प्रकार के घरों में रहते थे?

(A) पक्के मकान

(B) झोपड़ियाँ और गुफाएँ

(C) महल

(D) किले
उत्तर: (B)
व्याख्या: प्रारंभिक मानव गुफाओं और अस्थायी झोपड़ियों में रहता था।

14. मध्यपाषाण काल में कौन सा औजार प्रमुख था?
(A) बड़े पत्थर के औजार
(B) धातु के औजार
(C) माइक्रोलिथ
(D) लकड़ी के औजार
उत्तर: (C)
व्याख्या: इस काल में छोटे पत्थर के औजारों को माइक्रोलिथ कहा जाता है।

15. नवपाषाण काल में किसका विकास हुआ?
(A) नगर
(B) कृषि और पशुपालन
(C) धातु उद्योग
(D) लेखन
उत्तर: (B)
व्याख्या: नवपाषाण काल में कृषि और पशुपालन का विकास हुआ।

16. गुफा चित्रों का प्रमुख स्थान कौन सा है?
(A) नालंदा
(B) भीमबेटका
(C) तक्षशिला
(D) पाटलिपुत्र
उत्तर: (B)
व्याख्या: भीमबेटका गुफाएँ प्राचीन चित्रकला के लिए प्रसिद्ध हैं।

17. प्रागैतिहासिक काल में कपड़े किससे बनाए जाते थे?
(A) कपास
(B) ऊन
(C) पेड़ों की छाल और पशु चमड़ा
(D) रेशम
उत्तर: (C)
व्याख्या: प्रारंभिक मानव पेड़ों की छाल और पशु चमड़े का उपयोग करता था।

18. नवपाषाण काल में किसका उपयोग शुरू हुआ?
(A) लोहे का
(B) तांबे का
(C) मिट्टी के बर्तन
(D) सोने का
उत्तर: (C)
व्याख्या: इस काल में मिट्टी के बर्तन बनाए जाने लगे।

19. मानव ने भोजन पकाना कब सीखा?
(A) पुरापाषाण काल
(B) मध्यपाषाण काल
(C) नवपाषाण काल
(D) लौह काल
उत्तर: (A)
व्याख्या: आग के उपयोग से पुरापाषाण काल में भोजन पकाना संभव हुआ।

20. किस काल में मानव घुमंतू जीवन जीता था?
(A) नवपाषाण काल
(B) मध्यपाषाण काल

(C) पुरापाषाण काल
(D) लौह काल
उत्तर: (C)
व्याख्या: इस काल में मानव स्थायी नहीं था और भोजन की खोज में घूमता रहता था।

21. प्रागैतिहासिक काल में प्रमुख हथियार क्या थे?
(A) तलवार
(B) भाला और पत्थर
(C) बंदूक
(D) धनुष
उत्तर: (B)
व्याख्या: प्रारंभिक मानव भाला और पत्थरों का उपयोग करता था।

22. नवपाषाण काल में किस प्रकार के औजार बने?
(A) खुरदरे
(B) पॉलिश किए हुए
(C) धातु के
(D) लकड़ी के
उत्तर: (B)
व्याख्या: इस काल में चिकने और पॉलिश किए गए पत्थर के औजार बनाए गए।

23. किस काल में मानव ने खेती शुरू की?
(A) पुरापाषाण
(B) मध्यपाषाण
(C) नवपाषाण
(D) लौह
उत्तर: (C)
व्याख्या: नवपाषाण काल में कृषि की शुरुआत हुई।

24. प्रागैतिहासिक काल का अंत किससे माना जाता है?
(A) धातु के उपयोग से
(B) कृषि से
(C) लेखन के विकास से
(D) नगरों से
उत्तर: (C)
व्याख्या: लेखन कला के विकास के साथ प्रागैतिहासिक काल समाप्त हुआ।

25. प्रारंभिक मानव किससे डरता था?
(A) पशु और प्राकृतिक शक्तियाँ
(B) राजा
(C) सैनिक
(D) व्यापारी
उत्तर: (A)
व्याख्या: प्राकृतिक शक्तियाँ और जंगली पशु उसके लिए खतरा थे।

26. मध्यपाषाण काल में कौन सा परिवर्तन हुआ?
(A) धातु का उपयोग
(B) स्थायी जीवन
(C) शिकार के नए तरीके
(D) नगरों का विकास
उत्तर: (C)
व्याख्या: इस काल में शिकार के बेहतर उपकरण और तकनीकें विकसित हुईं।

27. नवपाषाण काल में समाज कैसा

था?

(A) घुमंतू

(B) स्थायी

(C) युद्धप्रिय

(D) व्यापारी

उत्तर: (B)

व्याख्या: कृषि के कारण स्थायी बस्तियाँ बनीं।

28. प्रागैतिहासिक काल में धर्म का स्वरूप कैसा था?

(A) संगठित धर्म

(B) प्रकृति पूजा

(C) एकेश्वरवाद

(D) नास्तिकता

उत्तर: (B)

व्याख्या: लोग प्रकृति की शक्तियों की पूजा करते थे।

29. किस काल में कुत्ते को पालतू बनाया गया?

(A) पुरापाषाण

(B) मध्यपाषाण

(C) नवपाषाण

(D) लौह

उत्तर: (C)

व्याख्या: नवपाषाण काल में पशुपालन के साथ कुत्ते को पालतू बनाया गया।

30. प्रागैतिहासिक मानव का जीवन कैसा था?

(A) आरामदायक

(B) संघर्षपूर्ण

(C) विलासिता

(D) स्थिर

उत्तर: (B)

व्याख्या: भोजन और सुरक्षा के लिए जीवन कठिन था।

31. किस काल में पहली बार गाँव बने?

(A) पुरापाषाण

(B) मध्यपाषाण

(C) नवपाषाण

(D) ताम्रपाषाण

उत्तर: (C)

व्याख्या: स्थायी जीवन के कारण गाँव बने।

32. प्रागैतिहासिक मानव किस भाषा का उपयोग करता था?

(A) संस्कृत

(B) लिखित भाषा

(C) संकेत और ध्वनि

(D) हिंदी

उत्तर: (C)

व्याख्या: उस समय लिखित भाषा नहीं थी, संकेतों से संवाद होता था।

33. किस काल में मानव ने आग पर नियंत्रण पाया?

(A) मध्यपाषाण

(B) पुरापाषाण

(C) नवपाषाण

(D) ताम्रपाषाण

उत्तर: (B)

व्याख्या: पुरापाषाण काल में आग का नियंत्रण सीखा गया।

34. नवपाषाण काल में कौन सा उपकरण बना?
(A) हल
(B) तलवार
(C) बंदूक
(D) तोप
उत्तर: (A)
व्याख्या: खेती के लिए हल का उपयोग शुरू हुआ।

35. गुफा चित्रों का मुख्य विषय क्या था?
(A) व्यापार
(B) युद्ध
(C) शिकार और दैनिक जीवन
(D) राजनीति
उत्तर: (C)
व्याख्या: चित्रों में शिकार और जीवन के दृश्य दर्शाए गए हैं।

36. प्रागैतिहासिक काल में भोजन का मुख्य स्रोत क्या था?
(A) खेती
(B) शिकार और संग्रह
(C) व्यापार
(D) उद्योग
उत्तर: (B)
व्याख्या: प्रारंभिक मानव भोजन के लिए प्रकृति पर निर्भर था।

37. किस काल में मानव ने अनाज संग्रह करना शुरू किया?
(A) पुरापाषाण
(B) मध्यपाषाण
(C) नवपाषाण
(D) लौह
उत्तर: (C)
व्याख्या: कृषि के साथ अनाज संग्रह शुरू हुआ।

38. नवपाषाण काल में कौन सा परिवर्तन हुआ?
(A) घुमंतू जीवन
(B) स्थायी कृषि
(C) धातु उपयोग
(D) लेखन
उत्तर: (B)
व्याख्या: कृषि के कारण स्थायी जीवन विकसित हुआ।

39. प्रागैतिहासिक काल में परिवहन का साधन क्या था?
(A) गाड़ी
(B) पैदल
(C) ट्रेन
(D) जहाज
उत्तर: (B)
व्याख्या: प्रारंभिक मानव पैदल चलता था।

40. पहिए का उपयोग सबसे पहले किस कार्य में हुआ?
(A) युद्ध
(B) कृषि
(C) परिवहन
(D) व्यापार
उत्तर: (C)
व्याख्या: पहिए का उपयोग मुख्यतः

परिवहन के लिए हुआ।

41. किस काल में मिट्टी के बर्तन बनाए गए?

(A) पुरापाषाण

(B) मध्यपाषाण

(C) नवपाषाण

(D) लौह

उत्तर: (C)

व्याख्या: नवपाषाण काल में बर्तन बनाने की कला विकसित हुई।

42. प्रागैतिहासिक मानव किससे सुरक्षा करता था?

(A) सेना

(B) पत्थर के औजार

(C) पुलिस

(D) कानून

उत्तर: (B)

व्याख्या: पत्थर के औजार ही रक्षा का साधन थे।

43. किस काल में मानव ने खेती के लिए भूमि साफ की?

(A) पुरापाषाण

(B) मध्यपाषाण

(C) नवपाषाण

(D) ताम्रपाषाण

उत्तर: (C)

व्याख्या: कृषि के लिए जंगल साफ किए गए।

44. प्रारंभिक मानव का समाज कैसा था?

(A) वर्ग आधारित

(B) सरल और समान

(C) जटिल

(D) शासित

उत्तर: (B)

व्याख्या: समाज सरल और समानता पर आधारित था।

45. किस काल में अनाज पीसने के उपकरण बने?

(A) पुरापाषाण

(B) मध्यपाषाण

(C) नवपाषाण

(D) लौह

उत्तर: (C)

व्याख्या: कृषि के साथ अनाज पीसने के उपकरण बने।

46. प्रागैतिहासिक मानव किससे प्रकाश प्राप्त करता था?

(A) बिजली

(B) आग

(C) तेल

(D) गैस

उत्तर: (B)

व्याख्या: आग ही प्रकाश और गर्मी का स्रोत थी।

47. किस काल में मानव ने समूह में रहना शुरू किया?

(A) पुरापाषाण

(B) मध्यपाषाण

(C) नवपाषाण

(D) सभी कालों में

उत्तर: (D)

व्याख्या: मानव सभी कालों में समूह में रहता था।

48. प्रागैतिहासिक काल में कला का प्रमुख रूप क्या था?

(A) मूर्तिकला
(B) चित्रकला
(C) संगीत
(D) नाटक
उत्तर: (B)
व्याख्या: गुफा चित्रकला प्रमुख कला थी।

49. किस काल में मानव ने बीज बोना सीखा?

(A) पुरापाषाण
(B) मध्यपाषाण
(C) नवपाषाण
(D) लौह
उत्तर: (C)
व्याख्या: कृषि के साथ बीज बोने की प्रक्रिया शुरू हुई।

50. प्रागैतिहासिक काल की सबसे बड़ी उपलब्धि क्या थी?

(A) लेखन
(B) कृषि और स्थायी जीवन
(C) उद्योग
(D) व्यापार
उत्तर: (B)
व्याख्या: कृषि और स्थायी जीवन ने मानव सभ्यता की नींव रखी।

Chapter 2: सिंधु घाटी सभ्यता

1. सिंधु घाटी सभ्यता का काल किसे माना जाता है?

(A) 1500 ईसा पूर्व–1000 ईसा पूर्व
(B) 2500 ईसा पूर्व–1750 ईसा पूर्व
(C) 1000 ईसा पूर्व–600 ईसा पूर्व
(D) 600 ईसा पूर्व–300 ईसा पूर्व
उत्तर: (B)
व्याख्या: सिंधु घाटी सभ्यता का विकास लगभग 2500 ईसा पूर्व से 1750 ईसा पूर्व के बीच हुआ।

2. सिंधु घाटी सभ्यता की खोज किसने की थी?

(A) दयाराम साहनी
(B) राखालदास बनर्जी
(C) जॉन मार्शल
(D) अलेक्जेंडर कनिंघम
उत्तर: (A)
व्याख्या: हड़प्पा की खोज 1921 में दयाराम साहनी ने की थी।

3. मोहनजोदड़ो की खोज किसने की थी?

(A) दयाराम साहनी
(B) राखालदास बनर्जी
(C) जॉन मार्शल
(D) लार्ड कर्जन
उत्तर: (B)
व्याख्या: मोहनजोदड़ो की खोज 1922 में राखालदास बनर्जी ने की थी।

4. सिंधु घाटी सभ्यता को और किस नाम से जाना जाता है?

(A) वैदिक सभ्यता

(B) हड़प्पा सभ्यता
(C) आर्य सभ्यता
(D) द्रविड़ सभ्यता
उत्तर: (B)
व्याख्या: हड़प्पा स्थल की खोज पहले होने के कारण इसे हड़प्पा सभ्यता भी कहा जाता है।

5. सिंधु घाटी सभ्यता के लोग किस धातु से परिचित नहीं थे?
(A) तांबा
(B) कांसा
(C) लोहा
(D) सोना
उत्तर: (C)
व्याख्या: सिंधु सभ्यता में लोहे का उपयोग नहीं होता था।

6. हड़प्पा सभ्यता की लिपि कैसी थी?
(A) पढ़ी जा चुकी है
(B) केवल संस्कृत में है
(C) अब तक अपठित है
(D) केवल चित्रात्मक नहीं है
उत्तर: (C)
व्याख्या: हड़प्पा लिपि अभी तक पढ़ी नहीं जा सकी है।

7. सिंधु सभ्यता के प्रमुख नगर कौन से थे?
(A) पाटलिपुत्र और तक्षशिला
(B) हड़प्पा और मोहनजोदड़ो
(C) उज्जैन और काशी
(D) दिल्ली और आगरा
उत्तर: (B)
व्याख्या: हड़प्पा और मोहनजोदड़ो इस सभ्यता के प्रमुख नगर थे।

8. महान स्नानागार कहाँ स्थित है?
(A) हड़प्पा
(B) लोथल
(C) मोहनजोदड़ो
(D) कालीबंगन
उत्तर: (C)
व्याख्या: महान स्नानागार मोहनजोदड़ो में स्थित है और यह सार्वजनिक स्नान के लिए था।

9. सिंधु सभ्यता की सबसे प्रमुख विशेषता क्या थी?
(A) धार्मिकता
(B) नगर योजना
(C) युद्ध
(D) साहित्य
उत्तर: (B)
व्याख्या: इस सभ्यता की नगर योजना अत्यंत विकसित थी।

10. लोथल किस लिए प्रसिद्ध है?
(A) किला
(B) बंदरगाह
(C) मंदिर
(D) विद्यालय
उत्तर: (B)
व्याख्या: लोथल एक महत्वपूर्ण बंदरगाह था।

11. हड़प्पा सभ्यता का समाज कैसा था?

(A) असमान
(B) वर्ग विभाजित
(C) संगठित और व्यवस्थित
(D) अराजक
उत्तर: (C)
व्याख्या: समाज सुव्यवस्थित और संगठित था।

12. कालीबंगन किस राज्य में स्थित है?
(A) पंजाब
(B) हरियाणा
(C) राजस्थान
(D) गुजरात
उत्तर: (C)
व्याख्या: कालीबंगन राजस्थान में स्थित है।

13. सिंधु सभ्यता में घर किससे बने होते थे?
(A) लकड़ी
(B) मिट्टी
(C) पक्की ईंटें
(D) पत्थर
उत्तर: (C)
व्याख्या: घर पक्की ईंटों से बनाए जाते थे।

14. हड़प्पा सभ्यता का मुख्य व्यवसाय क्या था?
(A) शिकार
(B) कृषि और व्यापार
(C) युद्ध
(D) शिक्षा
उत्तर: (B)
व्याख्या: कृषि और व्यापार प्रमुख व्यवसाय थे।

15. सिंधु सभ्यता के लोग किसकी पूजा करते थे?
(A) अग्नि
(B) शिव और मातृदेवी
(C) इंद्र
(D) वरुण
उत्तर: (B)
व्याख्या: मातृदेवी और पशुपति शिव की पूजा के प्रमाण मिले हैं।

16. हड़प्पा सभ्यता की जल निकासी व्यवस्था कैसी थी?
(A) खराब
(B) साधारण
(C) अत्यंत विकसित
(D) नहीं थी
उत्तर: (C)
व्याख्या: जल निकासी व्यवस्था अत्यंत उन्नत थी।

17. किस स्थल से अग्निकुंड के प्रमाण मिले हैं?
(A) लोथल
(B) कालीबंगन
(C) हड़प्पा
(D) धोलावीरा
उत्तर: (B)
व्याख्या: कालीबंगन से अग्निकुंड के प्रमाण मिले हैं।

18. धोलावीरा कहाँ स्थित है?

(A) पंजाब
(B) गुजरात
(C) राजस्थान
(D) हरियाणा
उत्तर: (B)
व्याख्या: धोलावीरा गुजरात में स्थित है।

19. सिंधु सभ्यता की अर्थव्यवस्था का आधार क्या था?
(A) उद्योग
(B) व्यापार और कृषि
(C) शिक्षा
(D) युद्ध
उत्तर: (B)
व्याख्या: कृषि और व्यापार अर्थव्यवस्था के मुख्य आधार थे।

20. हड़प्पा सभ्यता में किसका अभाव था?
(A) नगर
(B) सड़कें
(C) लोहे का उपयोग
(D) जल निकासी
उत्तर: (C)
व्याख्या: लोहे का उपयोग इस सभ्यता में नहीं था।

21. मोहनजोदड़ो का अर्थ क्या है?
(A) मृतकों का टीला
(B) जीवित नगर
(C) व्यापार केंद्र
(D) धार्मिक स्थल
उत्तर: (A)
व्याख्या: मोहनजोदड़ो का अर्थ मृतकों का टीला है।

22. सिंधु सभ्यता में कौन सा पशु पवित्र माना जाता था?
(A) घोड़ा
(B) गाय
(C) बैल
(D) हाथी
उत्तर: (C)
व्याख्या: बैल के चित्र और मूर्तियाँ अधिक मिली हैं।

23. हड़प्पा सभ्यता में किस प्रकार की मुहरें मिली हैं?
(A) लकड़ी
(B) धातु
(C) पत्थर
(D) कागज
उत्तर: (C)
व्याख्या: पत्थर की मुहरें व्यापार में उपयोग होती थीं।

24. सिंधु सभ्यता में किसका प्रमाण नहीं मिला है?
(A) नगर योजना
(B) जल निकासी
(C) मंदिर
(D) व्यापार
उत्तर: (C)
व्याख्या: मंदिरों के स्पष्ट प्रमाण नहीं मिले हैं।

25. लोथल किस नदी के किनारे स्थित है?
(A) सिंधु

(B) साबरमती
(C) गंगा
(D) यमुना
उत्तर: (B)
व्याख्या: लोथल साबरमती नदी के पास स्थित है।

26. हड़प्पा सभ्यता में किसका उपयोग माप के लिए होता था?
(A) पत्थर
(B) धातु
(C) मानकीकृत बाट
(D) लकड़ी
उत्तर: (C)
व्याख्या: मानकीकृत बाट और माप प्रणाली विकसित थी।

27. सिंधु सभ्यता में सड़कें कैसी थीं?
(A) टेढ़ी
(B) संकरी
(C) सीधी और चौड़ी
(D) कच्ची
उत्तर: (C)
व्याख्या: सड़कें सीधी और व्यवस्थित थीं।

28. किस स्थल से गोदाम के प्रमाण मिले हैं?
(A) हड़प्पा
(B) मोहनजोदड़ो
(C) लोथल
(D) धोलावीरा
उत्तर: (A)
व्याख्या: हड़प्पा से बड़े गोदाम मिले हैं।

29. सिंधु सभ्यता का पतन किस कारण हुआ माना जाता है?
(A) युद्ध
(B) बाढ़
(C) जलवायु परिवर्तन
(D) उपरोक्त सभी
उत्तर: (D)
व्याख्या: पतन के कई कारण माने जाते हैं जैसे बाढ़, जलवायु परिवर्तन आदि।

30. धोलावीरा की विशेषता क्या है?
(A) बंदरगाह
(B) जल प्रबंधन
(C) मंदिर
(D) किला
उत्तर: (B)
व्याख्या: धोलावीरा में उन्नत जल प्रबंधन प्रणाली थी।

31. सिंधु सभ्यता में कौन सा धंधा प्रमुख था?
(A) शिकार
(B) कृषि
(C) युद्ध
(D) शिक्षा
उत्तर: (B)
व्याख्या: कृषि मुख्य व्यवसाय था।

32. हड़प्पा सभ्यता के लोग किस प्रकार के आभूषण पहनते थे?
(A) लकड़ी
(B) सोना-चांदी
(C) पत्थर
(D) मिट्टी

उत्तर: (B)
व्याख्या: सोना और चांदी के आभूषण मिले हैं।

33. सिंधु सभ्यता का विस्तार किन क्षेत्रों तक था?
(A) केवल पंजाब
(B) केवल सिंध
(C) उत्तर-पश्चिम भारत
(D) पूरे भारत
उत्तर: (C)
व्याख्या: इसका विस्तार उत्तर-पश्चिम भारत तक था।

34. किस स्थल से नृत्य करती लड़की की मूर्ति मिली है?
(A) हड़प्पा
(B) मोहनजोदड़ो
(C) लोथल
(D) कालीबंगन
उत्तर: (B)
व्याख्या: मोहनजोदड़ो से कांस्य की नर्तकी की मूर्ति मिली है।

35. हड़प्पा सभ्यता में कौन सा जानवर नहीं मिला?
(A) बैल
(B) हाथी
(C) घोड़ा
(D) कुत्ता
उत्तर: (C)
व्याख्या: घोड़े के स्पष्ट प्रमाण नहीं मिले हैं।

36. सिंधु सभ्यता में किसका उपयोग घर बनाने में नहीं होता था?
(A) ईंट
(B) लकड़ी
(C) पत्थर
(D) मिट्टी
उत्तर: (C)
व्याख्या: मुख्यतः पक्की ईंटों का उपयोग होता था।

37. सिंधु सभ्यता में कौन सी फसल उगाई जाती थी?
(A) गेहूं
(B) चावल
(C) जौ
(D) उपरोक्त सभी
उत्तर: (D)
व्याख्या: गेहूं, जौ और चावल के प्रमाण मिले हैं।

38. सिंधु सभ्यता के लोग किससे व्यापार करते थे?
(A) चीन
(B) मेसोपोटामिया
(C) मिस्र
(D) यूनान
उत्तर: (B)
व्याख्या: मेसोपोटामिया से व्यापार के प्रमाण मिले हैं।

39. सिंधु सभ्यता की लिपि किस प्रकार की थी?
(A) वर्णमाला
(B) चित्रात्मक
(C) संख्यात्मक

(D) ध्वन्यात्मक

उत्तर: (B)

व्याख्या: लिपि चित्रात्मक थी और अभी अपठित है।

40. हड़प्पा सभ्यता का प्रमुख नगर कौन सा था?

(A) काशी

(B) पाटलिपुत्र

(C) मोहनजोदड़ो

(D) उज्जैन

उत्तर: (C)

व्याख्या: मोहनजोदड़ो प्रमुख नगरों में से एक था।

41. सिंधु सभ्यता में किसका उपयोग मनोरंजन के लिए होता था?

(A) शतरंज

(B) पासा

(C) ताश

(D) क्रिकेट

उत्तर: (B)

व्याख्या: पासा खेलने के प्रमाण मिले हैं।

42. हड़प्पा सभ्यता के लोग किस प्रकार के कपड़े पहनते थे?

(A) रेशम

(B) सूती

(C) ऊनी

(D) चमड़े

उत्तर: (B)

व्याख्या: सूती वस्त्रों का उपयोग होता था।

43. सिंधु सभ्यता में कौन सा उद्योग विकसित था?

(A) लौह उद्योग

(B) वस्त्र उद्योग

(C) पत्थर उद्योग

(D) सभी

उत्तर: (D)

व्याख्या: विभिन्न प्रकार के उद्योग विकसित थे।

44. सिंधु सभ्यता में किसका उपयोग जल संग्रह के लिए होता था?

(A) तालाब

(B) कुएं

(C) नहर

(D) झील

उत्तर: (B)

व्याख्या: कुओं का व्यापक उपयोग होता था।

45. हड़प्पा सभ्यता में कौन सी धातु का उपयोग नहीं होता था?

(A) तांबा

(B) कांसा

(C) सोना

(D) लोहा

उत्तर: (D)

व्याख्या: लोहे का उपयोग नहीं होता था।

46. सिंधु सभ्यता की ईंटें कैसी होती थीं?

(A) गोल

(B) अनियमित

(C) समान आकार की
(D) बहुत बड़ी
उत्तर: (C)
व्याख्या: ईंटें मानकीकृत आकार की होती थीं।

47. सिंधु सभ्यता में व्यापार किस माध्यम से होता था?
(A) सिक्के
(B) वस्तु विनिमय
(C) कागजी मुद्रा
(D) बैंक
उत्तर: (B)
व्याख्या: वस्तु विनिमय प्रणाली प्रचलित थी।

48. हड़प्पा सभ्यता में किसका उपयोग वजन मापने में होता था?
(A) पत्थर के बाट
(B) लकड़ी
(C) धातु
(D) कागज
उत्तर: (A)
व्याख्या: पत्थर के मानकीकृत बाट उपयोग किए जाते थे।

49. सिंधु सभ्यता में कौन सा पशु परिवहन में उपयोग होता था?
(A) घोड़ा
(B) बैल
(C) ऊँट
(D) हाथी
उत्तर: (B)
व्याख्या: बैलों का उपयोग गाड़ी खींचने में होता था।

50. सिंधु घाटी सभ्यता की सबसे महत्वपूर्ण विशेषता क्या मानी जाती है?
(A) धर्म
(B) युद्ध
(C) नगर योजना
(D) साहित्य
उत्तर: (C)
व्याख्या: उन्नत नगर योजना इस सभ्यता की प्रमुख विशेषता थी।

Chapter 3: वैदिक काल

1. वैदिक काल का प्रमुख स्रोत क्या है?
(A) पुराण
(B) वेद
(C) शिलालेख
(D) अभिलेख
उत्तर: (B)
व्याख्या: वैदिक काल की जानकारी मुख्यतः वेदों से प्राप्त होती है।

2. ऋग्वेद में कितने मंडल हैं?
(A) 8
(B) 10
(C) 12
(D) 18
उत्तर: (B)
व्याख्या: ऋग्वेद में कुल 10 मंडल हैं।

3. वैदिक काल को कितने भागों में विभाजित किया जाता है?

(A) 2
(B) 3
(C) 4
(D) 5
उत्तर: (A)
व्याख्या: वैदिक काल को प्रारंभिक वैदिक और उत्तर वैदिक काल में बाँटा गया है।

4. आर्यों का मुख्य व्यवसाय क्या था?
(A) व्यापार
(B) पशुपालन
(C) उद्योग
(D) युद्ध
उत्तर: (B)
व्याख्या: प्रारंभिक वैदिक काल में पशुपालन मुख्य व्यवसाय था।

5. गाय को किस रूप में देखा जाता था?
(A) भोजन
(B) संपत्ति
(C) वाहन
(D) देवता
उत्तर: (B)
व्याख्या: गाय को धन और संपत्ति का प्रतीक माना जाता था।

6. वैदिक काल में समाज की इकाई क्या थी?
(A) ग्राम
(B) कुल
(C) जन
(D) राष्ट्र
उत्तर: (B)
व्याख्या: परिवार या कुल समाज की मूल इकाई थी।

7. सभा और समिति क्या थीं?
(A) धार्मिक स्थल
(B) प्रशासनिक संस्थाएँ
(C) व्यापारिक संगठन
(D) सैन्य दल
उत्तर: (B)
व्याख्या: सभा और समिति प्रशासनिक निर्णय लेने वाली संस्थाएँ थीं।

8. वैदिक काल में सबसे प्रमुख देवता कौन थे?
(A) विष्णु
(B) शिव
(C) इंद्र
(D) ब्रह्मा
उत्तर: (C)
व्याख्या: इंद्र को वर्षा और युद्ध का देवता माना जाता था और सबसे प्रमुख था।

9. सोम किससे संबंधित था?
(A) युद्ध
(B) पेय पदार्थ
(C) कृषि
(D) व्यापार
उत्तर: (B)
व्याख्या: सोम एक प्रकार का पेय था जिसका धार्मिक महत्व था।

10. वैदिक काल में किस धातु का उपयोग होता था?
(A) लोहा

(B) तांबा
(C) कांसा
(D) उपरोक्त सभी
उत्तर: (B)
व्याख्या: प्रारंभिक वैदिक काल में तांबे का उपयोग होता था।

11. उत्तर वैदिक काल में कौन सा परिवर्तन हुआ?

(A) पशुपालन बढ़ा
(B) कृषि का विकास
(C) व्यापार समाप्त
(D) युद्ध बंद
उत्तर: (B)
व्याख्या: उत्तर वैदिक काल में कृषि का महत्व बढ़ा।

12. वर्ण व्यवस्था का आधार क्या था?

(A) जन्म
(B) कर्म
(C) धन
(D) शक्ति
उत्तर: (B)
व्याख्या: प्रारंभ में वर्ण व्यवस्था कर्म पर आधारित थी।

13. चार वर्ण कौन से थे?

(A) ब्राह्मण, क्षत्रिय, वैश्य, शूद्र
(B) राजा, मंत्री, सैनिक, व्यापारी
(C) किसान, मजदूर, व्यापारी, सैनिक
(D) गुरु, शिष्य, व्यापारी, सैनिक
उत्तर: (A)
व्याख्या: समाज चार वर्णों में विभाजित था।

14. वेदों की संख्या कितनी है?

(A) 2
(B) 3
(C) 4
(D) 5
उत्तर: (C)
व्याख्या: चार वेद हैं – ऋग्वेद, यजुर्वेद, सामवेद और अथर्ववेद।

15. यजुर्वेद किससे संबंधित है?

(A) गीत
(B) यज्ञ
(C) चिकित्सा
(D) युद्ध
उत्तर: (B)
व्याख्या: यजुर्वेद में यज्ञ से संबंधित मंत्र हैं।

16. सामवेद किससे संबंधित है?

(A) युद्ध
(B) गीत
(C) चिकित्सा
(D) कृषि
उत्तर: (B)
व्याख्या: सामवेद में गाने योग्य मंत्र हैं।

17. अथर्ववेद किससे संबंधित है?

(A) जादू-टोना और चिकित्सा
(B) युद्ध
(C) व्यापार
(D) कृषि
उत्तर: (A)
व्याख्या: इसमें रोग, उपचार और जादू-टोने से संबंधित बातें हैं।

18. वैदिक काल में राजा को क्या कहा जाता था?

(A) सम्राट
(B) गणपति
(C) राजन
(D) नरेश

उत्तर: (C)

व्याख्या: राजा को राजन कहा जाता था।

19. कर को क्या कहा जाता था?

(A) भाग
(B) बलि
(C) शुल्क
(D) दंड

उत्तर: (B)

व्याख्या: कर को बलि कहा जाता था।

20. वैदिक काल में शिक्षा का केंद्र क्या था?

(A) विद्यालय
(B) गुरुकुल
(C) विश्वविद्यालय
(D) मंदिर

उत्तर: (B)

व्याख्या: शिक्षा गुरुकुलों में दी जाती थी।

21. वैदिक काल में विवाह का स्वरूप कैसा था?

(A) बाल विवाह
(B) एक विवाह
(C) बहुविवाह
(D) अनिवार्य विवाह

उत्तर: (B)

व्याख्या: सामान्यतः एक विवाह प्रचलित था।

22. स्त्रियों की स्थिति कैसी थी?

(A) निम्न
(B) उच्च
(C) समान
(D) दास

उत्तर: (B)

व्याख्या: स्त्रियों को शिक्षा और अधिकार प्राप्त थे।

23. वैदिक काल में मुख्य भोजन क्या था?

(A) चावल
(B) गेहूं
(C) दूध और जौ
(D) मांस

उत्तर: (C)

व्याख्या: दूध और जौ मुख्य आहार थे।

24. उत्तर वैदिक काल में राजधानी क्या थी?

(A) हस्तिनापुर
(B) पाटलिपुत्र
(C) उज्जैन
(D) काशी

उत्तर: (A)

व्याख्या: हस्तिनापुर प्रमुख केंद्र था।

25. वैदिक काल में कौन सा खेल प्रचलित था?

(A) शतरंज
(B) पासा

(C) कबड्डी
(D) कुश्ती
उत्तर: (B)
व्याख्या: पासा खेला जाता था।

26. वैदिक काल में न्याय का कार्य कौन करता था?
(A) सभा
(B) राजा
(C) पुरोहित
(D) मंत्री
उत्तर: (B)
व्याख्या: न्याय का अंतिम अधिकार राजा के पास था।

27. वैदिक काल में कौन सा पशु महत्वपूर्ण था?
(A) घोड़ा
(B) गाय
(C) हाथी
(D) ऊँट
उत्तर: (B)
व्याख्या: गाय आर्थिक और सामाजिक दृष्टि से महत्वपूर्ण थी।

28. अश्वमेध यज्ञ किससे संबंधित था?
(A) कृषि
(B) शक्ति प्रदर्शन
(C) व्यापार
(D) शिक्षा
उत्तर: (B)
व्याख्या: यह यज्ञ राजा की शक्ति और प्रभुत्व दिखाने के लिए था।

29. वैदिक काल में संगीत का स्रोत कौन सा वेद था?
(A) ऋग्वेद
(B) यजुर्वेद
(C) सामवेद
(D) अथर्ववेद
उत्तर: (C)
व्याख्या: सामवेद में संगीत संबंधी मंत्र हैं।

30. वैदिक काल में सेना का प्रमुख कौन था?
(A) पुरोहित
(B) सेनानी
(C) मंत्री
(D) सभापति
उत्तर: (B)
व्याख्या: सेना का प्रमुख सेनानी कहलाता था।

31. वैदिक काल में सबसे बड़ा अपराध क्या माना जाता था?
(A) चोरी
(B) हत्या
(C) गाय की हत्या
(D) झूठ
उत्तर: (C)
व्याख्या: गाय की हत्या को गंभीर अपराध माना जाता था।

32. वैदिक काल में व्यापार कैसे होता था?
(A) सिक्कों से
(B) वस्तु विनिमय

(C) बैंक
(D) कागज मुद्रा
उत्तर: (B)
व्याख्या: वस्तु विनिमय प्रणाली प्रचलित थी।

33. वैदिक काल में कौन सा धातु बाद में प्रचलित हुआ?
(A) सोना
(B) चांदी
(C) लोहा
(D) तांबा
उत्तर: (C)
व्याख्या: उत्तर वैदिक काल में लोहे का उपयोग शुरू हुआ।

34. वैदिक काल में कौन सा यज्ञ सबसे महत्वपूर्ण था?
(A) राजसूय
(B) अश्वमेध
(C) अग्निहोत्र
(D) सभी
उत्तर: (D)
व्याख्या: विभिन्न यज्ञों का धार्मिक महत्व था।

35. वैदिक काल में भूमि का स्वामी कौन था?
(A) राजा
(B) किसान
(C) जनसमूह
(D) पुरोहित
उत्तर: (C)
व्याख्या: भूमि सामूहिक स्वामित्व में थी।

36. वैदिक काल में किसकी पूजा नहीं होती थी?
(A) अग्नि
(B) इंद्र
(C) वरुण
(D) बुद्ध
उत्तर: (D)
व्याख्या: बुद्ध का काल बाद में आया।

37. वैदिक काल में परिवार का प्रमुख कौन होता था?
(A) माता
(B) पिता
(C) गुरु
(D) राजा
उत्तर: (B)
व्याख्या: परिवार का प्रमुख पिता होता था।

38. वैदिक काल में शिक्षा किसे दी जाती थी?
(A) केवल पुरुष
(B) केवल स्त्रियाँ
(C) दोनों
(D) किसी को नहीं
उत्तर: (C)
व्याख्या: प्रारंभिक वैदिक काल में स्त्रियों को भी शिक्षा दी जाती थी।

39. वैदिक काल में कौन सा अनाज प्रमुख था?
(A) चावल
(B) गेहूं

(C) जौ
(D) मक्का
उत्तर: (C)
व्याख्या: जौ प्रमुख अनाज था।

40. वैदिक काल में किसका महत्व अधिक था?
(A) व्यापार
(B) पशुधन
(C) उद्योग
(D) शिक्षा
उत्तर: (B)
व्याख्या: पशुधन ही संपत्ति का मुख्य आधार था।

41. वैदिक काल में धर्म का आधार क्या था?
(A) मूर्ति पूजा
(B) यज्ञ
(C) ध्यान
(D) तपस्या
उत्तर: (B)
व्याख्या: यज्ञ धर्म का मुख्य आधार था।

42. वैदिक काल में किसका उपयोग परिवहन में होता था?
(A) हाथी
(B) घोड़ा
(C) ऊँट
(D) बैल
उत्तर: (B)
व्याख्या: घोड़े का उपयोग रथ खींचने में होता था।

43. वैदिक काल में कौन सा देवता जल से संबंधित था?
(A) इंद्र
(B) अग्नि
(C) वरुण
(D) वायु
उत्तर: (C)
व्याख्या: वरुण जल के देवता थे।

44. वैदिक काल में किसका महत्व कम था?
(A) कृषि
(B) पशुपालन
(C) व्यापार
(D) युद्ध
उत्तर: (C)
व्याख्या: व्यापार का महत्व कम था।

45. वैदिक काल में किसका उपयोग हथियार के रूप में होता था?
(A) तलवार
(B) धनुष-बाण
(C) बंदूक
(D) तोप
उत्तर: (B)
व्याख्या: धनुष-बाण मुख्य हथियार थे।

46. वैदिक काल में कौन सा वर्ग सेवा कार्य करता था?
(A) ब्राह्मण
(B) क्षत्रिय
(C) वैश्य
(D) शूद्र
उत्तर: (D)
व्याख्या: शूद्र सेवा कार्य करते थे।

47. वैदिक काल में कौन सा वेद सबसे प्राचीन है?

(A) यजुर्वेद

(B) सामवेद

(C) ऋग्वेद

(D) अथर्ववेद

उत्तर: (C)

व्याख्या: ऋग्वेद सबसे प्राचीन वेद है।

48. वैदिक काल में कौन सा देवता अग्नि का प्रतीक था?

(A) अग्नि

(B) इंद्र

(C) वरुण

(D) सोम

उत्तर: (A)

व्याख्या: अग्नि देवता अग्नि के प्रतीक थे।

49. वैदिक काल में कौन सा अनुष्ठान विवाह से जुड़ा था?

(A) यज्ञ

(B) संस्कार

(C) पूजा

(D) व्रत

उत्तर: (B)

व्याख्या: विवाह एक संस्कार था।

50. वैदिक काल की सबसे महत्वपूर्ण विशेषता क्या थी?

(A) नगर जीवन

(B) यज्ञ प्रधान जीवन

(C) उद्योग

(D) व्यापार

उत्तर: (B)

व्याख्या: वैदिक जीवन में यज्ञ का विशेष महत्व था।

Chapter 4: महाजनपद काल

1. महाजनपदों की संख्या कितनी थी?

(A) 12

(B) 14

(C) 16

(D) 18

उत्तर: (C)

व्याख्या: बौद्ध ग्रंथों में 16 महाजनपदों का उल्लेख मिलता है।

2. महाजनपद काल का समय लगभग कब माना जाता है?

(A) 1500 ईसा पूर्व

(B) 600 ईसा पूर्व

(C) 300 ईसा पूर्व

(D) 1000 ईसा पूर्व

उत्तर: (B)

व्याख्या: महाजनपद काल लगभग 600 ईसा पूर्व से प्रारंभ हुआ।

3. सबसे शक्तिशाली महाजनपद कौन सा था?

(A) काशी

(B) कोशल

(C) मगध

(D) वत्स

उत्तर: (C)

व्याख्या: मगध सबसे शक्तिशाली महाजनपद बनकर उभरा।

4. मगध की पहली राजधानी क्या थी?

(A) पाटलिपुत्र
(B) राजगृह
(C) वैशाली
(D) उज्जैन

उत्तर: (B)

व्याख्या: मगध की प्रारंभिक राजधानी राजगृह थी।

5. महाजनपद काल में शासन के कितने प्रकार थे?

(A) 1
(B) 2
(C) 3
(D) 4

उत्तर: (B)

व्याख्या: दो प्रकार के शासन थे – राजतंत्र और गणतंत्र।

6. गणतंत्र का प्रमुख कौन होता था?

(A) राजा
(B) गणपति
(C) सभा प्रमुख
(D) मंत्री

उत्तर: (B)

व्याख्या: गणतंत्र में प्रमुख को गणपति कहा जाता था।

7. वैशाली किस महाजनपद की राजधानी थी?

(A) मगध
(B) वज्जि
(C) कोशल
(D) काशी

उत्तर: (B)

व्याख्या: वैशाली वज्जि संघ की राजधानी थी।

8. महाजनपद काल में किस धातु का उपयोग बढ़ा?

(A) सोना
(B) तांबा
(C) लोहा
(D) चांदी

उत्तर: (C)

व्याख्या: लोहे के उपयोग से कृषि और युद्ध में प्रगति हुई।

9. कोशल की राजधानी क्या थी?

(A) श्रावस्ती
(B) काशी
(C) उज्जैन
(D) पाटलिपुत्र

उत्तर: (A)

व्याख्या: कोशल की राजधानी श्रावस्ती थी।

10. अवंती की राजधानी क्या थी?

(A) उज्जैन
(B) वैशाली
(C) काशी
(D) राजगृह

उत्तर: (A)

व्याख्या: अवंती की राजधानी उज्जैन थी।

11. महाजनपद काल में व्यापार कैसे होता था?

(A) सिक्कों से

(B) वस्तु विनिमय
(C) दोनों
(D) बैंक से
उत्तर: (C)
व्याख्या: इस काल में सिक्कों और वस्तु विनिमय दोनों का उपयोग होता था।

12. पंचमार्क सिक्के किस काल में प्रचलित थे?
(A) वैदिक काल
(B) महाजनपद काल
(C) मौर्य काल
(D) गुप्त काल
उत्तर: (B)
व्याख्या: पंचमार्क सिक्कों का उपयोग महाजनपद काल में हुआ।

13. वत्स महाजनपद की राजधानी क्या थी?
(A) काशी
(B) कौशांबी
(C) उज्जैन
(D) वैशाली
उत्तर: (B)
व्याख्या: वत्स की राजधानी कौशांबी थी।

14. काशी महाजनपद किस नदी के किनारे स्थित था?
(A) गंगा
(B) यमुना
(C) सरस्वती
(D) नर्मदा
उत्तर: (A)
व्याख्या: काशी गंगा नदी के किनारे स्थित था।

15. महाजनपद काल में समाज कैसा था?
(A) सरल
(B) जटिल
(C) असंगठित
(D) आदिम
उत्तर: (B)
व्याख्या: इस काल में समाज अधिक जटिल और विकसित था।

16. वज्जि संघ का प्रमुख कौन था?
(A) राजा
(B) गणपति
(C) मंत्री
(D) पुरोहित
उत्तर: (B)
व्याख्या: वज्जि संघ गणतंत्र था, जिसका प्रमुख गणपति था।

17. महाजनपद काल में कृषि का विकास किससे हुआ?
(A) वर्षा
(B) लोहे के औजार
(C) व्यापार
(D) शिक्षा
उत्तर: (B)
व्याख्या: लोहे के औजारों से कृषि उत्पादन बढ़ा।

18. मगध की शक्ति का मुख्य कारण क्या था?
(A) धर्म

(B) व्यापार
(C) प्राकृतिक संसाधन
(D) शिक्षा
उत्तर: (C)
व्याख्या: मगध में लौह अयस्क और उपजाऊ भूमि थी।

19. महाजनपद काल में नगरों का विकास क्यों हुआ?

(A) युद्ध
(B) व्यापार और कृषि
(C) शिक्षा
(D) धर्म
उत्तर: (B)
व्याख्या: व्यापार और कृषि के विकास से नगर बने।

20. महाजनपद काल में कौन सा राज्य गणतंत्र था?

(A) मगध
(B) कोशल
(C) वज्जि
(D) अवंती
उत्तर: (C)
व्याख्या: वज्जि एक गणतंत्र था।

21. महाजनपद काल में कर को क्या कहा जाता था?

(A) बलि
(B) भाग
(C) शुल्क
(D) कर
उत्तर: (B)
व्याख्या: कर को भाग कहा जाता था।

22. महाजनपद काल में सेना का उपयोग किसलिए होता था?

(A) व्यापार
(B) सुरक्षा और विस्तार
(C) शिक्षा
(D) धर्म
उत्तर: (B)
व्याख्या: सेना का उपयोग राज्य की रक्षा और विस्तार के लिए होता था।

23. महाजनपद काल में धर्म का स्वरूप कैसा था?

(A) केवल वेदिक
(B) विविध
(C) केवल बौद्ध
(D) केवल जैन
उत्तर: (B)
व्याख्या: इस काल में विभिन्न धर्मों का विकास हुआ।

24. महाजनपद काल में कौन सा नगर व्यापारिक केंद्र था?

(A) पाटलिपुत्र
(B) कौशांबी
(C) उज्जैन
(D) सभी
उत्तर: (D)
व्याख्या: ये सभी नगर व्यापार के प्रमुख केंद्र थे।

25. महाजनपद काल में प्रशासन कैसा था?

(A) कमजोर
(B) संगठित

(C) अराजक
(D) अस्थिर
उत्तर: (B)
व्याख्या: प्रशासन सुव्यवस्थित और संगठित था।

26. महाजनपद काल में शिक्षा कहाँ दी जाती थी?
(A) गुरुकुल
(B) विद्यालय
(C) मंदिर
(D) सभी
उत्तर: (A)
व्याख्या: शिक्षा गुरुकुलों में दी जाती थी।

27. महाजनपद काल में किसका महत्व बढ़ा?
(A) पशुपालन
(B) कृषि
(C) व्यापार
(D) सभी
उत्तर: (D)
व्याख्या: तीनों क्षेत्रों में विकास हुआ।

28. महाजनपद काल में कानून व्यवस्था किसके हाथ में थी?
(A) मंत्री
(B) राजा
(C) पुरोहित
(D) सभा
उत्तर: (B)
व्याख्या: राजा कानून व्यवस्था का प्रमुख था।

29. महाजनपद काल में मुद्रा का उपयोग क्यों बढ़ा?
(A) धर्म
(B) व्यापार
(C) शिक्षा
(D) युद्ध
उत्तर: (B)
व्याख्या: व्यापार के विस्तार से मुद्रा का उपयोग बढ़ा।

30. महाजनपद काल में कौन सा राज्य सबसे पहले उभरा?
(A) मगध
(B) काशी
(C) कोशल
(D) अवंती
उत्तर: (B)
व्याख्या: काशी प्रारंभ में शक्तिशाली था।

31. महाजनपद काल में समाज का विभाजन किस आधार पर था?
(A) धन
(B) वर्ण
(C) शक्ति
(D) शिक्षा
उत्तर: (B)
व्याख्या: समाज वर्ण व्यवस्था पर आधारित था।

32. महाजनपद काल में नगरों में कौन रहता था?
(A) केवल किसान
(B) व्यापारी और कारीगर

(C) केवल सैनिक
(D) केवल राजा
उत्तर: (B)
व्याख्या: नगरों में व्यापारी और कारीगर रहते थे।

33. महाजनपद काल में किसका महत्व कम हुआ?
(A) कृषि
(B) व्यापार
(C) पशुपालन
(D) उद्योग
उत्तर: (C)
व्याख्या: पशुपालन का महत्व कम हो गया।

34. महाजनपद काल में कौन सा उद्योग विकसित हुआ?
(A) धातु उद्योग
(B) वस्त्र उद्योग
(C) दोनों
(D) कोई नहीं
उत्तर: (C)
व्याख्या: धातु और वस्त्र दोनों उद्योग विकसित हुए।

35. महाजनपद काल में कौन सा वर्ग सबसे अधिक प्रभावशाली था?
(A) ब्राह्मण
(B) क्षत्रिय
(C) वैश्य
(D) शूद्र
उत्तर: (B)
व्याख्या: क्षत्रिय वर्ग शासन करता था।

36. महाजनपद काल में व्यापार का माध्यम क्या था?
(A) वस्तु विनिमय
(B) सिक्के
(C) दोनों
(D) बैंक
उत्तर: (C)
व्याख्या: दोनों माध्यम प्रचलित थे।

37. महाजनपद काल में कौन सा नगर धार्मिक केंद्र था?
(A) वाराणसी
(B) उज्जैन
(C) कौशांबी
(D) राजगृह
उत्तर: (A)
व्याख्या: वाराणसी प्रमुख धार्मिक केंद्र था।

38. महाजनपद काल में किसका विकास हुआ?
(A) नगर
(B) कृषि
(C) व्यापार
(D) सभी
उत्तर: (D)
व्याख्या: सभी क्षेत्रों में प्रगति हुई।

39. महाजनपद काल में सेना में कौन शामिल होता था?
(A) केवल क्षत्रिय
(B) सभी वर्ग
(C) केवल वैश्य
(D) केवल शूद्र

उत्तर: (A)

व्याख्या: सेना में मुख्यतः क्षत्रिय होते थे।

40. महाजनपद काल में सबसे बड़ा राज्य कौन सा था?

(A) कोशल

(B) काशी

(C) मगध

(D) वत्स

उत्तर: (C)

व्याख्या: मगध सबसे बड़ा और शक्तिशाली राज्य था।

41. महाजनपद काल में प्रशासन का केंद्र क्या था?

(A) ग्राम

(B) नगर

(C) राज्य

(D) राजधानी

उत्तर: (D)

व्याख्या: राजधानी प्रशासन का मुख्य केंद्र होती थी।

42. महाजनपद काल में व्यापार किन मार्गों से होता था?

(A) स्थल मार्ग

(B) जल मार्ग

(C) दोनों

(D) कोई नहीं

उत्तर: (C)

व्याख्या: व्यापार स्थल और जल दोनों मार्गों से होता था।

43. महाजनपद काल में कौन सा धर्म उभरा?

(A) वैदिक

(B) बौद्ध और जैन

(C) इस्लाम

(D) ईसाई

उत्तर: (B)

व्याख्या: इसी काल में बौद्ध और जैन धर्म का उदय हुआ।

44. महाजनपद काल में कौन सा राज्य समुद्र के पास था?

(A) मगध

(B) अवंती

(C) काशी

(D) कोई नहीं

उत्तर: (D)

व्याख्या: महाजनपद समुद्र तट पर नहीं थे।

45. महाजनपद काल में नगरों की संरचना कैसी थी?

(A) अव्यवस्थित

(B) योजनाबद्ध

(C) कच्ची

(D) छोटी

उत्तर: (B)

व्याख्या: नगर योजनाबद्ध तरीके से बने थे।

46. महाजनपद काल में कर संग्रह कौन करता था?

(A) मंत्री

(B) सैनिक

(C) अधिकारी

(D) पुरोहित

उत्तर: (C)
व्याख्या: कर संग्रह के लिए अधिकारी नियुक्त थे।

47. महाजनपद काल में न्याय व्यवस्था कैसी थी?
(A) कमजोर
(B) सशक्त
(C) अराजक
(D) अस्थिर
उत्तर: (B)
व्याख्या: न्याय व्यवस्था संगठित थी।

48. महाजनपद काल में किसका महत्व अधिक था?
(A) धर्म
(B) राजनीति
(C) अर्थव्यवस्था
(D) सभी
उत्तर: (D)
व्याख्या: सभी क्षेत्रों में विकास हुआ।

49. महाजनपद काल में शिक्षा का माध्यम क्या था?
(A) संस्कृत
(B) प्राकृत
(C) दोनों
(D) कोई नहीं
उत्तर: (C)
व्याख्या: संस्कृत और प्राकृत दोनों भाषाएँ प्रचलित थीं।

50. महाजनपद काल की सबसे महत्वपूर्ण विशेषता क्या थी?
(A) युद्ध
(B) नगर विकास और राज्य व्यवस्था
(C) धर्म
(D) शिक्षा
उत्तर: (B)
व्याख्या: इस काल में नगरों और राज्यों का विकास प्रमुख था।

Chapter 5: बौद्ध एवं जैन धर्म

1. गौतम बुद्ध का जन्म कहाँ हुआ था?
(A) लुंबिनी
(B) बोधगया
(C) सारनाथ
(D) कुशीनगर
उत्तर: (A)
व्याख्या: गौतम बुद्ध का जन्म लुंबिनी में हुआ था।

2. महावीर का जन्म किस स्थान पर हुआ था?
(A) वैशाली
(B) कुंडग्राम
(C) राजगृह
(D) पाटलिपुत्र
उत्तर: (B)
व्याख्या: महावीर का जन्म कुंडग्राम में हुआ था।

3. बुद्ध को ज्ञान कहाँ प्राप्त हुआ?
(A) सारनाथ
(B) बोधगया
(C) लुंबिनी
(D) कुशीनगर

उत्तर: (B)
व्याख्या: बुद्ध को बोधगया में ज्ञान प्राप्त हुआ।

4. बुद्ध ने अपना पहला उपदेश कहाँ दिया?
(A) लुंबिनी
(B) बोधगया
(C) सारनाथ
(D) कुशीनगर
उत्तर: (C)
व्याख्या: बुद्ध ने सारनाथ में पहला उपदेश दिया।

5. महावीर कितनेवें तीर्थंकर थे?
(A) 23वें
(B) 24वें
(C) 25वें
(D) 22वें
उत्तर: (B)
व्याख्या: महावीर जैन धर्म के 24वें तीर्थंकर थे।

6. बौद्ध धर्म का पवित्र ग्रंथ कौन सा है?
(A) वेद
(B) त्रिपिटक
(C) उपनिषद
(D) आगम
उत्तर: (B)
व्याख्या: त्रिपिटक बौद्ध धर्म का प्रमुख ग्रंथ है।

7. जैन धर्म का पवित्र ग्रंथ क्या कहलाता है?
(A) वेद
(B) उपनिषद
(C) आगम
(D) त्रिपिटक
उत्तर: (C)
व्याख्या: जैन धर्म के ग्रंथ आगम कहलाते हैं।

8. बुद्ध का वास्तविक नाम क्या था?
(A) सिद्धार्थ
(B) महावीर
(C) अशोक
(D) चंद्रगुप्त
उत्तर: (A)
व्याख्या: बुद्ध का वास्तविक नाम सिद्धार्थ था।

9. बौद्ध धर्म का मुख्य सिद्धांत क्या है?
(A) अहिंसा
(B) मध्यम मार्ग
(C) तपस्या
(D) भक्ति
उत्तर: (B)
व्याख्या: बुद्ध ने मध्यम मार्ग का उपदेश दिया।

10. जैन धर्म का मुख्य सिद्धांत क्या है?
(A) युद्ध
(B) अहिंसा
(C) व्यापार
(D) यज्ञ
उत्तर: (B)

व्याख्या: जैन धर्म में अहिंसा का विशेष महत्व है।

11. बुद्ध का महापरिनिर्वाण कहाँ हुआ?

(A) लुंबिनी
(B) बोधगया
(C) सारनाथ
(D) कुशीनगर

उत्तर: (D)

व्याख्या: बुद्ध का महापरिनिर्वाण कुशीनगर में हुआ।

12. महावीर का निर्वाण कहाँ हुआ?

(A) वैशाली
(B) पावापुरी
(C) राजगृह
(D) कुंडग्राम

उत्तर: (B)

व्याख्या: महावीर का निर्वाण पावापुरी में हुआ।

13. बौद्ध धर्म के संस्थापक कौन थे?

(A) महावीर
(B) गौतम बुद्ध
(C) अशोक
(D) चंद्रगुप्त

उत्तर: (B)

व्याख्या: गौतम बुद्ध बौद्ध धर्म के संस्थापक थे।

14. जैन धर्म के 23वें तीर्थंकर कौन थे?

(A) महावीर
(B) पार्श्वनाथ
(C) ऋषभदेव
(D) नेमिनाथ

उत्तर: (B)

व्याख्या: पार्श्वनाथ 23वें तीर्थंकर थे।

15. बौद्ध धर्म में संघ क्या है?

(A) मंदिर
(B) संगठन
(C) पुस्तक
(D) नियम

उत्तर: (B)

व्याख्या: संघ भिक्षुओं का संगठन है।

16. बौद्ध धर्म में चार आर्य सत्य किससे संबंधित हैं?

(A) जीवन
(B) दुःख
(C) युद्ध
(D) व्यापार

उत्तर: (B)

व्याख्या: चार आर्य सत्य दुःख और उसके निवारण से संबंधित हैं।

17. अष्टांगिक मार्ग किस धर्म से संबंधित है?

(A) जैन धर्म
(B) बौद्ध धर्म
(C) वैदिक धर्म
(D) इस्लाम

उत्तर: (B)

व्याख्या: अष्टांगिक मार्ग बौद्ध धर्म का प्रमुख सिद्धांत है।

18. महावीर का मूल नाम क्या था?

(A) सिद्धार्थ

(B) वर्धमान
(C) अशोक
(D) गौतम
उत्तर: (B)
व्याख्या: महावीर का मूल नाम वर्धमान था।

19. जैन धर्म में कितने तीर्थंकर होते हैं?
(A) 22
(B) 23
(C) 24
(D) 25
उत्तर: (C)
व्याख्या: जैन धर्म में कुल 24 तीर्थंकर होते हैं।

20. बौद्ध धर्म में निर्वाण का अर्थ क्या है?
(A) मृत्यु
(B) मोक्ष
(C) जन्म
(D) दुख
उत्तर: (B)
व्याख्या: निर्वाण का अर्थ जन्म-मरण के चक्र से मुक्ति है।

21. बुद्ध के पिता का नाम क्या था?
(A) शुद्धोधन
(B) बिंबिसार
(C) अजातशत्रु
(D) चंद्रगुप्त
उत्तर: (A)
व्याख्या: बुद्ध के पिता शुद्धोधन थे।

22. महावीर के पिता का नाम क्या था?
(A) सिद्धार्थ
(B) शुद्धोधन
(C) बिंबिसार
(D) अजातशत्रु
उत्तर: (A)
व्याख्या: महावीर के पिता का नाम सिद्धार्थ था।

23. बौद्ध धर्म का प्रसार किस शासक ने किया?
(A) चंद्रगुप्त
(B) अशोक
(C) हर्ष
(D) समुद्रगुप्त
उत्तर: (B)
व्याख्या: सम्राट अशोक ने बौद्ध धर्म का व्यापक प्रचार किया।

24. जैन धर्म का प्रमुख सिद्धांत क्या है?
(A) सत्य
(B) अहिंसा
(C) अस्तेय
(D) सभी
उत्तर: (D)
व्याख्या: जैन धर्म में सत्य, अहिंसा, अस्तेय आदि सभी सिद्धांत महत्वपूर्ण हैं।

25. बौद्ध धर्म में त्रिरत्न क्या हैं?
(A) बुद्ध, धर्म, संघ
(B) सत्य, अहिंसा, दया
(C) गुरु, शिष्य, समाज

(D) ज्ञान, कर्म, भक्ति

उत्तर: (A)

व्याख्या: त्रिरत्न में बुद्ध, धर्म और संघ शामिल हैं।

26. जैन धर्म में मोक्ष का मार्ग क्या है?

(A) तपस्या

(B) अहिंसा

(C) त्रिरत्न

(D) सभी

उत्तर: (C)

व्याख्या: सम्यक दर्शन, ज्ञान और आचरण को त्रिरत्न कहा जाता है।

27. बुद्ध ने किस भाषा में उपदेश दिए?

(A) संस्कृत

(B) पालि

(C) हिंदी

(D) प्राकृत

उत्तर: (B)

व्याख्या: बुद्ध ने पालि भाषा में उपदेश दिए।

28. जैन धर्म के अनुयायी क्या कहलाते हैं?

(A) भिक्षु

(B) श्रावक

(C) साधु

(D) गुरु

उत्तर: (B)

व्याख्या: जैन धर्म के अनुयायी श्रावक कहलाते हैं।

29. बौद्ध धर्म का प्रमुख प्रतीक क्या है?

(A) त्रिशूल

(B) धर्मचक्र

(C) कमल

(D) स्वस्तिक

उत्तर: (B)

व्याख्या: धर्मचक्र बौद्ध धर्म का प्रमुख प्रतीक है।

30. महावीर ने कितने वर्षों तक तपस्या की?

(A) 10

(B) 12

(C) 14

(D) 16

उत्तर: (B)

व्याख्या: महावीर ने 12 वर्षों तक कठोर तपस्या की।

31. बौद्ध धर्म में भिक्षुणियाँ कौन थीं?

(A) पुरुष

(B) महिला साधु

(C) राजा

(D) व्यापारी

उत्तर: (B)

व्याख्या: भिक्षुणियाँ महिला साधु थीं।

32. जैन धर्म में अहिंसा का अर्थ क्या है?

(A) केवल मानव को न मारना

(B) किसी भी जीव को हानि न पहुँचाना

(C) युद्ध न करना

(D) केवल पूजा करना

उत्तर: (B)

व्याख्या: जैन धर्म में सभी जीवों के प्रति

अहिंसा का पालन किया जाता है।

33. बुद्ध ने किस वृक्ष के नीचे ज्ञान प्राप्त किया?

(A) पीपल

(B) बरगद

(C) नीम

(D) आम

उत्तर: (A)

व्याख्या: बुद्ध को पीपल वृक्ष के नीचे ज्ञान प्राप्त हुआ।

34. जैन धर्म में कितने व्रत होते हैं?

(A) 3

(B) 4

(C) 5

(D) 6

उत्तर: (C)

व्याख्या: जैन धर्म में पाँच महाव्रत होते हैं।

35. बौद्ध धर्म में किसका निषेध है?

(A) अहिंसा

(B) मध्यम मार्ग

(C) अत्यधिक तपस्या

(D) ज्ञान

उत्तर: (C)

व्याख्या: बुद्ध ने अत्यधिक तपस्या का विरोध किया।

36. महावीर का जन्म किस वंश में हुआ?

(A) मौर्य

(B) लिच्छवि

(C) क्षत्रिय

(D) ब्राह्मण

उत्तर: (C)

व्याख्या: महावीर क्षत्रिय वंश में जन्मे थे।

37. बौद्ध धर्म में कौन सा मार्ग सर्वोत्तम माना गया है?

(A) कठोर तपस्या

(B) मध्यम मार्ग

(C) भक्ति मार्ग

(D) कर्म मार्ग

उत्तर: (B)

व्याख्या: मध्यम मार्ग को सर्वोत्तम बताया गया है।

38. जैन धर्म में किसका त्याग आवश्यक है?

(A) धन

(B) हिंसा

(C) भोजन

(D) परिवार

उत्तर: (B)

व्याख्या: अहिंसा जैन धर्म का मूल सिद्धांत है।

39. बुद्ध के उपदेशों का संग्रह क्या कहलाता है?

(A) वेद

(B) त्रिपिटक

(C) आगम

(D) पुराण

उत्तर: (B)

व्याख्या: त्रिपिटक में बुद्ध के उपदेश संकलित हैं।

40. जैन धर्म में तपस्या का उद्देश्य

क्या है?
(A) धन प्राप्त करना
(B) मोक्ष प्राप्त करना
(C) युद्ध जीतना
(D) शिक्षा प्राप्त करना
उत्तर: (B)
व्याख्या: तपस्या से आत्मा की शुद्धि और मोक्ष प्राप्त होता है।

41. बौद्ध धर्म में करुणा का क्या महत्व है?
(A) नहीं है
(B) बहुत अधिक
(C) थोड़ा
(D) केवल पूजा में
उत्तर: (B)
व्याख्या: करुणा बौद्ध धर्म का मुख्य तत्व है।

42. जैन धर्म में आत्मा को क्या माना जाता है?
(A) नश्वर
(B) अमर
(C) अस्थायी
(D) निर्जीव
उत्तर: (B)
व्याख्या: जैन धर्म में आत्मा को अमर माना गया है।

43. बौद्ध धर्म का प्रसार कहाँ तक हुआ?
(A) केवल भारत
(B) एशिया
(C) यूरोप
(D) अफ्रीका
उत्तर: (B)
व्याख्या: बौद्ध धर्म का प्रसार एशिया के कई देशों में हुआ।

44. जैन धर्म में सत्य का क्या महत्व है?
(A) कम
(B) अधिक
(C) नहीं
(D) केवल साधुओं के लिए
उत्तर: (B)
व्याख्या: सत्य जैन धर्म के प्रमुख सिद्धांतों में से एक है।

45. बुद्ध के शिष्य क्या कहलाते थे?
(A) साधु
(B) भिक्षु
(C) गुरु
(D) आचार्य
उत्तर: (B)
व्याख्या: बुद्ध के अनुयायी भिक्षु कहलाते थे।

46. जैन धर्म में कौन सा व्रत सबसे महत्वपूर्ण है?
(A) सत्य
(B) अहिंसा
(C) अस्तेय
(D) ब्रह्मचर्य
उत्तर: (B)
व्याख्या: अहिंसा जैन धर्म का सबसे प्रमुख व्रत है।

47. बौद्ध धर्म में दुःख का कारण क्या

है?
(A) कर्म
(B) तृष्णा
(C) जन्म
(D) मृत्यु
उत्तर: (B)
व्याख्या: बुद्ध के अनुसार तृष्णा ही दुःख का कारण है।

48. जैन धर्म में कर्म का क्या प्रभाव है?
(A) नहीं
(B) आत्मा पर बंधन
(C) केवल शरीर पर
(D) अस्थायी
उत्तर: (B)
व्याख्या: कर्म आत्मा को बाँधता है और मोक्ष में बाधा बनता है।

49. बौद्ध धर्म में संघ का कार्य क्या है?
(A) व्यापार
(B) धर्म प्रचार
(C) युद्ध
(D) शिक्षा
उत्तर: (B)
व्याख्या: संघ का मुख्य कार्य धर्म का प्रचार करना है।

50. बौद्ध एवं जैन धर्म की सबसे महत्वपूर्ण विशेषता क्या है?
(A) यज्ञ
(B) अहिंसा और नैतिकता
(C) युद्ध
(D) व्यापार
उत्तर: (B)
व्याख्या: दोनों धर्मों में अहिंसा और नैतिक जीवन पर जोर दिया गया है।

Chapter 6: मौर्य साम्राज्य

1. मौर्य साम्राज्य की स्थापना किसने की थी?
(A) अशोक
(B) चंद्रगुप्त मौर्य
(C) बिंदुसार
(D) हर्ष
उत्तर: (B)
व्याख्या: चंद्रगुप्त मौर्य ने मौर्य साम्राज्य की स्थापना की थी।

2. चंद्रगुप्त मौर्य के गुरु कौन थे?
(A) पाणिनी
(B) कौटिल्य
(C) पतंजलि
(D) कालिदास
उत्तर: (B)
व्याख्या: कौटिल्य या चाणक्य चंद्रगुप्त के गुरु और सलाहकार थे।

3. मौर्य साम्राज्य की राजधानी क्या थी?
(A) तक्षशिला
(B) उज्जैन
(C) पाटलिपुत्र
(D) वाराणसी
उत्तर: (C)
व्याख्या: मौर्य साम्राज्य की राजधानी

पाटलिपुत्र थी।

4. मेगस्थनीज किसके दरबार में आया था?

(A) अशोक
(B) बिंदुसार
(C) चंद्रगुप्त मौर्य
(D) हर्ष

उत्तर: (C)

व्याख्या: मेगस्थनीज यूनानी राजदूत था जो चंद्रगुप्त के दरबार में आया।

5. अर्थशास्त्र ग्रंथ के लेखक कौन थे?

(A) अशोक
(B) चाणक्य
(C) कालिदास
(D) पतंजलि

उत्तर: (B)

व्याख्या: अर्थशास्त्र की रचना चाणक्य ने की थी।

6. बिंदुसार किसका पुत्र था?

(A) अशोक
(B) चंद्रगुप्त मौर्य
(C) हर्ष
(D) समुद्रगुप्त

उत्तर: (B)

व्याख्या: बिंदुसार चंद्रगुप्त मौर्य का पुत्र था।

7. अशोक किस युद्ध के बाद बौद्ध धर्म की ओर झुका?

(A) पानीपत
(B) कलिंग युद्ध
(C) तराइन
(D) प्लासी

उत्तर: (B)

व्याख्या: कलिंग युद्ध के बाद अशोक ने बौद्ध धर्म अपनाया।

8. अशोक का शिलालेख किस लिपि में था?

(A) देवनागरी
(B) ब्राह्मी
(C) फारसी
(D) रोमन

उत्तर: (B)

व्याख्या: अशोक के शिलालेख ब्राह्मी लिपि में लिखे गए थे।

9. अशोक को किस नाम से भी जाना जाता है?

(A) चंड अशोक
(B) धर्म अशोक
(C) महान अशोक
(D) सभी

उत्तर: (D)

व्याख्या: अशोक को चंड अशोक और बाद में धर्म अशोक भी कहा गया।

10. मौर्य काल में प्रशासन कैसा था?

(A) कमजोर
(B) केंद्रीकृत
(C) अराजक
(D) अस्थिर

उत्तर: (B)

व्याख्या: मौर्य प्रशासन अत्यंत केंद्रीकृत और संगठित था।

11. मौर्य साम्राज्य का विस्तार

किसने सबसे अधिक किया?

(A) चंद्रगुप्त
(B) बिंदुसार
(C) अशोक
(D) हर्ष

उत्तर: (C)

व्याख्या: अशोक के समय साम्राज्य सबसे अधिक विस्तृत था।

12. अशोक के धर्म का नाम क्या था?

(A) बौद्ध धर्म
(B) जैन धर्म
(C) धम्म
(D) वैदिक धर्म

उत्तर: (C)

व्याख्या: अशोक ने धम्म का प्रचार किया।

13. मौर्य काल में कर कौन वसूलता था?

(A) मंत्री
(B) अधिकारी
(C) सैनिक
(D) पुरोहित

उत्तर: (B)

व्याख्या: कर संग्रह के लिए अधिकारी नियुक्त थे।

14. मौर्य साम्राज्य में न्याय का प्रमुख कौन था?

(A) मंत्री
(B) राजा
(C) पुरोहित
(D) सैनिक

उत्तर: (B)

व्याख्या: राजा सर्वोच्च न्यायाधीश था।

15. मेगस्थनीज की पुस्तक का नाम क्या है?

(A) अर्थशास्त्र
(B) इंडिका
(C) पुराण
(D) नीति शास्त्र

उत्तर: (B)

व्याख्या: मेगस्थनीज ने इंडिका नामक पुस्तक लिखी।

16. अशोक के स्तंभ किस पत्थर से बने थे?

(A) ग्रेनाइट
(B) बलुआ पत्थर
(C) संगमरमर
(D) चूना पत्थर

उत्तर: (B)

व्याख्या: अशोक के स्तंभ बलुआ पत्थर से बने थे।

17. मौर्य काल में सेना का प्रमुख कौन था?

(A) सेनापति
(B) मंत्री
(C) पुरोहित
(D) अधिकारी

उत्तर: (A)

व्याख्या: सेना का प्रमुख सेनापति होता था।

18. मौर्य साम्राज्य में कितने विभाग थे?

(A) 4
(B) 6
(C) 8
(D) 12
उत्तर: (B)
व्याख्या: प्रशासन कई विभागों में विभाजित था, जिनमें छह प्रमुख थे।

19. अशोक के शिलालेख किससे संबंधित थे?

(A) युद्ध
(B) धर्म
(C) व्यापार
(D) शिक्षा
उत्तर: (B)
व्याख्या: शिलालेखों में धम्म और नैतिक उपदेश थे।

20. मौर्य काल में कौन सा उद्योग विकसित था?

(A) धातु
(B) वस्त्र
(C) कृषि
(D) सभी
उत्तर: (D)
व्याख्या: सभी क्षेत्रों में विकास हुआ।

21. चंद्रगुप्त मौर्य ने किससे संधि की थी?

(A) सिकंदर
(B) सेल्यूकस
(C) दारा
(D) पोरस
उत्तर: (B)
व्याख्या: चंद्रगुप्त ने सेल्यूकस निकेटर से संधि की।

22. मौर्य साम्राज्य का अंतिम शासक कौन था?

(A) अशोक
(B) बिंदुसार
(C) बृहद्रथ
(D) हर्ष
उत्तर: (C)
व्याख्या: बृहद्रथ मौर्य वंश का अंतिम शासक था।

23. मौर्य काल में सड़क निर्माण किसने करवाया?

(A) चंद्रगुप्त
(B) अशोक
(C) बिंदुसार
(D) हर्ष
उत्तर: (B)
व्याख्या: अशोक ने सड़कों और वृक्षारोपण का कार्य कराया।

24. अशोक के अभिलेख कहाँ पाए जाते हैं?

(A) भारत
(B) नेपाल
(C) अफगानिस्तान
(D) सभी
उत्तर: (D)
व्याख्या: अशोक के अभिलेख विभिन्न देशों में मिले हैं।

25. मौर्य काल में कृषि का मुख्य साधन क्या था?

(A) वर्षा

(B) सिंचाई
(C) हल
(D) सभी
उत्तर: (D)
व्याख्या: कृषि के लिए विभिन्न साधनों का उपयोग होता था।

26. अशोक ने किस धर्म सभा का आयोजन किया?
(A) प्रथम
(B) द्वितीय
(C) तृतीय
(D) चतुर्थ
उत्तर: (C)
व्याख्या: अशोक ने तृतीय बौद्ध संगीति आयोजित की।

27. मौर्य काल में जासूसी व्यवस्था कैसी थी?
(A) कमजोर
(B) मजबूत
(C) नहीं थी
(D) सीमित
उत्तर: (B)
व्याख्या: जासूसी व्यवस्था बहुत विकसित थी।

28. मौर्य काल में शिक्षा का केंद्र क्या था?
(A) नालंदा
(B) तक्षशिला
(C) विक्रमशिला
(D) काशी
उत्तर: (B)
व्याख्या: तक्षशिला प्रमुख शिक्षा केंद्र था।

29. अशोक का धर्म प्रचार किसके माध्यम से हुआ?
(A) सैनिक
(B) दूत
(C) व्यापारी
(D) शिक्षक
उत्तर: (B)
व्याख्या: अशोक ने दूतों के माध्यम से धर्म का प्रचार किया।

30. मौर्य काल में व्यापार किस प्रकार होता था?
(A) स्थल मार्ग
(B) जल मार्ग
(C) दोनों
(D) कोई नहीं
उत्तर: (C)
व्याख्या: व्यापार दोनों मार्गों से होता था।

31. चंद्रगुप्त मौर्य ने अपने जीवन के अंत में कौन सा धर्म अपनाया?
(A) बौद्ध
(B) जैन
(C) वैदिक
(D) सिख
उत्तर: (B)
व्याख्या: चंद्रगुप्त ने जैन धर्म अपनाया।

32. मौर्य काल में मुद्रा का उपयोग क्यों बढ़ा?
(A) धर्म

(B) व्यापार
(C) शिक्षा
(D) युद्ध
उत्तर: (B)
व्याख्या: व्यापार के कारण मुद्रा का उपयोग बढ़ा।

33. अशोक के पुत्र का नाम क्या था?
(A) राहुल
(B) महेंद्र
(C) अजातशत्रु
(D) बिंबिसार
उत्तर: (B)
व्याख्या: महेंद्र अशोक का पुत्र था।

34. मौर्य काल में कौन सा नगर प्रमुख था?
(A) पाटलिपुत्र
(B) उज्जैन
(C) तक्षशिला
(D) सभी
उत्तर: (D)
व्याख्या: ये सभी प्रमुख नगर थे।

35. मौर्य काल में समाज कैसा था?
(A) सरल
(B) संगठित
(C) अराजक
(D) अस्थिर
उत्तर: (B)
व्याख्या: समाज संगठित और व्यवस्थित था।

36. मौर्य काल में धर्म का स्वरूप कैसा था?
(A) एक
(B) विविध
(C) केवल बौद्ध
(D) केवल जैन
उत्तर: (B)
व्याख्या: विभिन्न धर्मों का पालन होता था।

37. अशोक के स्तंभ का शीर्ष क्या था?
(A) घोड़ा
(B) सिंह
(C) हाथी
(D) बैल
उत्तर: (B)
व्याख्या: अशोक स्तंभ का शीर्ष सिंह था।

38. मौर्य काल में कौन सा विभाग महत्वपूर्ण था?
(A) कृषि
(B) सेना
(C) राजस्व
(D) सभी
उत्तर: (D)
व्याख्या: सभी विभाग महत्वपूर्ण थे।

39. मौर्य काल में न्याय व्यवस्था कैसी थी?
(A) कमजोर
(B) सशक्त
(C) अराजक
(D) सीमित
उत्तर: (B)

व्याख्या: न्याय व्यवस्था सशक्त थी।

40. मौर्य काल में कौन सा वर्ग प्रमुख था?

(A) ब्राह्मण
(B) क्षत्रिय
(C) वैश्य
(D) शूद्र

उत्तर: (B)

व्याख्या: शासक वर्ग क्षत्रिय था।

41. मौर्य काल में किसका उपयोग परिवहन में होता था?

(A) घोड़ा
(B) हाथी
(C) बैल
(D) सभी

उत्तर: (D)

व्याख्या: सभी का उपयोग परिवहन में होता था।

42. मौर्य काल में कौन सा उद्योग प्रमुख था?

(A) धातु
(B) वस्त्र
(C) कृषि
(D) सभी

उत्तर: (D)

व्याख्या: सभी क्षेत्रों में विकास हुआ।

43. अशोक का मुख्य उद्देश्य क्या था?

(A) युद्ध
(B) धर्म प्रचार
(C) व्यापार
(D) शिक्षा

उत्तर: (B)

व्याख्या: अशोक ने धम्म का प्रचार किया।

44. मौर्य काल में सेना किस प्रकार की थी?

(A) कमजोर
(B) शक्तिशाली
(C) छोटी
(D) असंगठित

उत्तर: (B)

व्याख्या: सेना बहुत शक्तिशाली थी।

45. मौर्य काल में भूमि का स्वामी कौन था?

(A) किसान
(B) राजा
(C) व्यापारी
(D) पुरोहित

उत्तर: (B)

व्याख्या: भूमि का स्वामित्व राज्य के पास था।

46. मौर्य काल में व्यापार किन देशों से था?

(A) यूनान
(B) रोम
(C) मिस्र
(D) सभी

उत्तर: (D)

व्याख्या: विभिन्न देशों से व्यापार होता था।

47. मौर्य काल में प्रशासन का

स्वरूप क्या था?
(A) विकेंद्रीकृत
(B) केंद्रीकृत
(C) अराजक
(D) अस्थिर
उत्तर: (B)
व्याख्या: प्रशासन केंद्रीकृत था।

48. मौर्य काल में किसका महत्व अधिक था?
(A) धर्म
(B) राजनीति
(C) अर्थव्यवस्था
(D) सभी
उत्तर: (D)
व्याख्या: सभी क्षेत्रों में संतुलित विकास हुआ।

49. मौर्य काल में शिक्षा किस भाषा में दी जाती थी?
(A) संस्कृत
(B) प्राकृत
(C) दोनों
(D) हिंदी
उत्तर: (C)
व्याख्या: संस्कृत और प्राकृत दोनों का उपयोग होता था।

50. मौर्य साम्राज्य की सबसे महत्वपूर्ण विशेषता क्या थी?
(A) युद्ध
(B) केंद्रीकृत प्रशासन
(C) धर्म
(D) व्यापार
उत्तर: (B)
व्याख्या: मौर्य शासन की प्रमुख विशेषता मजबूत केंद्रीकृत प्रशासन था।

Chapter 7: उत्तर मौर्य काल

1. उत्तर मौर्य काल की शुरुआत किस घटना से मानी जाती है?
(A) अशोक का राज्यारोहण
(B) मौर्य साम्राज्य का पतन
(C) गुप्त साम्राज्य की स्थापना
(D) हर्ष का शासन
उत्तर: (B)
व्याख्या: मौर्य साम्राज्य के पतन के बाद उत्तर मौर्य काल प्रारंभ होता है।

2. मौर्य साम्राज्य के पतन के बाद कौन सा वंश प्रमुख बना?
(A) गुप्त वंश
(B) शुंग वंश
(C) मौर्य वंश
(D) चालुक्य वंश
उत्तर: (B)
व्याख्या: मौर्य साम्राज्य के बाद शुंग वंश सत्ता में आया।

3. शुंग वंश की स्थापना किसने की?
(A) पुष्यमित्र शुंग
(B) अग्निमित्र
(C) चंद्रगुप्त
(D) समुद्रगुप्त
उत्तर: (A)
व्याख्या: पुष्यमित्र शुंग ने शुंग वंश की

स्थापना की।

4. शुंग वंश की राजधानी क्या थी?

(A) उज्जैन
(B) पाटलिपुत्र
(C) काशी
(D) वैशाली

उत्तर: (B)

व्याख्या: शुंग वंश की राजधानी पाटलिपुत्र थी।

5. उत्तर मौर्य काल में कौन सा विदेशी आक्रमण हुआ?

(A) यूनानी
(B) शक
(C) कुषाण
(D) सभी

उत्तर: (D)

व्याख्या: इस काल में कई विदेशी आक्रमण हुए जैसे यूनानी, शक और कुषाण।

6. इंडो-ग्रीक शासक कौन थे?

(A) कनिष्क
(B) मेनांडर
(C) चंद्रगुप्त
(D) अशोक

उत्तर: (B)

व्याख्या: मेनांडर एक प्रसिद्ध इंडो-ग्रीक शासक था।

7. मेनांडर को किस नाम से जाना जाता है?

(A) अशोक
(B) मिलिंद
(C) विक्रमादित्य
(D) कनिष्क

उत्तर: (B)

व्याख्या: मेनांडर को मिलिंद के नाम से जाना जाता है।

8. कुषाण वंश का सबसे प्रसिद्ध शासक कौन था?

(A) कनिष्क
(B) हर्ष
(C) समुद्रगुप्त
(D) अशोक

उत्तर: (A)

व्याख्या: कनिष्क कुषाण वंश का महान शासक था।

9. कनिष्क के शासनकाल में कौन सा धर्म फला-फूला?

(A) जैन
(B) बौद्ध
(C) वैदिक
(D) सिख

उत्तर: (B)

व्याख्या: कनिष्क के समय बौद्ध धर्म का व्यापक प्रचार हुआ।

10. चौथी बौद्ध संगीति किसके समय हुई?

(A) अशोक
(B) कनिष्क
(C) हर्ष
(D) चंद्रगुप्त

उत्तर: (B)

व्याख्या: चौथी बौद्ध संगीति कनिष्क के

समय हुई।

11. उत्तर मौर्य काल में कला का कौन सा रूप विकसित हुआ?

(A) मौर्य कला
(B) गांधार कला
(C) गुप्त कला
(D) चालुक्य कला

उत्तर: (B)

व्याख्या: गांधार कला इस काल में विकसित हुई।

12. गांधार कला किससे प्रभावित थी?

(A) भारतीय
(B) यूनानी
(C) फारसी
(D) चीनी

उत्तर: (B)

व्याख्या: गांधार कला यूनानी शैली से प्रभावित थी।

13. शुंग वंश के बाद कौन सा वंश आया?

(A) गुप्त
(B) कण्व
(C) मौर्य
(D) चालुक्य

उत्तर: (B)

व्याख्या: शुंग वंश के बाद कण्व वंश आया।

14. कण्व वंश की स्थापना किसने की?

(A) वासुदेव
(B) पुष्यमित्र
(C) कनिष्क
(D) अग्निमित्र

उत्तर: (A)

व्याख्या: वासुदेव ने कण्व वंश की स्थापना की।

15. उत्तर मौर्य काल में व्यापार किसके साथ बढ़ा?

(A) चीन
(B) रोम
(C) यूनान
(D) सभी

उत्तर: (D)

व्याख्या: इस काल में कई देशों के साथ व्यापार बढ़ा।

16. सिल्क रूट किससे संबंधित है?

(A) युद्ध
(B) व्यापार
(C) धर्म
(D) शिक्षा

उत्तर: (B)

व्याख्या: सिल्क रूट व्यापार मार्ग था जो एशिया और यूरोप को जोड़ता था।

17. उत्तर मौर्य काल में समाज कैसा था?

(A) सरल
(B) जटिल
(C) अराजक
(D) अस्थिर

उत्तर: (B)

व्याख्या: समाज अधिक जटिल और

विकसित हो गया था।

18. इस काल में कौन सी भाषा प्रचलित थी?
(A) हिंदी
(B) संस्कृत
(C) प्राकृत
(D) दोनों
उत्तर: (D)
व्याख्या: संस्कृत और प्राकृत दोनों भाषाएँ प्रचलित थीं।

19. उत्तर मौर्य काल में धर्म का स्वरूप कैसा था?
(A) एक
(B) विविध
(C) केवल बौद्ध
(D) केवल जैन
उत्तर: (B)
व्याख्या: विभिन्न धर्मों का सहअस्तित्व था।

20. उत्तर मौर्य काल में किसका विकास हुआ?
(A) कला
(B) व्यापार
(C) धर्म
(D) सभी
उत्तर: (D)
व्याख्या: सभी क्षेत्रों में विकास हुआ।

21. इस काल में सिक्कों का उपयोग क्यों बढ़ा?
(A) धर्म
(B) व्यापार
(C) शिक्षा
(D) युद्ध
उत्तर: (B)
व्याख्या: व्यापार के विस्तार से सिक्कों का उपयोग बढ़ा।

22. कुषाण साम्राज्य का विस्तार कहाँ तक था?
(A) भारत
(B) मध्य एशिया
(C) अफगानिस्तान
(D) सभी
उत्तर: (D)
व्याख्या: कुषाण साम्राज्य का विस्तार व्यापक क्षेत्र में था।

23. उत्तर मौर्य काल में कौन सा धर्म सबसे अधिक फैला?
(A) वैदिक
(B) जैन
(C) बौद्ध
(D) सिख
उत्तर: (C)
व्याख्या: बौद्ध धर्म का व्यापक प्रसार हुआ।

24. इस काल में नगरों का विकास क्यों हुआ?
(A) युद्ध
(B) व्यापार
(C) शिक्षा
(D) धर्म
उत्तर: (B)
व्याख्या: व्यापार के कारण नगरों का

विकास हुआ।

25. उत्तर मौर्य काल में कौन सा वर्ग प्रमुख था?

(A) ब्राह्मण

(B) क्षत्रिय

(C) वैश्य

(D) शूद्र

उत्तर: (A)

व्याख्या: ब्राह्मणों का प्रभाव बढ़ा।

26. इस काल में प्रशासन कैसा था?

(A) केंद्रीकृत

(B) विकेंद्रीकृत

(C) अराजक

(D) अस्थिर

उत्तर: (B)

व्याख्या: छोटे-छोटे राज्यों के कारण प्रशासन विकेंद्रीकृत था।

27. उत्तर मौर्य काल में सेना का उपयोग किसलिए होता था?

(A) व्यापार

(B) रक्षा

(C) विस्तार

(D) दोनों

उत्तर: (D)

व्याख्या: सेना का उपयोग रक्षा और विस्तार दोनों के लिए होता था।

28. इस काल में कौन सा शासक बौद्ध धर्म का अनुयायी था?

(A) पुष्यमित्र

(B) कनिष्क

(C) वासुदेव

(D) अग्निमित्र

उत्तर: (B)

व्याख्या: कनिष्क बौद्ध धर्म का समर्थक था।

29. उत्तर मौर्य काल में शिक्षा का केंद्र क्या था?

(A) तक्षशिला

(B) नालंदा

(C) विक्रमशिला

(D) काशी

उत्तर: (A)

व्याख्या: तक्षशिला प्रमुख शिक्षा केंद्र था।

30. इस काल में किसका महत्व अधिक था?

(A) धर्म

(B) व्यापार

(C) कला

(D) सभी

उत्तर: (D)

व्याख्या: सभी क्षेत्रों में प्रगति हुई।

31. उत्तर मौर्य काल में किस प्रकार की मूर्तियाँ बनीं?

(A) लकड़ी

(B) पत्थर

(C) धातु

(D) सभी

उत्तर: (D)

व्याख्या: विभिन्न प्रकार की मूर्तियाँ बनाई गईं।

32. इस काल में कौन सा उद्योग

विकसित हुआ?

(A) वस्त्र

(B) धातु

(C) आभूषण

(D) सभी

उत्तर: (D)

व्याख्या: कई उद्योग विकसित हुए।

33. उत्तर मौर्य काल में व्यापार का माध्यम क्या था?

(A) वस्तु विनिमय

(B) सिक्के

(C) दोनों

(D) बैंक

उत्तर: (C)

व्याख्या: दोनों माध्यम प्रचलित थे।

34. इस काल में कौन सा मार्ग प्रसिद्ध था?

(A) ग्रैंड ट्रंक रोड

(B) सिल्क रूट

(C) समुद्री मार्ग

(D) कोई नहीं

उत्तर: (B)

व्याख्या: सिल्क रूट प्रमुख व्यापार मार्ग था।

35. उत्तर मौर्य काल में कौन सा धर्म प्रमुख था?

(A) बौद्ध

(B) जैन

(C) वैदिक

(D) सभी

उत्तर: (D)

व्याख्या: सभी धर्मों का प्रभाव था।

36. इस काल में समाज का स्वरूप कैसा था?

(A) सरल

(B) जटिल

(C) अराजक

(D) अस्थिर

उत्तर: (B)

व्याख्या: समाज अधिक जटिल हो गया था।

37. उत्तर मौर्य काल में किसका प्रभाव बढ़ा?

(A) ब्राह्मण

(B) क्षत्रिय

(C) वैश्य

(D) शूद्र

उत्तर: (A)

व्याख्या: ब्राह्मणों का प्रभाव बढ़ा।

38. इस काल में कौन सा राज्य प्रमुख था?

(A) शुंग

(B) कुषाण

(C) कण्व

(D) सभी

उत्तर: (D)

व्याख्या: कई राज्य प्रमुख थे।

39. उत्तर मौर्य काल में कौन सा कला रूप प्रसिद्ध था?

(A) अजंता

(B) गांधार

(C) एलोरा

(D) सभी
उत्तर: (B)
व्याख्या: गांधार कला प्रमुख थी।

40. इस काल में धर्म का प्रचार कैसे हुआ?
(A) युद्ध
(B) व्यापार
(C) शासकों द्वारा
(D) सभी
उत्तर: (D)
व्याख्या: विभिन्न माध्यमों से धर्म का प्रचार हुआ।

41. उत्तर मौर्य काल में किसका विकास हुआ?
(A) साहित्य
(B) कला
(C) व्यापार
(D) सभी
उत्तर: (D)
व्याख्या: सभी क्षेत्रों में उन्नति हुई।

42. इस काल में सिक्के किससे बने होते थे?
(A) सोना
(B) चांदी
(C) तांबा
(D) सभी
उत्तर: (D)
व्याख्या: विभिन्न धातुओं के सिक्के प्रचलित थे।

43. उत्तर मौर्य काल में कौन सा शासक प्रसिद्ध था?
(A) कनिष्क
(B) अशोक
(C) चंद्रगुप्त
(D) हर्ष
उत्तर: (A)
व्याख्या: कनिष्क इस काल का प्रमुख शासक था।

44. इस काल में व्यापार किन मार्गों से होता था?
(A) स्थल
(B) जल
(C) दोनों
(D) कोई नहीं
उत्तर: (C)
व्याख्या: व्यापार स्थल और जल दोनों मार्गों से होता था।

45. उत्तर मौर्य काल में कौन सा धर्म विदेशों में फैला?
(A) जैन
(B) बौद्ध
(C) वैदिक
(D) सिख
उत्तर: (B)
व्याख्या: बौद्ध धर्म का विदेशों में प्रसार हुआ।

46. इस काल में कौन सा नगर प्रमुख था?
(A) तक्षशिला
(B) उज्जैन
(C) मथुरा
(D) सभी

उत्तर: (D)
व्याख्या: ये सभी महत्वपूर्ण नगर थे।

47. उत्तर मौर्य काल में शिक्षा का स्तर कैसा था?

(A) निम्न
(B) उच्च
(C) सामान्य
(D) अस्थिर

उत्तर: (B)
व्याख्या: शिक्षा का स्तर उच्च था।

48. इस काल में समाज का विभाजन किस आधार पर था?

(A) धन
(B) वर्ण
(C) शक्ति
(D) शिक्षा

उत्तर: (B)
व्याख्या: समाज वर्ण व्यवस्था पर आधारित था।

49. उत्तर मौर्य काल में कौन सा उद्योग प्रमुख था?

(A) वस्त्र
(B) धातु
(C) आभूषण
(D) सभी

उत्तर: (D)
व्याख्या: सभी उद्योग विकसित थे।

50. उत्तर मौर्य काल की सबसे महत्वपूर्ण विशेषता क्या थी?

(A) केंद्रीकरण
(B) विकेंद्रीकरण और सांस्कृतिक विकास
(C) युद्ध
(D) धर्म

उत्तर: (B)
व्याख्या: इस काल में कई छोटे राज्यों के कारण विकेंद्रीकरण और सांस्कृतिक विकास हुआ।

Chapter 8: गुप्त साम्राज्य

1. गुप्त वंश की स्थापना किसने की थी?

(A) समुद्रगुप्त
(B) चंद्रगुप्त प्रथम
(C) स्कंदगुप्त
(D) कुमारगुप्त

उत्तर: (B)
व्याख्या: गुप्त वंश की स्थापना चंद्रगुप्त प्रथम ने की थी।

2. गुप्त काल को किस नाम से जाना जाता है?

(A) अंधकार युग
(B) स्वर्ण युग
(C) मध्यकाल
(D) आधुनिक युग

उत्तर: (B)
व्याख्या: गुप्त काल को भारत का स्वर्ण युग कहा जाता है।

3. समुद्रगुप्त को किस नाम से जाना जाता है?

(A) महान विजेता

(B) भारत का नेपोलियन
(C) धर्म प्रचारक
(D) कवि
उत्तर: (B)
व्याख्या: समुद्रगुप्त को उसकी विजय यात्राओं के कारण भारत का नेपोलियन कहा जाता है।

4. इलाहाबाद प्रशस्ति किससे संबंधित है?
(A) चंद्रगुप्त
(B) समुद्रगुप्त
(C) अशोक
(D) हर्ष
उत्तर: (B)
व्याख्या: इलाहाबाद प्रशस्ति में समुद्रगुप्त की विजयों का वर्णन है।

5. गुप्त साम्राज्य की राजधानी क्या थी?
(A) पाटलिपुत्र
(B) उज्जैन
(C) काशी
(D) मथुरा
उत्तर: (A)
व्याख्या: गुप्त साम्राज्य की राजधानी पाटलिपुत्र थी।

6. चंद्रगुप्त द्वितीय को किस नाम से जाना जाता है?
(A) विक्रमादित्य
(B) अशोक
(C) हर्ष
(D) कनिष्क
उत्तर: (A)
व्याख्या: चंद्रगुप्त द्वितीय को विक्रमादित्य कहा जाता है।

7. गुप्त काल में कौन सा धर्म प्रमुख था?
(A) बौद्ध
(B) जैन
(C) वैदिक/हिंदू
(D) सिख
उत्तर: (C)
व्याख्या: गुप्त काल में वैदिक धर्म का पुनरुत्थान हुआ।

8. फाह्यान किसके समय भारत आया था?
(A) समुद्रगुप्त
(B) चंद्रगुप्त प्रथम
(C) चंद्रगुप्त द्वितीय
(D) कुमारगुप्त
उत्तर: (C)
व्याख्या: चीनी यात्री फाह्यान चंद्रगुप्त द्वितीय के समय आया था।

9. गुप्त काल में शिक्षा का प्रमुख केंद्र क्या था?
(A) तक्षशिला
(B) नालंदा
(C) विक्रमशिला
(D) काशी
उत्तर: (B)
व्याख्या: नालंदा विश्वविद्यालय प्रमुख शिक्षा केंद्र था।

10. आर्यभट्ट किस क्षेत्र से संबंधित

थे?

(A) साहित्य

(B) गणित और खगोल

(C) चिकित्सा

(D) राजनीति

उत्तर: (B)

व्याख्या: आर्यभट्ट महान गणितज्ञ और खगोलशास्त्री थे।

11. कालिदास किस क्षेत्र के प्रसिद्ध व्यक्ति थे?

(A) विज्ञान

(B) साहित्य

(C) राजनीति

(D) धर्म

उत्तर: (B)

व्याख्या: कालिदास महान संस्कृत कवि और नाटककार थे।

12. गुप्त काल में सिक्के किस धातु के बने होते थे?

(A) सोना

(B) चांदी

(C) तांबा

(D) सभी

उत्तर: (D)

व्याख्या: विभिन्न धातुओं के सिक्के प्रचलित थे।

13. गुप्त काल में कौन सा लिपि प्रचलित थी?

(A) ब्राह्मी

(B) खरोष्ठी

(C) देवनागरी

(D) रोमन

उत्तर: (A)

व्याख्या: ब्राह्मी लिपि का उपयोग किया जाता था।

14. गुप्त काल में भूमि कर को क्या कहा जाता था?

(A) बलि

(B) भाग

(C) कर

(D) शुल्क

उत्तर: (B)

व्याख्या: भूमि कर को भाग कहा जाता था।

15. चंद्रगुप्त द्वितीय ने किसे पराजित किया?

(A) शक

(B) हूण

(C) यूनानी

(D) मौर्य

उत्तर: (A)

व्याख्या: चंद्रगुप्त द्वितीय ने शक शासकों को हराया।

16. गुप्त काल में समाज कैसा था?

(A) सरल

(B) संगठित

(C) अराजक

(D) अस्थिर

उत्तर: (B)

व्याख्या: समाज सुव्यवस्थित और संगठित था।

17. गुप्त काल में कौन सा वर्ग

प्रभावशाली था?

(A) ब्राह्मण

(B) क्षत्रिय

(C) वैश्य

(D) शूद्र

उत्तर: (A)

व्याख्या: ब्राह्मणों का प्रभाव अधिक था।

18. गुप्त काल में व्यापार किसके साथ होता था?

(A) रोम

(B) चीन

(C) दक्षिण-पूर्व एशिया

(D) सभी

उत्तर: (D)

व्याख्या: विभिन्न देशों के साथ व्यापार होता था।

19. गुप्त काल में न्याय व्यवस्था कैसी थी?

(A) कमजोर

(B) सशक्त

(C) अराजक

(D) सीमित

उत्तर: (B)

व्याख्या: न्याय व्यवस्था सुव्यवस्थित थी।

20. गुप्त काल में सेना कैसी थी?

(A) कमजोर

(B) शक्तिशाली

(C) छोटी

(D) असंगठित

उत्तर: (B)

व्याख्या: सेना मजबूत और संगठित थी।

21. कुमारगुप्त ने किस विश्वविद्यालय की स्थापना की?

(A) तक्षशिला

(B) नालंदा

(C) विक्रमशिला

(D) काशी

उत्तर: (B)

व्याख्या: नालंदा विश्वविद्यालय की स्थापना कुमारगुप्त ने की।

22. गुप्त काल में कौन सा कला रूप विकसित हुआ?

(A) मौर्य कला

(B) गुप्त कला

(C) गांधार कला

(D) चालुक्य कला

उत्तर: (B)

व्याख्या: गुप्त कला इस काल की विशेषता थी।

23. गुप्त काल में कौन सा धर्म प्रमुख था?

(A) बौद्ध

(B) जैन

(C) वैदिक

(D) सभी

उत्तर: (D)

व्याख्या: सभी धर्मों का सहअस्तित्व था।

24. गुप्त काल में कृषि कैसी थी?

(A) कमजोर

(B) विकसित
(C) सीमित
(D) अस्थिर
उत्तर: (B)
व्याख्या: कृषि विकसित और उत्पादक थी।

25. गुप्त काल में कौन सा उद्योग प्रमुख था?
(A) वस्त्र
(B) धातु
(C) आभूषण
(D) सभी
उत्तर: (D)
व्याख्या: सभी उद्योग विकसित थे।

26. गुप्त काल में प्रशासन कैसा था?
(A) केंद्रीकृत
(B) विकेंद्रीकृत
(C) अराजक
(D) अस्थिर
उत्तर: (B)
व्याख्या: प्रशासन कुछ हद तक विकेंद्रीकृत था।

27. गुप्त काल में भूमि का स्वामी कौन था?
(A) किसान
(B) राजा
(C) ब्राह्मण
(D) व्यापारी
उत्तर: (B)
व्याख्या: भूमि का अंतिम स्वामित्व राजा के पास था।

28. गुप्त काल में शिक्षा का माध्यम क्या था?
(A) हिंदी
(B) संस्कृत
(C) प्राकृत
(D) उर्दू
उत्तर: (B)
व्याख्या: संस्कृत प्रमुख भाषा थी।

29. गुप्त काल में कौन सा शासक हूणों से लड़ा?
(A) समुद्रगुप्त
(B) स्कंदगुप्त
(C) चंद्रगुप्त
(D) कुमारगुप्त
उत्तर: (B)
व्याख्या: स्कंदगुप्त ने हूणों को पराजित किया।

30. गुप्त काल में कौन सा ग्रंथ लिखा गया?
(A) अर्थशास्त्र
(B) कामसूत्र
(C) रामायण
(D) महाभारत
उत्तर: (B)
व्याख्या: कामसूत्र इस काल में लिखा गया।

31. गुप्त काल में नगरों का विकास क्यों हुआ?
(A) युद्ध
(B) व्यापार
(C) शिक्षा

(D) धर्म
उत्तर: (B)
व्याख्या: व्यापार के कारण नगर विकसित हुए।

32. गुप्त काल में सिक्कों पर क्या अंकित होता था?
(A) देवता
(B) राजा
(C) पशु
(D) सभी
उत्तर: (D)
व्याख्या: विभिन्न चित्र अंकित होते थे।

33. गुप्त काल में कौन सा विज्ञान विकसित हुआ?
(A) गणित
(B) खगोल
(C) चिकित्सा
(D) सभी
उत्तर: (D)
व्याख्या: सभी विज्ञानों में प्रगति हुई।

34. गुप्त काल में समाज का स्वरूप कैसा था?
(A) सरल
(B) जटिल
(C) अराजक
(D) अस्थिर
उत्तर: (B)
व्याख्या: समाज अधिक जटिल हो गया था।

35. गुप्त काल में कौन सा वर्ग व्यापार करता था?
(A) ब्राह्मण
(B) क्षत्रिय
(C) वैश्य
(D) शूद्र
उत्तर: (C)
व्याख्या: वैश्य वर्ग व्यापार करता था।

36. गुप्त काल में कौन सा धर्म विदेशों में फैला?
(A) बौद्ध
(B) जैन
(C) वैदिक
(D) सिख
उत्तर: (A)
व्याख्या: बौद्ध धर्म का विदेशों में प्रसार हुआ।

37. गुप्त काल में कला का केंद्र क्या था?
(A) अजंता
(B) एलोरा
(C) सांची
(D) सभी
उत्तर: (D)
व्याख्या: विभिन्न स्थानों पर कला का विकास हुआ।

38. गुप्त काल में कौन सा लिपि बाद में विकसित हुई?
(A) ब्राह्मी
(B) देवनागरी
(C) खरोष्ठी
(D) रोमन
उत्तर: (B)

व्याख्या: देवनागरी लिपि का विकास ब्राह्मी से हुआ।

39. गुप्त काल में न्याय का प्रमुख कौन था?

(A) मंत्री
(B) राजा
(C) पुरोहित
(D) सैनिक

उत्तर: (B)

व्याख्या: राजा सर्वोच्च न्यायाधीश था।

40. गुप्त काल में कौन सा धर्म पुनर्जीवित हुआ?

(A) बौद्ध
(B) जैन
(C) वैदिक
(D) सिख

उत्तर: (C)

व्याख्या: वैदिक धर्म का पुनरुत्थान हुआ।

41. गुप्त काल में कौन सा युगीन ग्रंथ प्रसिद्ध है?

(A) वेद
(B) उपनिषद
(C) पुराण
(D) सभी

उत्तर: (D)

व्याख्या: विभिन्न धार्मिक ग्रंथ प्रचलित थे।

42. गुप्त काल में प्रशासन का केंद्र क्या था?

(A) ग्राम
(B) नगर
(C) राज्य
(D) राजधानी

उत्तर: (D)

व्याख्या: राजधानी प्रशासन का केंद्र थी।

43. गुप्त काल में सेना का उपयोग किसलिए होता था?

(A) रक्षा
(B) विस्तार
(C) दोनों
(D) कोई नहीं

उत्तर: (C)

व्याख्या: सेना का उपयोग रक्षा और विस्तार दोनों के लिए होता था।

44. गुप्त काल में कौन सा धंधा प्रमुख था?

(A) कृषि
(B) व्यापार
(C) उद्योग
(D) सभी

उत्तर: (D)

व्याख्या: सभी क्षेत्रों में विकास हुआ।

45. गुप्त काल में कौन सा वर्ग सेवा करता था?

(A) ब्राह्मण
(B) क्षत्रिय
(C) वैश्य
(D) शूद्र

उत्तर: (D)

व्याख्या: शूद्र वर्ग सेवा कार्य करता था।

46. गुप्त काल में कौन सा शासक सबसे प्रसिद्ध था?
(A) समुद्रगुप्त
(B) चंद्रगुप्त प्रथम
(C) स्कंदगुप्त
(D) सभी
उत्तर: (D)
व्याख्या: सभी शासक महत्वपूर्ण थे।

47. गुप्त काल में किसका महत्व अधिक था?
(A) धर्म
(B) शिक्षा
(C) कला
(D) सभी
उत्तर: (D)
व्याख्या: सभी क्षेत्रों में उन्नति हुई।

48. गुप्त काल में व्यापार किन मार्गों से होता था?
(A) स्थल
(B) जल
(C) दोनों
(D) कोई नहीं
उत्तर: (C)
व्याख्या: दोनों मार्गों से व्यापार होता था।

49. गुप्त काल में कौन सा उद्योग प्रमुख था?
(A) वस्त्र
(B) धातु
(C) आभूषण
(D) सभी
उत्तर: (D)
व्याख्या: सभी उद्योग विकसित थे।

50. गुप्त साम्राज्य की सबसे महत्वपूर्ण विशेषता क्या थी?
(A) युद्ध
(B) सांस्कृतिक और वैज्ञानिक उन्नति
(C) धर्म
(D) व्यापार
उत्तर: (B)
व्याख्या: गुप्त काल में कला, साहित्य और विज्ञान का अत्यधिक विकास हुआ।

Chapter 9: दक्षिण भारत के प्राचीन राज्य

1. दक्षिण भारत के प्राचीन राज्यों में कौन सा प्रमुख वंश था?
(A) मौर्य
(B) चोल
(C) गुप्त
(D) कुषाण
उत्तर: (B)
व्याख्या: चोल, चेर और पांड्य दक्षिण भारत के प्रमुख प्राचीन वंश थे।

2. चोल वंश की राजधानी क्या थी?
(A) मदुरै
(B) कांची
(C) तंजावुर
(D) वेंगी
उत्तर: (C)
व्याख्या: तंजावुर चोल वंश की प्रमुख

राजधानी थी।

3. पांड्य वंश की राजधानी क्या थी?

(A) कांची
(B) मदुरै
(C) तंजावुर
(D) वेंगी

उत्तर: (B)

व्याख्या: पांड्य वंश की राजधानी मदुरै थी।

4. चेर वंश का क्षेत्र कहाँ था?

(A) तमिलनाडु
(B) केरल
(C) कर्नाटक
(D) आंध्र प्रदेश

उत्तर: (B)

व्याख्या: चेर वंश का क्षेत्र वर्तमान केरल में था।

5. दक्षिण भारत में संगम साहित्य किससे संबंधित है?

(A) राजनीति
(B) धर्म
(C) साहित्य और समाज
(D) युद्ध

उत्तर: (C)

व्याख्या: संगम साहित्य में समाज, संस्कृति और जीवन का वर्णन है।

6. संगम साहित्य किस भाषा में लिखा गया था?

(A) संस्कृत
(B) तमिल
(C) प्राकृत
(D) हिंदी

उत्तर: (B)

व्याख्या: संगम साहित्य तमिल भाषा में लिखा गया था।

7. चोल वंश का प्रसिद्ध शासक कौन था?

(A) राजराज चोल
(B) अशोक
(C) समुद्रगुप्त
(D) हर्ष

उत्तर: (A)

व्याख्या: राजराज चोल महान चोल शासक था।

8. पल्लव वंश की राजधानी क्या थी?

(A) मदुरै
(B) कांची
(C) तंजावुर
(D) उज्जैन

उत्तर: (B)

व्याख्या: पल्लव वंश की राजधानी कांची थी।

9. पल्लव वंश किसके लिए प्रसिद्ध था?

(A) व्यापार
(B) कला और स्थापत्य
(C) युद्ध
(D) कृषि

उत्तर: (B)

व्याख्या: पल्लवों ने मंदिर निर्माण और कला को बढ़ावा दिया।

10. महाबलीपुरम किस वंश से

संबंधित है?
(A) चोल
(B) पांड्य
(C) पल्लव
(D) चेर
उत्तर: (C)
व्याख्या: महाबलीपुरम पल्लव काल की स्थापत्य कला का उदाहरण है।

11. चोल वंश की प्रशासनिक व्यवस्था कैसी थी?
(A) कमजोर
(B) केंद्रीकृत
(C) अराजक
(D) अस्थिर
उत्तर: (B)
व्याख्या: चोल प्रशासन संगठित और केंद्रीकृत था।

12. दक्षिण भारत में व्यापार किसके साथ होता था?
(A) रोम
(B) चीन
(C) अरब
(D) सभी
उत्तर: (D)
व्याख्या: दक्षिण भारत का व्यापार कई देशों से था।

13. चोल वंश का मुख्य व्यवसाय क्या था?
(A) कृषि और व्यापार
(B) युद्ध
(C) शिक्षा
(D) धर्म
उत्तर: (A)
व्याख्या: कृषि और समुद्री व्यापार प्रमुख थे।

14. संगम काल में समाज कैसा था?
(A) सरल
(B) विकसित
(C) अराजक
(D) अस्थिर
उत्तर: (B)
व्याख्या: समाज विकसित और संगठित था।

15. चोल वंश की नौसेना कैसी थी?
(A) कमजोर
(B) शक्तिशाली
(C) छोटी
(D) असंगठित
उत्तर: (B)
व्याख्या: चोलों की नौसेना बहुत मजबूत थी।

16. पांड्य वंश किसके लिए प्रसिद्ध था?
(A) युद्ध
(B) मोती व्यापार
(C) शिक्षा
(D) धर्म
उत्तर: (B)
व्याख्या: पांड्य मोती व्यापार के लिए प्रसिद्ध थे।

17. चेर वंश का मुख्य व्यापार क्या था?

(A) मसाले
(B) धातु
(C) वस्त्र
(D) अनाज
उत्तर: (A)
व्याख्या: चेर वंश मसालों के व्यापार के लिए प्रसिद्ध था।

18. दक्षिण भारत में कौन सा धर्म प्रमुख था?
(A) बौद्ध
(B) जैन
(C) हिंदू
(D) सभी
उत्तर: (D)
व्याख्या: सभी धर्मों का प्रभाव था।

19. चोल वंश में ग्राम प्रशासन कैसा था?
(A) कमजोर
(B) संगठित
(C) अराजक
(D) अस्थिर
उत्तर: (B)
व्याख्या: ग्राम स्तर पर प्रशासन सुव्यवस्थित था।

20. पल्लव वंश के शासक किस धर्म के अनुयायी थे?
(A) बौद्ध
(B) जैन
(C) हिंदू
(D) सिख
उत्तर: (C)
व्याख्या: पल्लव शासक मुख्यतः हिंदू धर्म के अनुयायी थे।

21. चोल वंश के शासकों ने किसका निर्माण कराया?
(A) मंदिर
(B) सड़क
(C) किले
(D) सभी
उत्तर: (D)
व्याख्या: चोलों ने कई निर्माण कार्य कराए।

22. संगम साहित्य में किसका वर्णन है?
(A) युद्ध
(B) प्रेम और समाज
(C) धर्म
(D) व्यापार
उत्तर: (B)
व्याख्या: संगम साहित्य में प्रेम और सामाजिक जीवन का वर्णन है।

23. दक्षिण भारत में कौन सा नगर व्यापारिक केंद्र था?
(A) कांची
(B) मदुरै
(C) तंजावुर
(D) सभी
उत्तर: (D)
व्याख्या: ये सभी प्रमुख व्यापारिक केंद्र थे।

24. चोल वंश में कर प्रणाली कैसी थी?

(A) कमजोर
(B) संगठित
(C) अराजक
(D) अस्थिर
उत्तर: (B)
व्याख्या: कर प्रणाली व्यवस्थित थी।

25. पल्लव काल में कौन सा कला रूप विकसित हुआ?
(A) मूर्तिकला
(B) वास्तुकला
(C) दोनों
(D) कोई नहीं
उत्तर: (C)
व्याख्या: पल्लव काल में मूर्तिकला और वास्तुकला दोनों विकसित हुए।

26. दक्षिण भारत में शिक्षा का माध्यम क्या था?
(A) संस्कृत
(B) तमिल
(C) प्राकृत
(D) सभी
उत्तर: (D)
व्याख्या: विभिन्न भाषाओं का उपयोग होता था।

27. चोल वंश में कौन सा विभाग महत्वपूर्ण था?
(A) कृषि
(B) नौसेना
(C) व्यापार
(D) सभी
उत्तर: (D)
व्याख्या: सभी विभाग महत्वपूर्ण थे।

28. दक्षिण भारत में व्यापार किन मार्गों से होता था?
(A) स्थल
(B) जल
(C) दोनों
(D) कोई नहीं
उत्तर: (C)
व्याख्या: व्यापार स्थल और जल दोनों मार्गों से होता था।

29. चोल वंश के शासक किसके लिए प्रसिद्ध थे?
(A) युद्ध
(B) प्रशासन
(C) कला
(D) सभी
उत्तर: (D)
व्याख्या: चोल शासक सभी क्षेत्रों में प्रसिद्ध थे।

30. पांड्य वंश का मुख्य व्यवसाय क्या था?
(A) कृषि
(B) व्यापार
(C) मोती
(D) युद्ध
उत्तर: (C)
व्याख्या: पांड्य मोती व्यापार में प्रसिद्ध थे।

31. चेर वंश का क्षेत्र किस समुद्र के पास था?
(A) अरब सागर

(B) बंगाल की खाड़ी
(C) हिंद महासागर
(D) लाल सागर
उत्तर: (A)
व्याख्या: चेर वंश अरब सागर के तट पर था।

32. दक्षिण भारत में समाज का स्वरूप कैसा था?
(A) सरल
(B) जटिल
(C) अराजक
(D) अस्थिर
उत्तर: (B)
व्याख्या: समाज विकसित और जटिल था।

33. चोल वंश में न्याय व्यवस्था कैसी थी?
(A) कमजोर
(B) सशक्त
(C) अराजक
(D) सीमित
उत्तर: (B)
व्याख्या: न्याय व्यवस्था संगठित थी।

34. पल्लव वंश में कौन सा नगर प्रसिद्ध था?
(A) कांची
(B) मदुरै
(C) तंजावुर
(D) उज्जैन
उत्तर: (A)
व्याख्या: कांची पल्लवों की राजधानी थी।

35. दक्षिण भारत में कौन सा उद्योग विकसित था?
(A) वस्त्र
(B) धातु
(C) मसाले
(D) सभी
उत्तर: (D)
व्याख्या: विभिन्न उद्योग विकसित थे।

36. चोल वंश में सेना कैसी थी?
(A) कमजोर
(B) शक्तिशाली
(C) छोटी
(D) असंगठित
उत्तर: (B)
व्याख्या: चोलों की सेना मजबूत थी।

37. दक्षिण भारत में धर्म का स्वरूप कैसा था?
(A) एक
(B) विविध
(C) केवल हिंदू
(D) केवल जैन
उत्तर: (B)
व्याख्या: विभिन्न धर्मों का सहअस्तित्व था।

38. चोल वंश में व्यापार किसके साथ होता था?
(A) चीन
(B) दक्षिण-पूर्व एशिया
(C) अरब
(D) सभी

उत्तर: (D)
व्याख्या: कई देशों के साथ व्यापार होता था।

39. पल्लव वंश किसके लिए प्रसिद्ध था?
(A) शिक्षा
(B) कला
(C) व्यापार
(D) युद्ध
उत्तर: (B)
व्याख्या: पल्लव कला और स्थापत्य के लिए प्रसिद्ध थे।

40. दक्षिण भारत में नगरों का विकास क्यों हुआ?
(A) युद्ध
(B) व्यापार
(C) शिक्षा
(D) धर्म
उत्तर: (B)
व्याख्या: व्यापार के कारण नगर विकसित हुए।

41. चोल वंश में प्रशासन का केंद्र क्या था?
(A) ग्राम
(B) नगर
(C) राज्य
(D) राजधानी
उत्तर: (D)
व्याख्या: राजधानी प्रशासन का मुख्य केंद्र थी।

42. दक्षिण भारत में शिक्षा का स्तर कैसा था?
(A) निम्न
(B) उच्च
(C) सामान्य
(D) अस्थिर
उत्तर: (B)
व्याख्या: शिक्षा का स्तर उच्च था।

43. चोल वंश में कौन सा वर्ग प्रमुख था?
(A) ब्राह्मण
(B) क्षत्रिय
(C) वैश्य
(D) शूद्र
उत्तर: (B)
व्याख्या: शासक वर्ग क्षत्रिय था।

44. दक्षिण भारत में व्यापार का माध्यम क्या था?
(A) वस्तु विनिमय
(B) सिक्के
(C) दोनों
(D) बैंक
उत्तर: (C)
व्याख्या: दोनों माध्यम प्रचलित थे।

45. पांड्य वंश में कौन सा नगर प्रमुख था?
(A) मदुरै
(B) कांची
(C) तंजावुर
(D) उज्जैन
उत्तर: (A)
व्याख्या: मदुरै पांड्य वंश की राजधानी

थी।

46. चोल वंश में कौन सा उद्योग प्रमुख था?

(A) वस्त्र

(B) धातु

(C) व्यापार

(D) सभी

उत्तर: (D)

व्याख्या: सभी उद्योग विकसित थे।

47. दक्षिण भारत में कौन सा धर्म विदेशों में फैला?

(A) हिंदू

(B) बौद्ध

(C) जैन

(D) सभी

उत्तर: (D)

व्याख्या: विभिन्न धर्मों का प्रसार हुआ।

48. चोल वंश में ग्राम सभा को क्या कहा जाता था?

(A) सभा

(B) समिति

(C) उर

(D) पंचायत

उत्तर: (C)

व्याख्या: ग्राम सभा को उर कहा जाता था।

49. दक्षिण भारत में समाज का आधार क्या था?

(A) वर्ण

(B) धन

(C) शक्ति

(D) शिक्षा

उत्तर: (A)

व्याख्या: समाज वर्ण व्यवस्था पर आधारित था।

50. दक्षिण भारत के प्राचीन राज्यों की सबसे महत्वपूर्ण विशेषता क्या थी?

(A) युद्ध

(B) समुद्री व्यापार और सांस्कृतिक विकास

(C) शिक्षा

(D) धर्म

उत्तर: (B)

व्याख्या: समुद्री व्यापार और सांस्कृतिक उन्नति इस क्षेत्र की प्रमुख विशेषता थी।

Chapter 10: सांस्कृतिक एवं धार्मिक विकास

1. प्राचीन भारत में धर्म का मुख्य उद्देश्य क्या था?

(A) युद्ध

(B) मोक्ष प्राप्ति

(C) व्यापार

(D) शासन

उत्तर: (B)

व्याख्या: प्राचीन भारत में धर्म का मुख्य उद्देश्य मोक्ष प्राप्त करना था।

2. वेदों के बाद कौन से ग्रंथ विकसित हुए?

(A) पुराण

(B) उपनिषद
(C) रामायण
(D) सभी
उत्तर: (D)
व्याख्या: वेदों के बाद उपनिषद, पुराण और महाकाव्य विकसित हुए।

3. उपनिषद किससे संबंधित हैं?
(A) युद्ध
(B) दर्शन
(C) व्यापार
(D) राजनीति
उत्तर: (B)
व्याख्या: उपनिषद दार्शनिक विचारों से संबंधित हैं।

4. रामायण के रचयिता कौन हैं?
(A) व्यास
(B) वाल्मीकि
(C) कालिदास
(D) तुलसीदास
उत्तर: (B)
व्याख्या: रामायण की रचना वाल्मीकि ने की थी।

5. महाभारत के रचयिता कौन हैं?
(A) वाल्मीकि
(B) व्यास
(C) कालिदास
(D) अश्वघोष
उत्तर: (B)
व्याख्या: महाभारत के रचयिता वेदव्यास हैं।

6. भगवद्गीता किस ग्रंथ का भाग है?
(A) रामायण
(B) महाभारत
(C) वेद
(D) पुराण
उत्तर: (B)
व्याख्या: भगवद्गीता महाभारत का एक भाग है।

7. प्राचीन भारत में प्रमुख धर्म कौन-कौन से थे?
(A) बौद्ध
(B) जैन
(C) वैदिक
(D) सभी
उत्तर: (D)
व्याख्या: सभी धर्मों का विकास हुआ।

8. मूर्ति पूजा का विकास कब हुआ?
(A) वैदिक काल
(B) उत्तर वैदिक काल
(C) मौर्य काल
(D) गुप्त काल
उत्तर: (D)
व्याख्या: गुप्त काल में मूर्ति पूजा का व्यापक विकास हुआ।

9. मंदिर निर्माण का विकास किस काल में हुआ?
(A) वैदिक
(B) मौर्य
(C) गुप्त
(D) महाजनपद
उत्तर: (C)
व्याख्या: गुप्त काल में मंदिर निर्माण

कला विकसित हुई।

10. नालंदा विश्वविद्यालय किसके लिए प्रसिद्ध था?

(A) व्यापार
(B) शिक्षा
(C) युद्ध
(D) धर्म

उत्तर: (B)

व्याख्या: नालंदा शिक्षा का प्रमुख केंद्र था।

11. प्राचीन भारत में कला का प्रमुख रूप क्या था?

(A) चित्रकला
(B) मूर्तिकला
(C) वास्तुकला
(D) सभी

उत्तर: (D)

व्याख्या: सभी प्रकार की कला विकसित थीं।

12. अजंता की गुफाएँ किसके लिए प्रसिद्ध हैं?

(A) युद्ध
(B) चित्रकला
(C) व्यापार
(D) शिक्षा

उत्तर: (B)

व्याख्या: अजंता गुफाएँ चित्रकला के लिए प्रसिद्ध हैं।

13. एलोरा की गुफाएँ किसके लिए प्रसिद्ध हैं?

(A) चित्रकला
(B) मूर्तिकला और वास्तुकला
(C) व्यापार
(D) शिक्षा

उत्तर: (B)

व्याख्या: एलोरा गुफाएँ मूर्तिकला और वास्तुकला के लिए प्रसिद्ध हैं।

14. प्राचीन भारत में शिक्षा का माध्यम क्या था?

(A) हिंदी
(B) संस्कृत
(C) उर्दू
(D) अंग्रेजी

उत्तर: (B)

व्याख्या: संस्कृत प्रमुख भाषा थी।

15. प्राचीन भारत में गुरु-शिष्य परंपरा क्या थी?

(A) व्यापार
(B) शिक्षा प्रणाली
(C) धर्म
(D) युद्ध

उत्तर: (B)

व्याख्या: गुरु-शिष्य परंपरा शिक्षा का आधार थी।

16. संस्कृत भाषा किससे संबंधित है?

(A) व्यापार
(B) धर्म और शिक्षा
(C) युद्ध
(D) राजनीति

उत्तर: (B)

व्याख्या: संस्कृत का उपयोग धार्मिक

और शैक्षिक कार्यों में होता था।

17. प्राचीन भारत में कौन सा दर्शन प्रसिद्ध था?

(A) सांख्य

(B) योग

(C) वेदांत

(D) सभी

उत्तर: (D)

व्याख्या: विभिन्न दार्शनिक विचार विकसित हुए।

18. बौद्ध धर्म में कला का कौन सा रूप विकसित हुआ?

(A) स्तूप

(B) विहार

(C) चैत्य

(D) सभी

उत्तर: (D)

व्याख्या: सभी प्रकार की संरचनाएँ विकसित हुईं।

19. स्तूप किससे संबंधित है?

(A) जैन

(B) बौद्ध

(C) वैदिक

(D) सिख

उत्तर: (B)

व्याख्या: स्तूप बौद्ध धर्म से संबंधित हैं।

20. विहार क्या होते थे?

(A) मंदिर

(B) विद्यालय

(C) भिक्षुओं के निवास स्थान

(D) व्यापार केंद्र

उत्तर: (C)

व्याख्या: विहार भिक्षुओं के रहने के स्थान थे।

21. प्राचीन भारत में धर्म का आधार क्या था?

(A) युद्ध

(B) कर्म और पुनर्जन्म

(C) व्यापार

(D) शिक्षा

उत्तर: (B)

व्याख्या: कर्म और पुनर्जन्म की धारणा प्रमुख थी।

22. प्राचीन भारत में कौन सा महाकाव्य प्रसिद्ध है?

(A) रामायण

(B) महाभारत

(C) दोनों

(D) कोई नहीं

उत्तर: (C)

व्याख्या: दोनों महाकाव्य प्रसिद्ध हैं।

23. प्राचीन भारत में संगीत का विकास किससे हुआ?

(A) वेद

(B) सामवेद

(C) उपनिषद

(D) पुराण

उत्तर: (B)

व्याख्या: सामवेद संगीत का आधार है।

24. प्राचीन भारत में नृत्य का संबंध किससे था?

(A) धर्म

(B) मनोरंजन
(C) दोनों
(D) शिक्षा
उत्तर: (C)
व्याख्या: नृत्य का उपयोग धार्मिक और मनोरंजन दोनों में होता था।

25. प्राचीन भारत में साहित्य किस भाषा में था?
(A) हिंदी
(B) संस्कृत
(C) उर्दू
(D) अंग्रेजी
उत्तर: (B)
व्याख्या: संस्कृत साहित्य की प्रमुख भाषा थी।

26. पुराण किससे संबंधित हैं?
(A) इतिहास और धर्म
(B) युद्ध
(C) व्यापार
(D) राजनीति
उत्तर: (A)
व्याख्या: पुराणों में धार्मिक और ऐतिहासिक कथाएँ हैं।

27. प्राचीन भारत में विज्ञान का विकास किस क्षेत्र में हुआ?
(A) गणित
(B) चिकित्सा
(C) खगोल
(D) सभी
उत्तर: (D)
व्याख्या: सभी क्षेत्रों में प्रगति हुई।

28. आयुर्वेद किससे संबंधित है?
(A) युद्ध
(B) चिकित्सा
(C) व्यापार
(D) शिक्षा
उत्तर: (B)
व्याख्या: आयुर्वेद चिकित्सा विज्ञान है।

29. प्राचीन भारत में शिक्षा का उद्देश्य क्या था?
(A) नौकरी
(B) ज्ञान और चरित्र निर्माण
(C) व्यापार
(D) युद्ध
उत्तर: (B)
व्याख्या: शिक्षा का उद्देश्य ज्ञान और नैतिकता था।

30. प्राचीन भारत में मंदिर किससे संबंधित थे?
(A) व्यापार
(B) धर्म
(C) शिक्षा
(D) युद्ध
उत्तर: (B)
व्याख्या: मंदिर धार्मिक गतिविधियों के केंद्र थे।

31. प्राचीन भारत में समाज का आधार क्या था?
(A) धन
(B) वर्ण
(C) शक्ति
(D) शिक्षा

उत्तर: (B)
व्याख्या: समाज वर्ण व्यवस्था पर आधारित था।

32. प्राचीन भारत में कला का संरक्षण किसने किया?
(A) राजा
(B) व्यापारी
(C) शिक्षक
(D) सभी
उत्तर: (D)
व्याख्या: सभी वर्गों ने कला को बढ़ावा दिया।

33. प्राचीन भारत में शिक्षा कहाँ दी जाती थी?
(A) गुरुकुल
(B) मंदिर
(C) विहार
(D) सभी
उत्तर: (D)
व्याख्या: विभिन्न स्थानों पर शिक्षा दी जाती थी।

34. प्राचीन भारत में धर्म का स्वरूप कैसा था?
(A) एक
(B) विविध
(C) अराजक
(D) सीमित
उत्तर: (B)
व्याख्या: विभिन्न धर्मों का सहअस्तित्व था।

35. प्राचीन भारत में साहित्य का विकास किसके कारण हुआ?
(A) शिक्षा
(B) धर्म
(C) दोनों
(D) युद्ध
उत्तर: (C)
व्याख्या: शिक्षा और धर्म दोनों ने साहित्य को बढ़ावा दिया।

36. प्राचीन भारत में मूर्तिकला का विकास कहाँ हुआ?
(A) मंदिर
(B) गुफाएँ
(C) स्तूप
(D) सभी
उत्तर: (D)
व्याख्या: विभिन्न स्थानों पर मूर्तिकला विकसित हुई।

37. प्राचीन भारत में वास्तुकला का प्रमुख उदाहरण क्या है?
(A) स्तूप
(B) मंदिर
(C) गुफाएँ
(D) सभी
उत्तर: (D)
व्याख्या: सभी प्रकार की वास्तुकला विकसित थी।

38. प्राचीन भारत में धर्म का प्रचार कैसे हुआ?
(A) शिक्षा
(B) यात्राएँ
(C) शासकों द्वारा

(D) सभी
उत्तर: (D)
व्याख्या: विभिन्न माध्यमों से धर्म का प्रचार हुआ।

39. प्राचीन भारत में कौन सा ग्रंथ धार्मिक है?
(A) वेद
(B) उपनिषद
(C) पुराण
(D) सभी
उत्तर: (D)
व्याख्या: सभी धार्मिक ग्रंथ हैं।

40. प्राचीन भारत में शिक्षा का स्तर कैसा था?
(A) निम्न
(B) उच्च
(C) सामान्य
(D) अस्थिर
उत्तर: (B)
व्याख्या: शिक्षा का स्तर उच्च था।

41. प्राचीन भारत में कला का उद्देश्य क्या था?
(A) मनोरंजन
(B) धर्म
(C) सौंदर्य
(D) सभी
उत्तर: (D)
व्याख्या: कला के कई उद्देश्य थे।

42. प्राचीन भारत में कौन सा धर्म विदेशों में फैला?
(A) बौद्ध
(B) जैन
(C) वैदिक
(D) सभी
उत्तर: (D)
व्याख्या: विभिन्न धर्मों का प्रसार हुआ।

43. प्राचीन भारत में समाज कैसा था?
(A) सरल
(B) जटिल
(C) अराजक
(D) अस्थिर
उत्तर: (B)
व्याख्या: समाज विकसित और जटिल था।

44. प्राचीन भारत में ज्ञान का स्रोत क्या था?
(A) वेद
(B) उपनिषद
(C) गुरुकुल
(D) सभी
उत्तर: (D)
व्याख्या: ज्ञान के कई स्रोत थे।

45. प्राचीन भारत में कौन सा विषय महत्वपूर्ण था?
(A) धर्म
(B) शिक्षा
(C) कला
(D) सभी
उत्तर: (D)
व्याख्या: सभी विषय महत्वपूर्ण थे।

46. प्राचीन भारत में शिक्षा का

माध्यम किसके द्वारा था?
(A) शिक्षक
(B) गुरु
(C) दोनों
(D) कोई नहीं
उत्तर: (C)
व्याख्या: गुरु और शिक्षक दोनों शिक्षा देते थे।

47. प्राचीन भारत में धर्म का उद्देश्य क्या था?
(A) धन
(B) मोक्ष
(C) युद्ध
(D) व्यापार
उत्तर: (B)
व्याख्या: धर्म का उद्देश्य मोक्ष प्राप्त करना था।

48. प्राचीन भारत में कौन सा ग्रंथ सबसे प्राचीन है?
(A) उपनिषद
(B) वेद
(C) पुराण
(D) रामायण
उत्तर: (B)
व्याख्या: वेद सबसे प्राचीन ग्रंथ हैं।

49. प्राचीन भारत में शिक्षा का स्वरूप कैसा था?
(A) औपचारिक
(B) अनौपचारिक
(C) दोनों
(D) कोई नहीं
उत्तर: (C)
व्याख्या: शिक्षा दोनों रूपों में दी जाती थी।

50. सांस्कृतिक एवं धार्मिक विकास की सबसे महत्वपूर्ण विशेषता क्या थी?
(A) युद्ध
(B) विविधता और समन्वय
(C) व्यापार
(D) राजनीति
उत्तर: (B)
व्याख्या: विभिन्न संस्कृतियों और धर्मों का समन्वय इसकी मुख्य विशेषता थी।

Chapter 10: सांस्कृतिक एवं धार्मिक विकास

1. प्राचीन भारत में धर्म का मुख्य उद्देश्य क्या था?
(A) युद्ध
(B) मोक्ष प्राप्ति
(C) व्यापार
(D) शासन
उत्तर: (B)
व्याख्या: प्राचीन भारत में धर्म का मुख्य उद्देश्य मोक्ष प्राप्त करना था।

2. वेदों के बाद कौन से ग्रंथ विकसित हुए?
(A) पुराण
(B) उपनिषद
(C) रामायण
(D) सभी

उत्तर: (D)
व्याख्या: वेदों के बाद उपनिषद, पुराण और महाकाव्य विकसित हुए।

3. उपनिषद किससे संबंधित हैं?
(A) युद्ध
(B) दर्शन
(C) व्यापार
(D) राजनीति
उत्तर: (B)
व्याख्या: उपनिषद दार्शनिक विचारों से संबंधित हैं।

4. रामायण के रचयिता कौन हैं?
(A) व्यास
(B) वाल्मीकि
(C) कालिदास
(D) तुलसीदास
उत्तर: (B)
व्याख्या: रामायण की रचना वाल्मीकि ने की थी।

5. महाभारत के रचयिता कौन हैं?
(A) वाल्मीकि
(B) व्यास
(C) कालिदास
(D) अश्वघोष
उत्तर: (B)
व्याख्या: महाभारत के रचयिता वेदव्यास हैं।

6. भगवद्गीता किस ग्रंथ का भाग है?
(A) रामायण
(B) महाभारत
(C) वेद
(D) पुराण
उत्तर: (B)
व्याख्या: भगवद्गीता महाभारत का एक भाग है।

7. प्राचीन भारत में प्रमुख धर्म कौन-कौन से थे?
(A) बौद्ध
(B) जैन
(C) वैदिक
(D) सभी
उत्तर: (D)
व्याख्या: सभी धर्मों का विकास हुआ।

8. मूर्ति पूजा का विकास कब हुआ?
(A) वैदिक काल
(B) उत्तर वैदिक काल
(C) मौर्य काल
(D) गुप्त काल
उत्तर: (D)
व्याख्या: गुप्त काल में मूर्ति पूजा का व्यापक विकास हुआ।

9. मंदिर निर्माण का विकास किस काल में हुआ?
(A) वैदिक
(B) मौर्य
(C) गुप्त
(D) महाजनपद
उत्तर: (C)
व्याख्या: गुप्त काल में मंदिर निर्माण कला विकसित हुई।

10. नालंदा विश्वविद्यालय किसके लिए प्रसिद्ध था?

(A) व्यापार
(B) शिक्षा
(C) युद्ध
(D) धर्म
उत्तर: (B)
व्याख्या: नालंदा शिक्षा का प्रमुख केंद्र था।

11. प्राचीन भारत में कला का प्रमुख रूप क्या था?
(A) चित्रकला
(B) मूर्तिकला
(C) वास्तुकला
(D) सभी
उत्तर: (D)
व्याख्या: सभी प्रकार की कला विकसित थीं।

12. अजंता की गुफाएँ किसके लिए प्रसिद्ध हैं?
(A) युद्ध
(B) चित्रकला
(C) व्यापार
(D) शिक्षा
उत्तर: (B)
व्याख्या: अजंता गुफाएँ चित्रकला के लिए प्रसिद्ध हैं।

13. एलोरा की गुफाएँ किसके लिए प्रसिद्ध हैं?
(A) चित्रकला
(B) मूर्तिकला और वास्तुकला
(C) व्यापार
(D) शिक्षा
उत्तर: (B)
व्याख्या: एलोरा गुफाएँ मूर्तिकला और वास्तुकला के लिए प्रसिद्ध हैं।

14. प्राचीन भारत में शिक्षा का माध्यम क्या था?
(A) हिंदी
(B) संस्कृत
(C) उर्दू
(D) अंग्रेजी
उत्तर: (B)
व्याख्या: संस्कृत प्रमुख भाषा थी।

15. प्राचीन भारत में गुरु-शिष्य परंपरा क्या थी?
(A) व्यापार
(B) शिक्षा प्रणाली
(C) धर्म
(D) युद्ध
उत्तर: (B)
व्याख्या: गुरु-शिष्य परंपरा शिक्षा का आधार थी।

16. संस्कृत भाषा किससे संबंधित है?
(A) व्यापार
(B) धर्म और शिक्षा
(C) युद्ध
(D) राजनीति
उत्तर: (B)
व्याख्या: संस्कृत का उपयोग धार्मिक और शैक्षिक कार्यों में होता था।

17. प्राचीन भारत में कौन सा दर्शन प्रसिद्ध था?

(A) सांख्य
(B) योग
(C) वेदांत
(D) सभी
उत्तर: (D)
व्याख्या: विभिन्न दार्शनिक विचार विकसित हुए।

18. बौद्ध धर्म में कला का कौन सा रूप विकसित हुआ?
(A) स्तूप
(B) विहार
(C) चैत्य
(D) सभी
उत्तर: (D)
व्याख्या: सभी प्रकार की संरचनाएँ विकसित हुईं।

19. स्तूप किससे संबंधित है?
(A) जैन
(B) बौद्ध
(C) वैदिक
(D) सिख
उत्तर: (B)
व्याख्या: स्तूप बौद्ध धर्म से संबंधित हैं।

20. विहार क्या होते थे?
(A) मंदिर
(B) विद्यालय
(C) भिक्षुओं के निवास स्थान
(D) व्यापार केंद्र
उत्तर: (C)
व्याख्या: विहार भिक्षुओं के रहने के स्थान थे।

21. प्राचीन भारत में धर्म का आधार क्या था?
(A) युद्ध
(B) कर्म और पुनर्जन्म
(C) व्यापार
(D) शिक्षा
उत्तर: (B)
व्याख्या: कर्म और पुनर्जन्म की धारणा प्रमुख थी।

22. प्राचीन भारत में कौन सा महाकाव्य प्रसिद्ध है?
(A) रामायण
(B) महाभारत
(C) दोनों
(D) कोई नहीं
उत्तर: (C)
व्याख्या: दोनों महाकाव्य प्रसिद्ध हैं।

23. प्राचीन भारत में संगीत का विकास किससे हुआ?
(A) वेद
(B) सामवेद
(C) उपनिषद
(D) पुराण
उत्तर: (B)
व्याख्या: सामवेद संगीत का आधार है।

24. प्राचीन भारत में नृत्य का संबंध किससे था?
(A) धर्म
(B) मनोरंजन
(C) दोनों
(D) शिक्षा

उत्तर: (C)
व्याख्या: नृत्य का उपयोग धार्मिक और मनोरंजन दोनों में होता था।

25. प्राचीन भारत में साहित्य किस भाषा में था?
(A) हिंदी
(B) संस्कृत
(C) उर्दू
(D) अंग्रेजी
उत्तर: (B)
व्याख्या: संस्कृत साहित्य की प्रमुख भाषा थी।

26. पुराण किससे संबंधित हैं?
(A) इतिहास और धर्म
(B) युद्ध
(C) व्यापार
(D) राजनीति
उत्तर: (A)
व्याख्या: पुराणों में धार्मिक और ऐतिहासिक कथाएँ हैं।

27. प्राचीन भारत में विज्ञान का विकास किस क्षेत्र में हुआ?
(A) गणित
(B) चिकित्सा
(C) खगोल
(D) सभी
उत्तर: (D)
व्याख्या: सभी क्षेत्रों में प्रगति हुई।

28. आयुर्वेद किससे संबंधित है?
(A) युद्ध
(B) चिकित्सा
(C) व्यापार
(D) शिक्षा
उत्तर: (B)
व्याख्या: आयुर्वेद चिकित्सा विज्ञान है।

29. प्राचीन भारत में शिक्षा का उद्देश्य क्या था?
(A) नौकरी
(B) ज्ञान और चरित्र निर्माण
(C) व्यापार
(D) युद्ध
उत्तर: (B)
व्याख्या: शिक्षा का उद्देश्य ज्ञान और नैतिकता था।

30. प्राचीन भारत में मंदिर किससे संबंधित थे?
(A) व्यापार
(B) धर्म
(C) शिक्षा
(D) युद्ध
उत्तर: (B)
व्याख्या: मंदिर धार्मिक गतिविधियों के केंद्र थे।

31. प्राचीन भारत में समाज का आधार क्या था?
(A) धन
(B) वर्ण
(C) शक्ति
(D) शिक्षा
उत्तर: (B)
व्याख्या: समाज वर्ण व्यवस्था पर आधारित था।

32. प्राचीन भारत में कला का संरक्षण किसने किया?

(A) राजा
(B) व्यापारी
(C) शिक्षक
(D) सभी
उत्तर: (D)
व्याख्या: सभी वर्गों ने कला को बढ़ावा दिया।

33. प्राचीन भारत में शिक्षा कहाँ दी जाती थी?

(A) गुरुकुल
(B) मंदिर
(C) विहार
(D) सभी
उत्तर: (D)
व्याख्या: विभिन्न स्थानों पर शिक्षा दी जाती थी।

34. प्राचीन भारत में धर्म का स्वरूप कैसा था?

(A) एक
(B) विविध
(C) अराजक
(D) सीमित
उत्तर: (B)
व्याख्या: विभिन्न धर्मों का सहअस्तित्व था।

35. प्राचीन भारत में साहित्य का विकास किसके कारण हुआ?

(A) शिक्षा
(B) धर्म
(C) दोनों
(D) युद्ध
उत्तर: (C)
व्याख्या: शिक्षा और धर्म दोनों ने साहित्य को बढ़ावा दिया।

36. प्राचीन भारत में मूर्तिकला का विकास कहाँ हुआ?

(A) मंदिर
(B) गुफाएँ
(C) स्तूप
(D) सभी
उत्तर: (D)
व्याख्या: विभिन्न स्थानों पर मूर्तिकला विकसित हुई।

37. प्राचीन भारत में वास्तुकला का प्रमुख उदाहरण क्या है?

(A) स्तूप
(B) मंदिर
(C) गुफाएँ
(D) सभी
उत्तर: (D)
व्याख्या: सभी प्रकार की वास्तुकला विकसित थी।

38. प्राचीन भारत में धर्म का प्रचार कैसे हुआ?

(A) शिक्षा
(B) यात्राएँ
(C) शासकों द्वारा
(D) सभी
उत्तर: (D)
व्याख्या: विभिन्न माध्यमों से धर्म का

प्रचार हुआ।

39. प्राचीन भारत में कौन सा ग्रंथ धार्मिक है?

(A) वेद
(B) उपनिषद
(C) पुराण
(D) सभी
उत्तर: (D)
व्याख्या: सभी धार्मिक ग्रंथ हैं।

40. प्राचीन भारत में शिक्षा का स्तर कैसा था?

(A) निम्न
(B) उच्च
(C) सामान्य
(D) अस्थिर
उत्तर: (B)
व्याख्या: शिक्षा का स्तर उच्च था।

41. प्राचीन भारत में कला का उद्देश्य क्या था?

(A) मनोरंजन
(B) धर्म
(C) सौंदर्य
(D) सभी
उत्तर: (D)
व्याख्या: कला के कई उद्देश्य थे।

42. प्राचीन भारत में कौन सा धर्म विदेशों में फैला?

(A) बौद्ध
(B) जैन
(C) वैदिक
(D) सभी
उत्तर: (D)
व्याख्या: विभिन्न धर्मों का प्रसार हुआ।

43. प्राचीन भारत में समाज कैसा था?

(A) सरल
(B) जटिल
(C) अराजक
(D) अस्थिर
उत्तर: (B)
व्याख्या: समाज विकसित और जटिल था।

44. प्राचीन भारत में ज्ञान का स्रोत क्या था?

(A) वेद
(B) उपनिषद
(C) गुरुकुल
(D) सभी
उत्तर: (D)
व्याख्या: ज्ञान के कई स्रोत थे।

45. प्राचीन भारत में कौन सा विषय महत्वपूर्ण था?

(A) धर्म
(B) शिक्षा
(C) कला
(D) सभी
उत्तर: (D)
व्याख्या: सभी विषय महत्वपूर्ण थे।

46. प्राचीन भारत में शिक्षा का माध्यम किसके द्वारा था?

(A) शिक्षक
(B) गुरु

(C) दोनों
(D) कोई नहीं
उत्तर: (C)
व्याख्या: गुरु और शिक्षक दोनों शिक्षा देते थे।

47. प्राचीन भारत में धर्म का उद्देश्य क्या था?

(A) धन
(B) मोक्ष
(C) युद्ध
(D) व्यापार
उत्तर: (B)
व्याख्या: धर्म का उद्देश्य मोक्ष प्राप्त करना था।

48. प्राचीन भारत में कौन सा ग्रंथ सबसे प्राचीन है?

(A) उपनिषद
(B) वेद
(C) पुराण
(D) रामायण
उत्तर: (B)
व्याख्या: वेद सबसे प्राचीन ग्रंथ हैं।

49. प्राचीन भारत में शिक्षा का स्वरूप कैसा था?

(A) औपचारिक
(B) अनौपचारिक
(C) दोनों
(D) कोई नहीं
उत्तर: (C)
व्याख्या: शिक्षा दोनों रूपों में दी जाती थी।

50. सांस्कृतिक एवं धार्मिक विकास की सबसे महत्वपूर्ण विशेषता क्या थी?

(A) युद्ध
(B) विविधता और समन्वय
(C) व्यापार
(D) राजनीति
उत्तर: (B)
व्याख्या: विभिन्न संस्कृतियों और धर्मों का समन्वय इसकी मुख्य विशेषता थी।

Chapter 11: प्रारंभिक मध्यकालीन भारत

1. प्रारंभिक मध्यकालीन भारत का काल किसे माना जाता है?

(A) 300–600 ई.
(B) 600–1200 ई.
(C) 1200–1500 ई.
(D) 1500–1700 ई.
उत्तर: (B)
व्याख्या: प्रारंभिक मध्यकालीन भारत का काल लगभग 600 से 1200 ईस्वी तक माना जाता है।

2. इस काल में भारत की राजनीतिक स्थिति कैसी थी?

(A) एकीकृत

(B) विभाजित
(C) स्थिर
(D) शक्तिशाली
उत्तर: (B)
व्याख्या: इस काल में भारत कई छोटे-छोटे राज्यों में विभाजित था।

3. हर्षवर्धन किस वंश से संबंधित थे?
(A) गुप्त
(B) वर्धन
(C) मौर्य
(D) चोल
उत्तर: (B)
व्याख्या: हर्षवर्धन वर्धन वंश के शासक थे।

4. हर्षवर्धन की राजधानी क्या थी?
(A) कन्नौज
(B) पाटलिपुत्र
(C) उज्जैन
(D) दिल्ली
उत्तर: (A)
व्याख्या: हर्षवर्धन की राजधानी कन्नौज थी।

5. हर्षवर्धन के दरबार में कौन सा चीनी यात्री आया था?
(A) फाह्यान
(B) ह्वेनसांग
(C) इत्सिंग
(D) मेगस्थनीज
उत्तर: (B)
व्याख्या: ह्वेनसांग हर्ष के समय भारत आया था।

6. प्रारंभिक मध्यकालीन भारत में प्रमुख राजपूत वंश कौन थे?
(A) प्रतिहार
(B) चौहान
(C) सोलंकी
(D) सभी
उत्तर: (D)
व्याख्या: कई राजपूत वंश इस काल में प्रमुख थे।

7. गुर्जर-प्रतिहार वंश की राजधानी क्या थी?
(A) कन्नौज
(B) अजमेर
(C) दिल्ली
(D) उज्जैन
उत्तर: (A)
व्याख्या: प्रतिहार वंश की राजधानी कन्नौज थी।

8. राष्ट्रकूट वंश की राजधानी क्या थी?
(A) मान्यखेता
(B) कांची
(C) मदुरै
(D) उज्जैन
उत्तर: (A)
व्याख्या: राष्ट्रकूटों की राजधानी मान्यखेता थी।

9. पाल वंश का संस्थापक कौन था?
(A) धर्मपाल
(B) गोपाल
(C) देवपाल

(D) हर्ष

उत्तर: (B)

व्याख्या: पाल वंश की स्थापना गोपाल ने की थी।

10. पाल वंश का प्रमुख धर्म क्या था?

(A) हिंदू

(B) जैन

(C) बौद्ध

(D) सिख

उत्तर: (C)

व्याख्या: पाल शासक बौद्ध धर्म के समर्थक थे।

11. त्रिपक्षीय संघर्ष किनके बीच हुआ?

(A) मौर्य, गुप्त, हर्ष

(B) पाल, प्रतिहार, राष्ट्रकूट

(C) चोल, पांड्य, चेर

(D) मुगल, मराठा, सिख

उत्तर: (B)

व्याख्या: कन्नौज के लिए तीनों वंशों के बीच संघर्ष हुआ।

12. प्रारंभिक मध्यकालीन भारत में समाज कैसा था?

(A) सरल

(B) जटिल

(C) अराजक

(D) अस्थिर

उत्तर: (B)

व्याख्या: समाज अधिक जटिल और स्तरीकृत हो गया था।

13. इस काल में भूमि दान की प्रथा क्या कहलाती थी?

(A) जागीर

(B) भूमि दान

(C) सामंतवाद

(D) कर

उत्तर: (C)

व्याख्या: सामंतवाद इस काल की प्रमुख विशेषता थी।

14. सामंत कौन होते थे?

(A) व्यापारी

(B) किसान

(C) राजा के अधीन अधिकारी

(D) सैनिक

उत्तर: (C)

व्याख्या: सामंत स्थानीय शासक या अधिकारी होते थे।

15. प्रारंभिक मध्यकालीन भारत में अर्थव्यवस्था का आधार क्या था?

(A) व्यापार

(B) कृषि

(C) उद्योग

(D) शिक्षा

उत्तर: (B)

व्याख्या: कृषि अर्थव्यवस्था का मुख्य आधार थी।

16. इस काल में शिक्षा का प्रमुख केंद्र क्या था?

(A) तक्षशिला

(B) नालंदा

(C) विक्रमशिला

(D) सभी

उत्तर: (D)
व्याख्या: ये सभी प्रमुख शिक्षा केंद्र थे।

17. विक्रमशिला विश्वविद्यालय की स्थापना किसने की?
(A) धर्मपाल
(B) गोपाल
(C) देवपाल
(D) हर्ष
उत्तर: (A)
व्याख्या: धर्मपाल ने विक्रमशिला विश्वविद्यालय की स्थापना की।

18. प्रारंभिक मध्यकालीन भारत में कौन सा धर्म प्रमुख था?
(A) बौद्ध
(B) जैन
(C) हिंदू
(D) सभी
उत्तर: (D)
व्याख्या: सभी धर्मों का प्रभाव था।

19. इस काल में मंदिर निर्माण का विकास किस कारण हुआ?
(A) व्यापार
(B) धर्म
(C) युद्ध
(D) शिक्षा
उत्तर: (B)
व्याख्या: धार्मिक गतिविधियों के कारण मंदिर निर्माण बढ़ा।

20. प्रारंभिक मध्यकालीन भारत में कौन सा कला रूप विकसित हुआ?
(A) मूर्तिकला
(B) वास्तुकला
(C) चित्रकला
(D) सभी
उत्तर: (D)
व्याख्या: सभी प्रकार की कला विकसित हुई।

21. इस काल में व्यापार कैसा था?
(A) बहुत अधिक
(B) सीमित
(C) नहीं था
(D) अस्थिर
उत्तर: (B)
व्याख्या: व्यापार का महत्व कुछ कम हो गया था।

22. प्रारंभिक मध्यकालीन भारत में समाज का आधार क्या था?
(A) धन
(B) वर्ण
(C) शक्ति
(D) शिक्षा
उत्तर: (B)
व्याख्या: समाज वर्ण व्यवस्था पर आधारित था।

23. इस काल में कर कौन वसूलता था?
(A) राजा
(B) सामंत
(C) मंत्री
(D) पुरोहित
उत्तर: (B)
व्याख्या: सामंत कर वसूलते थे।

24. प्रारंभिक मध्यकालीन भारत में सेना का स्वरूप कैसा था?
(A) केंद्रीकृत
(B) सामंती
(C) कमजोर
(D) अस्थिर
उत्तर: (B)
व्याख्या: सेना सामंतों के अधीन थी।

25. इस काल में कौन सा वर्ग प्रभावशाली था?
(A) ब्राह्मण
(B) क्षत्रिय
(C) वैश्य
(D) शूद्र
उत्तर: (A)
व्याख्या: ब्राह्मणों का प्रभाव बढ़ा।

26. प्रारंभिक मध्यकालीन भारत में शिक्षा का माध्यम क्या था?
(A) हिंदी
(B) संस्कृत
(C) उर्दू
(D) अंग्रेजी
उत्तर: (B)
व्याख्या: संस्कृत प्रमुख भाषा थी।

27. इस काल में कौन सा शासक प्रसिद्ध था?
(A) हर्षवर्धन
(B) अशोक
(C) चंद्रगुप्त
(D) समुद्रगुप्त
उत्तर: (A)
व्याख्या: हर्षवर्धन प्रमुख शासक थे।

28. प्रारंभिक मध्यकालीन भारत में धर्म का स्वरूप कैसा था?
(A) एक
(B) विविध
(C) सीमित
(D) अराजक
उत्तर: (B)
व्याख्या: विभिन्न धर्मों का सहअस्तित्व था।

29. इस काल में कौन सा उद्योग प्रमुख था?
(A) वस्त्र
(B) धातु
(C) कृषि
(D) सभी
उत्तर: (D)
व्याख्या: विभिन्न उद्योग विकसित थे।

30. प्रारंभिक मध्यकालीन भारत में नगरों का विकास कैसा था?
(A) अधिक
(B) सीमित
(C) नहीं
(D) अस्थिर
उत्तर: (B)
व्याख्या: नगरों का विकास सीमित था।

31. इस काल में कौन सा ग्रंथ प्रसिद्ध है?
(A) वेद
(B) उपनिषद
(C) हर्षचरित

(D) पुराण
उत्तर: (C)
व्याख्या: हर्षचरित इस काल का महत्वपूर्ण ग्रंथ है।

32. प्रारंभिक मध्यकालीन भारत में न्याय व्यवस्था कैसी थी?
(A) कमजोर
(B) सशक्त
(C) सामंती
(D) अराजक
उत्तर: (C)
व्याख्या: न्याय व्यवस्था सामंती थी।

33. इस काल में कौन सा वर्ग सेवा करता था?
(A) ब्राह्मण
(B) क्षत्रिय
(C) वैश्य
(D) शूद्र
उत्तर: (D)
व्याख्या: शूद्र सेवा कार्य करते थे।

34. प्रारंभिक मध्यकालीन भारत में व्यापार किन मार्गों से होता था?
(A) स्थल
(B) जल
(C) दोनों
(D) कोई नहीं
उत्तर: (C)
व्याख्या: व्यापार स्थल और जल दोनों मार्गों से होता था।

35. इस काल में कौन सा राज्य दक्षिण में प्रमुख था?
(A) पाल
(B) राष्ट्रकूट
(C) प्रतिहार
(D) गुप्त
उत्तर: (B)
व्याख्या: राष्ट्रकूट दक्षिण भारत का प्रमुख राज्य था।

36. प्रारंभिक मध्यकालीन भारत में कौन सा धर्म विदेशों में फैला?
(A) बौद्ध
(B) जैन
(C) हिंदू
(D) सभी
उत्तर: (D)
व्याख्या: विभिन्न धर्मों का प्रसार हुआ।

37. इस काल में समाज का स्वरूप कैसा था?
(A) सरल
(B) जटिल
(C) अराजक
(D) अस्थिर
उत्तर: (B)
व्याख्या: समाज अधिक जटिल था।

38. प्रारंभिक मध्यकालीन भारत में शिक्षा का स्तर कैसा था?
(A) निम्न
(B) उच्च
(C) सामान्य
(D) अस्थिर
उत्तर: (B)
व्याख्या: शिक्षा का स्तर उच्च था।

39. इस काल में कौन सा कला रूप प्रमुख था?
(A) मूर्तिकला
(B) वास्तुकला
(C) चित्रकला
(D) सभी
उत्तर: (D)
व्याख्या: सभी प्रकार की कला विकसित हुई।

40. प्रारंभिक मध्यकालीन भारत में प्रशासन कैसा था?
(A) केंद्रीकृत
(B) विकेंद्रीकृत
(C) अराजक
(D) अस्थिर
उत्तर: (B)
व्याख्या: प्रशासन विकेंद्रीकृत था।

41. इस काल में कौन सा वर्ग व्यापार करता था?
(A) ब्राह्मण
(B) क्षत्रिय
(C) वैश्य
(D) शूद्र
उत्तर: (C)
व्याख्या: वैश्य वर्ग व्यापार करता था।

42. प्रारंभिक मध्यकालीन भारत में भूमि का स्वामी कौन था?
(A) किसान
(B) राजा
(C) सामंत
(D) सभी
उत्तर: (D)
व्याख्या: भूमि पर कई स्तरों का अधिकार था।

43. इस काल में कौन सा धर्म प्रमुख था?
(A) हिंदू
(B) बौद्ध
(C) जैन
(D) सभी
उत्तर: (D)
व्याख्या: सभी धर्मों का प्रभाव था।

44. प्रारंभिक मध्यकालीन भारत में कौन सा नगर प्रमुख था?
(A) कन्नौज
(B) पाटलिपुत्र
(C) उज्जैन
(D) सभी
उत्तर: (D)
व्याख्या: कई नगर महत्वपूर्ण थे।

45. इस काल में सेना का उपयोग किसलिए होता था?
(A) रक्षा
(B) विस्तार
(C) दोनों
(D) कोई नहीं
उत्तर: (C)
व्याख्या: सेना रक्षा और विस्तार दोनों के लिए थी।

46. प्रारंभिक मध्यकालीन भारत में कौन सा उद्योग प्रमुख था?
(A) वस्त्र

(B) धातु
(C) कृषि
(D) सभी
उत्तर: (D)
व्याख्या: सभी उद्योग विकसित थे।

47. इस काल में समाज का आधार क्या था?
(A) धन
(B) वर्ण
(C) शक्ति
(D) शिक्षा
उत्तर: (B)
व्याख्या: समाज वर्ण व्यवस्था पर आधारित था।

48. प्रारंभिक मध्यकालीन भारत में कौन सा शासक साहित्यकार भी था?
(A) अशोक
(B) हर्ष
(C) चंद्रगुप्त
(D) समुद्रगुप्त
उत्तर: (B)
व्याख्या: हर्षवर्धन ने साहित्य रचना भी की।

49. इस काल में शिक्षा कहाँ दी जाती थी?
(A) गुरुकुल
(B) विश्वविद्यालय
(C) मंदिर
(D) सभी
उत्तर: (D)
व्याख्या: विभिन्न स्थानों पर शिक्षा दी जाती थी।

50. प्रारंभिक मध्यकालीन भारत की सबसे महत्वपूर्ण विशेषता क्या थी?
(A) केंद्रीकरण
(B) सामंतवाद और विकेंद्रीकरण
(C) युद्ध
(D) व्यापार
उत्तर: (B)
व्याख्या: इस काल में सामंतवाद और विकेंद्रीकरण प्रमुख विशेषता थी।

Chapter 12: दिल्ली सल्तनत

1. **दिल्ली सल्तनत की स्थापना किसने की थी?**
(A) कुतुबुद्दीन ऐबक
(B) इल्तुतमिश
(C) बलबन
(D) अलाउद्दीन खिलजी
उत्तर: (A)
व्याख्या: कुतुबुद्दीन ऐबक ने 1206 ई. में दिल्ली सल्तनत की स्थापना की।

2. दिल्ली सल्तनत का प्रथम वंश कौन सा था?
(A) खिलजी वंश
(B) तुगलक वंश
(C) गुलाम वंश
(D) लोदी वंश
उत्तर: (C)
व्याख्या: गुलाम वंश दिल्ली सल्तनत का पहला वंश था।

3. इल्तुतमिश किस वंश से संबंधित था?
(A) खिलजी
(B) गुलाम
(C) तुगलक
(D) लोदी
उत्तर: (B)
व्याख्या: इल्तुतमिश गुलाम वंश का शासक था।

4. रजिया सुल्तान किसकी पुत्री थी?
(A) कुतुबुद्दीन ऐबक
(B) इल्तुतमिश
(C) बलबन
(D) अलाउद्दीन खिलजी
उत्तर: (B)
व्याख्या: रजिया सुल्तान इल्तुतमिश की पुत्री थी।

5. दिल्ली सल्तनत की राजधानी क्या थी?
(A) आगरा
(B) दिल्ली
(C) लाहौर
(D) कन्नौज
उत्तर: (B)
व्याख्या: दिल्ली सल्तनत की राजधानी दिल्ली थी।

6. खिलजी वंश का संस्थापक कौन था?
(A) अलाउद्दीन खिलजी
(B) जलालुद्दीन खिलजी
(C) मुहम्मद बिन तुगलक
(D) फिरोज तुगलक
उत्तर: (B)
व्याख्या: जलालुद्दीन खिलजी ने खिलजी वंश की स्थापना की।

7. अलाउद्दीन खिलजी किसके लिए प्रसिद्ध था?
(A) धर्म
(B) बाजार नियंत्रण
(C) शिक्षा
(D) साहित्य
उत्तर: (B)
व्याख्या: उसने बाजार नियंत्रण नीति लागू की।

8. तुगलक वंश का संस्थापक कौन था?
(A) बलबन
(B) गयासुद्दीन तुगलक
(C) मुहम्मद तुगलक
(D) फिरोज तुगलक
उत्तर: (B)
व्याख्या: गयासुद्दीन तुगलक ने तुगलक वंश की स्थापना की।

9. मुहम्मद बिन तुगलक किसके लिए प्रसिद्ध था?
(A) स्थिर नीतियाँ
(B) विचित्र नीतियाँ
(C) धार्मिक कार्य
(D) व्यापार
उत्तर: (B)
व्याख्या: उसकी नीतियाँ असफल और विचित्र मानी जाती हैं।

10. फिरोज शाह तुगलक किसके लिए प्रसिद्ध था?
(A) युद्ध
(B) सिंचाई कार्य
(C) शिक्षा
(D) व्यापार
उत्तर: (B)
व्याख्या: उसने नहरों और सिंचाई का विकास किया।

11. लोदी वंश का संस्थापक कौन था?
(A) इब्राहिम लोदी
(B) बहलोल लोदी
(C) सिकंदर लोदी
(D) दाऊद लोदी
उत्तर: (B)
व्याख्या: बहलोल लोदी ने लोदी वंश की स्थापना की।

12. दिल्ली सल्तनत का अंतिम शासक कौन था?
(A) सिकंदर लोदी
(B) इब्राहिम लोदी
(C) बहलोल लोदी
(D) बाबर
उत्तर: (B)
व्याख्या: इब्राहिम लोदी दिल्ली सल्तनत का अंतिम शासक था।

13. पानीपत का प्रथम युद्ध कब हुआ?
(A) 1526
(B) 1556
(C) 1761
(D) 1498
उत्तर: (A)
व्याख्या: 1526 में बाबर और इब्राहिम लोदी के बीच युद्ध हुआ।

14. दिल्ली सल्तनत में प्रशासन कैसा था?
(A) कमजोर
(B) केंद्रीकृत
(C) अराजक
(D) अस्थिर
उत्तर: (B)
व्याख्या: प्रशासन केंद्रीकृत था।

15. इक्तादारी प्रणाली किससे संबंधित है?
(A) शिक्षा
(B) भूमि व्यवस्था
(C) व्यापार
(D) धर्म
उत्तर: (B)
व्याख्या: इक्तादारी प्रणाली भूमि और कर से संबंधित थी।

16. इक्ता क्या था?
(A) भूमि
(B) कर
(C) प्रशासनिक इकाई
(D) सैनिक दल
उत्तर: (C)
व्याख्या: इक्ता प्रशासनिक और राजस्व इकाई थी।

17. दिल्ली सल्तनत में कौन सी भाषा प्रचलित थी?

(A) हिंदी
(B) संस्कृत
(C) फारसी
(D) अंग्रेजी
उत्तर: (C)
व्याख्या: फारसी प्रशासन की भाषा थी।

18. दिल्ली सल्तनत में न्याय का प्रमुख कौन था?

(A) काजी
(B) मंत्री
(C) राजा
(D) सेनापति
उत्तर: (A)
व्याख्या: काजी न्यायाधीश होता था।

19. अलाउद्दीन खिलजी ने किस पर विजय प्राप्त की?

(A) दक्षिण भारत
(B) गुजरात
(C) राजस्थान
(D) सभी
उत्तर: (D)
व्याख्या: उसने कई क्षेत्रों पर विजय प्राप्त की।

20. मुहम्मद तुगलक ने राजधानी कहाँ स्थानांतरित की?

(A) आगरा
(B) दौलताबाद
(C) लाहौर
(D) कन्नौज
उत्तर: (B)
व्याख्या: उसने दिल्ली से दौलताबाद राजधानी बनाई।

21. दिल्ली सल्तनत में समाज कैसा था?

(A) सरल
(B) जटिल
(C) अराजक
(D) अस्थिर
उत्तर: (B)
व्याख्या: समाज विभिन्न वर्गों में विभाजित था।

22. सल्तनत काल में कौन सा धर्म प्रमुख था?

(A) हिंदू
(B) इस्लाम
(C) जैन
(D) बौद्ध
उत्तर: (B)
व्याख्या: शासक वर्ग इस्लाम धर्म का अनुयायी था।

23. दिल्ली सल्तनत में कर प्रणाली कैसी थी?

(A) कमजोर
(B) संगठित
(C) अराजक
(D) अस्थिर
उत्तर: (B)
व्याख्या: कर प्रणाली व्यवस्थित थी।

24. सल्तनत काल में कौन सा वर्ग व्यापार करता था?

(A) ब्राह्मण
(B) क्षत्रिय

(C) वैश्य
(D) शूद्र
उत्तर: (C)
व्याख्या: वैश्य वर्ग व्यापार करता था।

25. दिल्ली सल्तनत में सेना कैसी थी?
(A) कमजोर
(B) शक्तिशाली
(C) छोटी
(D) असंगठित
उत्तर: (B)
व्याख्या: सेना मजबूत थी।

26. सल्तनत काल में किसका विकास हुआ?
(A) वास्तुकला
(B) कला
(C) शिक्षा
(D) सभी
उत्तर: (D)
व्याख्या: सभी क्षेत्रों में विकास हुआ।

27. कुतुब मीनार किसने शुरू करवाई?
(A) इल्तुतमिश
(B) कुतुबुद्दीन ऐबक
(C) बलबन
(D) अलाउद्दीन
उत्तर: (B)
व्याख्या: कुतुबुद्दीन ऐबक ने इसका निर्माण शुरू कराया।

28. कुतुब मीनार को किसने पूरा किया?
(A) ऐबक
(B) इल्तुतमिश
(C) बलबन
(D) तुगलक
उत्तर: (B)
व्याख्या: इल्तुतमिश ने इसे पूरा कराया।

29. दिल्ली सल्तनत में कौन सा उद्योग प्रमुख था?
(A) वस्त्र
(B) धातु
(C) कृषि
(D) सभी
उत्तर: (D)
व्याख्या: सभी उद्योग विकसित थे।

30. सल्तनत काल में शिक्षा का माध्यम क्या था?
(A) हिंदी
(B) संस्कृत
(C) फारसी
(D) अंग्रेजी
उत्तर: (C)
व्याख्या: फारसी भाषा का उपयोग होता था।

31. दिल्ली सल्तनत में प्रशासन का केंद्र क्या था?
(A) ग्राम
(B) नगर
(C) राजधानी
(D) राज्य
उत्तर: (C)

व्याख्या: राजधानी प्रशासन का केंद्र थी।

32. सल्तनत काल में कौन सा नगर प्रमुख था?

(A) दिल्ली
(B) लाहौर
(C) आगरा
(D) सभी

उत्तर: (D)

व्याख्या: कई नगर महत्वपूर्ण थे।

33. दिल्ली सल्तनत में धर्म का स्वरूप कैसा था?

(A) एक
(B) विविध
(C) सीमित
(D) अराजक

उत्तर: (B)

व्याख्या: विभिन्न धर्मों का सहअस्तित्व था।

34. सल्तनत काल में कौन सा वर्ग प्रभावशाली था?

(A) ब्राह्मण
(B) अमीर
(C) वैश्य
(D) शूद्र

उत्तर: (B)

व्याख्या: अमीर वर्ग प्रभावशाली था।

35. दिल्ली सल्तनत में कौन सा कर प्रमुख था?

(A) जजिया
(B) लगान
(C) शुल्क
(D) कर

उत्तर: (A)

व्याख्या: जजिया कर गैर-मुस्लिमों पर लगाया जाता था।

36. सल्तनत काल में न्याय व्यवस्था कैसी थी?

(A) कमजोर
(B) सशक्त
(C) अराजक
(D) अस्थिर

उत्तर: (B)

व्याख्या: न्याय व्यवस्था संगठित थी।

37. दिल्ली सल्तनत में व्यापार किसके साथ होता था?

(A) अरब
(B) चीन
(C) मध्य एशिया
(D) सभी

उत्तर: (D)

व्याख्या: विभिन्न देशों से व्यापार होता था।

38. सल्तनत काल में कौन सा कला रूप विकसित हुआ?

(A) स्थापत्य
(B) चित्रकला
(C) मूर्तिकला
(D) सभी

उत्तर: (A)

व्याख्या: इस्लामी स्थापत्य शैली विकसित हुई।

39. दिल्ली सल्तनत में भूमि का स्वामी कौन था?
(A) किसान
(B) राजा
(C) अमीर
(D) सभी
उत्तर: (B)
व्याख्या: भूमि का अंतिम स्वामी सुल्तान था।

40. सल्तनत काल में समाज का आधार क्या था?
(A) धर्म
(B) वर्ण
(C) धन
(D) शक्ति
उत्तर: (A)
व्याख्या: समाज में धर्म का प्रभाव था।

41. दिल्ली सल्तनत में कौन सा विभाग महत्वपूर्ण था?
(A) सेना
(B) राजस्व
(C) प्रशासन
(D) सभी
उत्तर: (D)
व्याख्या: सभी विभाग महत्वपूर्ण थे।

42. सल्तनत काल में शिक्षा कहाँ दी जाती थी?
(A) मदरसा
(B) गुरुकुल
(C) मंदिर
(D) सभी
उत्तर: (A)
व्याख्या: मदरसों में शिक्षा दी जाती थी।

43. दिल्ली सल्तनत में सेना का उपयोग किसलिए होता था?
(A) रक्षा
(B) विस्तार
(C) दोनों
(D) कोई नहीं
उत्तर: (C)
व्याख्या: सेना दोनों उद्देश्यों के लिए थी।

44. सल्तनत काल में कौन सा उद्योग प्रमुख था?
(A) वस्त्र
(B) धातु
(C) कृषि
(D) सभी
उत्तर: (D)
व्याख्या: सभी उद्योग विकसित थे।

45. दिल्ली सल्तनत में कौन सा शासक सबसे शक्तिशाली था?
(A) ऐबक
(B) इल्तुतमिश
(C) अलाउद्दीन खिलजी
(D) बलबन
उत्तर: (C)
व्याख्या: अलाउद्दीन खिलजी सबसे शक्तिशाली शासकों में था।

46. सल्तनत काल में कौन सा नगर व्यापारिक केंद्र था?
(A) दिल्ली

(B) लाहौर
(C) मुल्तान
(D) सभी
उत्तर: (D)
व्याख्या: ये सभी व्यापारिक केंद्र थे।

47. दिल्ली सल्तनत में समाज कैसा था?
(A) सरल
(B) जटिल
(C) अराजक
(D) अस्थिर
उत्तर: (B)
व्याख्या: समाज विभिन्न वर्गों में विभाजित था।

48. सल्तनत काल में कौन सा धर्म विदेशों में फैला?
(A) इस्लाम
(B) हिंदू
(C) जैन
(D) बौद्ध
उत्तर: (A)
व्याख्या: इस्लाम का प्रसार हुआ।

49. दिल्ली सल्तनत में शिक्षा का स्तर कैसा था?
(A) निम्न
(B) उच्च
(C) सामान्य
(D) अस्थिर
उत्तर: (B)
व्याख्या: शिक्षा का स्तर अच्छा था।

50. दिल्ली सल्तनत की सबसे महत्वपूर्ण विशेषता क्या थी?
(A) युद्ध
(B) केंद्रीकृत प्रशासन और इस्लामी प्रभाव
(C) व्यापार
(D) शिक्षा
उत्तर: (B)
व्याख्या: सल्तनत की प्रमुख विशेषता मजबूत प्रशासन और इस्लामी प्रभाव था।

Chapter 13: भक्ति एवं सूफी आंदोलन

1. भक्ति आंदोलन का मुख्य उद्देश्य क्या था?
(A) युद्ध
(B) ईश्वर की भक्ति
(C) व्यापार
(D) शिक्षा
उत्तर: (B)
व्याख्या: भक्ति आंदोलन का मुख्य उद्देश्य ईश्वर की भक्ति और आस्था को बढ़ावा देना था।

2. भक्ति आंदोलन कब प्रारंभ हुआ?
(A) प्राचीन काल
(B) मध्यकाल
(C) आधुनिक काल
(D) वैदिक काल
उत्तर: (B)
व्याख्या: भक्ति आंदोलन मध्यकाल में प्रारंभ हुआ।

3. भक्ति आंदोलन का मुख्य संदेश क्या था?
(A) जाति भेद
(B) समानता और भक्ति
(C) युद्ध
(D) व्यापार
उत्तर: (B)
व्याख्या: इस आंदोलन ने समानता और भक्ति पर जोर दिया।

4. कबीर किस आंदोलन से संबंधित थे?
(A) सूफी
(B) भक्ति
(C) वैदिक
(D) जैन
उत्तर: (B)
व्याख्या: कबीर भक्ति आंदोलन के प्रमुख संत थे।

5. गुरु नानक किस धर्म के संस्थापक थे?
(A) हिंदू
(B) जैन
(C) सिख
(D) बौद्ध
उत्तर: (C)
व्याख्या: गुरु नानक सिख धर्म के संस्थापक थे।

6. सूफी आंदोलन का मुख्य उद्देश्य क्या था?
(A) युद्ध
(B) ईश्वर से प्रेम
(C) व्यापार
(D) शिक्षा
उत्तर: (B)
व्याख्या: सूफी संत ईश्वर के प्रति प्रेम और समर्पण का प्रचार करते थे।

7. सूफी संतों के निवास स्थान को क्या कहा जाता था?
(A) मंदिर
(B) मठ
(C) खानकाह
(D) गुरुकुल
उत्तर: (C)
व्याख्या: सूफी संत खानकाह में रहते थे।

8. भक्ति आंदोलन के संत किस भाषा में उपदेश देते थे?
(A) संस्कृत
(B) हिंदी/लोकभाषा
(C) फारसी
(D) अंग्रेजी
उत्तर: (B)
व्याख्या: संतों ने लोकभाषाओं में उपदेश दिए।

9. सूफी आंदोलन किस धर्म से संबंधित था?
(A) हिंदू
(B) जैन
(C) इस्लाम
(D) बौद्ध
उत्तर: (C)
व्याख्या: सूफी आंदोलन इस्लाम से

संबंधित था।

10. भक्ति आंदोलन के प्रमुख संत कौन थे?

(A) कबीर
(B) तुलसीदास
(C) मीरा बाई
(D) सभी

उत्तर: (D)

व्याख्या: ये सभी प्रमुख भक्ति संत थे।

11. कबीर के उपदेश किस पर आधारित थे?

(A) जाति
(B) समानता
(C) युद्ध
(D) व्यापार

उत्तर: (B)

व्याख्या: कबीर ने समानता और भाईचारे का संदेश दिया।

12. मीरा बाई किसकी भक्त थीं?

(A) राम
(B) कृष्ण
(C) शिव
(D) विष्णु

उत्तर: (B)

व्याख्या: मीरा बाई कृष्ण की भक्त थीं।

13. तुलसीदास ने कौन सा ग्रंथ लिखा?

(A) महाभारत
(B) रामचरितमानस
(C) वेद
(D) पुराण

उत्तर: (B)

व्याख्या: तुलसीदास ने रामचरितमानस की रचना की।

14. सूफी संतों का मुख्य संदेश क्या था?

(A) युद्ध
(B) प्रेम और शांति
(C) व्यापार
(D) शिक्षा

उत्तर: (B)

व्याख्या: सूफी संत प्रेम और शांति का प्रचार करते थे।

15. भक्ति आंदोलन ने किसका विरोध किया?

(A) समानता
(B) जाति प्रथा
(C) धर्म
(D) शिक्षा

उत्तर: (B)

व्याख्या: भक्ति संतों ने जाति प्रथा का विरोध किया।

16. सूफी संत किस भाषा का उपयोग करते थे?

(A) संस्कृत
(B) फारसी
(C) हिंदी
(D) अंग्रेजी

उत्तर: (B)

व्याख्या: सूफी संत फारसी भाषा का उपयोग करते थे।

17. भक्ति आंदोलन में किस प्रकार

की भक्ति प्रमुख थी?

(A) ज्ञान

(B) प्रेम

(C) कर्म

(D) युद्ध

उत्तर: (B)

व्याख्या: प्रेम और भक्ति पर जोर था।

18. सूफी आंदोलन का प्रभाव किस पर पड़ा?

(A) समाज

(B) धर्म

(C) संस्कृति

(D) सभी

उत्तर: (D)

व्याख्या: सूफी आंदोलन ने सभी क्षेत्रों को प्रभावित किया।

19. भक्ति आंदोलन के संत किसके खिलाफ थे?

(A) धर्म

(B) अंधविश्वास

(C) शिक्षा

(D) व्यापार

उत्तर: (B)

व्याख्या: संतों ने अंधविश्वास का विरोध किया।

20. सूफी संतों का प्रमुख स्थान क्या था?

(A) मंदिर

(B) खानकाह

(C) गुरुकुल

(D) विद्यालय

उत्तर: (B)

व्याख्या: खानकाह उनका निवास और उपदेश स्थान था।

21. भक्ति आंदोलन ने किसे बढ़ावा दिया?

(A) युद्ध

(B) समानता

(C) व्यापार

(D) शिक्षा

उत्तर: (B)

व्याख्या: समाज में समानता का प्रचार हुआ।

22. कबीर के दोहे किस भाषा में थे?

(A) संस्कृत

(B) हिंदी

(C) फारसी

(D) उर्दू

उत्तर: (B)

व्याख्या: कबीर ने हिंदी में दोहे लिखे।

23. सूफी संतों के अनुयायी क्या कहलाते थे?

(A) शिष्य

(B) मुरिद

(C) गुरु

(D) भक्त

उत्तर: (B)

व्याख्या: सूफी संतों के अनुयायी मुरिद कहलाते थे।

24. भक्ति आंदोलन का प्रभाव किन पर पड़ा?

(A) समाज

(B) धर्म
(C) संस्कृति
(D) सभी
उत्तर: (D)
व्याख्या: इस आंदोलन ने व्यापक प्रभाव डाला।

25. सूफी आंदोलन में कौन सा तत्व प्रमुख था?
(A) ज्ञान
(B) प्रेम
(C) युद्ध
(D) व्यापार
उत्तर: (B)
व्याख्या: प्रेम और समर्पण प्रमुख था।

26. भक्ति आंदोलन के संत कहाँ रहते थे?
(A) मंदिर
(B) आश्रम
(C) गाँव
(D) सभी
उत्तर: (D)
व्याख्या: संत विभिन्न स्थानों पर रहते थे।

27. सूफी संतों का जीवन कैसा था?
(A) विलासी
(B) सादा
(C) युद्धप्रिय
(D) व्यापारी
उत्तर: (B)
व्याख्या: उनका जीवन सादा और सरल था।

28. भक्ति आंदोलन में किसका महत्व कम हुआ?
(A) भक्ति
(B) जाति
(C) धर्म
(D) शिक्षा
उत्तर: (B)
व्याख्या: जाति प्रथा का विरोध किया गया।

29. सूफी आंदोलन में किसका महत्व अधिक था?
(A) युद्ध
(B) प्रेम
(C) व्यापार
(D) शिक्षा
उत्तर: (B)
व्याख्या: प्रेम और ईश्वर भक्ति पर जोर था।

30. भक्ति आंदोलन में कौन सा ग्रंथ प्रसिद्ध है?
(A) वेद
(B) रामचरितमानस
(C) उपनिषद
(D) पुराण
उत्तर: (B)
व्याख्या: रामचरितमानस प्रमुख ग्रंथ है।

31. सूफी आंदोलन का प्रभाव किस धर्म पर पड़ा?
(A) हिंदू
(B) इस्लाम
(C) दोनों

(D) कोई नहीं

उत्तर: (C)

व्याख्या: दोनों धर्मों पर प्रभाव पड़ा।

32. भक्ति आंदोलन का मुख्य केंद्र क्या था?

(A) मंदिर

(B) गाँव

(C) समाज

(D) सभी

उत्तर: (D)

व्याख्या: यह पूरे समाज में फैला हुआ था।

33. सूफी संतों का उद्देश्य क्या था?

(A) युद्ध

(B) ईश्वर से मिलन

(C) व्यापार

(D) शिक्षा

उत्तर: (B)

व्याख्या: उनका उद्देश्य ईश्वर से मिलन था।

34. भक्ति आंदोलन में कौन सा तत्व प्रमुख था?

(A) ज्ञान

(B) भक्ति

(C) कर्म

(D) युद्ध

उत्तर: (B)

व्याख्या: भक्ति आंदोलन में भक्ति सर्वोपरि थी।

35. सूफी संतों ने किसका विरोध किया?

(A) प्रेम

(B) अंधविश्वास

(C) शिक्षा

(D) व्यापार

उत्तर: (B)

व्याख्या: उन्होंने अंधविश्वास का विरोध किया।

36. भक्ति आंदोलन में कौन सा वर्ग शामिल था?

(A) केवल ब्राह्मण

(B) केवल क्षत्रिय

(C) सभी वर्ग

(D) केवल शूद्र

उत्तर: (C)

व्याख्या: सभी वर्गों के लोग इसमें शामिल थे।

37. सूफी आंदोलन में संगीत का क्या महत्व था?

(A) नहीं

(B) अधिक

(C) कम

(D) सीमित

उत्तर: (B)

व्याख्या: संगीत और कव्वाली का विशेष महत्व था।

38. भक्ति आंदोलन में किस भाषा का उपयोग हुआ?

(A) संस्कृत

(B) लोकभाषा

(C) फारसी

(D) अंग्रेजी

उत्तर: (B)
व्याख्या: लोकभाषाओं का उपयोग किया गया।

39. सूफी संतों का प्रमुख स्थान कहाँ था?

(A) गाँव
(B) शहर
(C) खानकाह
(D) मंदिर

उत्तर: (C)
व्याख्या: खानकाह उनका केंद्र था।

40. भक्ति आंदोलन ने किसे बढ़ावा दिया?

(A) जाति
(B) समानता
(C) युद्ध
(D) व्यापार

उत्तर: (B)
व्याख्या: समानता और भाईचारे का प्रचार हुआ।

41. सूफी आंदोलन का संबंध किससे था?

(A) राजनीति
(B) धर्म
(C) व्यापार
(D) शिक्षा

उत्तर: (B)
व्याख्या: यह धार्मिक आंदोलन था।

42. भक्ति आंदोलन के संतों का जीवन कैसा था?

(A) विलासी
(B) सरल
(C) युद्धप्रिय
(D) व्यापारी

उत्तर: (B)
व्याख्या: उनका जीवन सरल था।

43. सूफी आंदोलन का मुख्य केंद्र क्या था?

(A) मंदिर
(B) खानकाह
(C) गुरुकुल
(D) विद्यालय

उत्तर: (B)
व्याख्या: खानकाह प्रमुख केंद्र थे।

44. भक्ति आंदोलन में कौन सा धर्म प्रमुख था?

(A) हिंदू
(B) जैन
(C) बौद्ध
(D) सभी

उत्तर: (D)
व्याख्या: विभिन्न धर्मों के संत इसमें शामिल थे।

45. सूफी संतों के प्रमुख गुरु को क्या कहा जाता था?

(A) शेख
(B) गुरु
(C) आचार्य
(D) संत

उत्तर: (A)
व्याख्या: सूफी गुरु को शेख कहा जाता था।

46. भक्ति आंदोलन का उद्देश्य क्या था?
(A) युद्ध
(B) भक्ति और समानता
(C) व्यापार
(D) शिक्षा
उत्तर: (B)
व्याख्या: इसका उद्देश्य भक्ति और सामाजिक सुधार था।

47. सूफी आंदोलन में किसका महत्व अधिक था?
(A) धन
(B) प्रेम
(C) शक्ति
(D) युद्ध
उत्तर: (B)
व्याख्या: प्रेम और समर्पण पर जोर था।

48. भक्ति आंदोलन में कौन सा तत्व महत्वपूर्ण था?
(A) जाति
(B) भक्ति
(C) धन
(D) शक्ति
उत्तर: (B)
व्याख्या: भक्ति ही मुख्य तत्व था।

49. सूफी आंदोलन का प्रभाव कहाँ तक था?
(A) भारत
(B) एशिया
(C) विश्व
(D) सीमित
उत्तर: (B)
व्याख्या: इसका प्रभाव एशिया के कई क्षेत्रों में था।

50. भक्ति एवं सूफी आंदोलन की सबसे महत्वपूर्ण विशेषता क्या थी?
(A) युद्ध
(B) प्रेम, समानता और भक्ति
(C) व्यापार
(D) शिक्षा
उत्तर: (B)
व्याख्या: इन आंदोलनों ने प्रेम, समानता और भक्ति का संदेश दिया।

Chapter 14: मुगल साम्राज्य

1. मुगल साम्राज्य की स्थापना किसने की थी?
(A) अकबर
(B) बाबर
(C) हुमायूं
(D) शाहजहाँ
उत्तर: (B)
व्याख्या: बाबर ने 1526 ई. में पानीपत के प्रथम युद्ध के बाद मुगल साम्राज्य की स्थापना की।

2. पानीपत का प्रथम युद्ध किसके बीच हुआ था?
(A) बाबर और इब्राहिम लोदी
(B) अकबर और हेमू
(C) बाबर और राणा सांगा
(D) हुमायूं और शेरशाह

उत्तर: (A)

व्याख्या: यह युद्ध बाबर और इब्राहिम लोदी के बीच हुआ था।

3. हुमायूं का उत्तराधिकारी कौन था?

(A) बाबर

(B) अकबर

(C) जहांगीर

(D) शाहजहाँ

उत्तर: (B)

व्याख्या: हुमायूं के बाद अकबर गद्दी पर बैठा।

4. अकबर का पूरा नाम क्या था?

(A) जलालुद्दीन अकबर

(B) नसीरुद्दीन अकबर

(C) शेरशाह अकबर

(D) बहादुर अकबर

उत्तर: (A)

व्याख्या: अकबर का पूरा नाम जलालुद्दीन मोहम्मद अकबर था।

5. अकबर ने कौन सी नीति अपनाई?

(A) धार्मिक कट्टरता

(B) सुलह-ए-कुल

(C) युद्ध नीति

(D) व्यापार नीति

उत्तर: (B)

व्याख्या: अकबर ने सभी धर्मों के प्रति सहिष्णुता की नीति अपनाई।

6. दीन-ए-इलाही की स्थापना किसने की?

(A) बाबर

(B) हुमायूं

(C) अकबर

(D) औरंगजेब

उत्तर: (C)

व्याख्या: अकबर ने दीन-ए-इलाही धर्म की स्थापना की।

7. मुगल प्रशासन में मनसबदारी प्रणाली किससे संबंधित थी?

(A) शिक्षा

(B) सेना और प्रशासन

(C) व्यापार

(D) धर्म

उत्तर: (B)

व्याख्या: मनसबदारी प्रणाली सैनिक और प्रशासनिक व्यवस्था थी।

8. जहांगीर का वास्तविक नाम क्या था?

(A) सलीम

(B) खुर्रम

(C) दारा

(D) अकबर

उत्तर: (A)

व्याख्या: जहांगीर का असली नाम सलीम था।

9. शाहजहाँ किसके लिए प्रसिद्ध था?

(A) युद्ध

(B) स्थापत्य कला

(C) शिक्षा

(D) व्यापार

उत्तर: (B)
व्याख्या: शाहजहाँ ने ताजमहल सहित कई भवन बनवाए।

10. ताजमहल कहाँ स्थित है?
(A) दिल्ली
(B) आगरा
(C) लाहौर
(D) जयपुर
उत्तर: (B)
व्याख्या: ताजमहल आगरा में स्थित है।

11. औरंगजेब किसके लिए प्रसिद्ध था?
(A) सहिष्णुता
(B) कठोर धार्मिक नीति
(C) कला
(D) शिक्षा
उत्तर: (B)
व्याख्या: औरंगजेब ने कठोर इस्लामी नीति अपनाई।

12. मुगल साम्राज्य की राजधानी कहाँ थी?
(A) दिल्ली
(B) आगरा
(C) फतेहपुर सीकरी
(D) सभी
उत्तर: (D)
व्याख्या: विभिन्न समयों में राजधानी बदलती रही।

13. फतेहपुर सीकरी किसने बनवाया?
(A) बाबर
(B) अकबर
(C) शाहजहाँ
(D) औरंगजेब
उत्तर: (B)
व्याख्या: अकबर ने फतेहपुर सीकरी का निर्माण कराया।

14. मुगल काल में प्रशासन कैसा था?
(A) कमजोर
(B) केंद्रीकृत
(C) अराजक
(D) अस्थिर
उत्तर: (B)
व्याख्या: प्रशासन केंद्रीकृत था।

15. अकबर के नवरत्नों में कौन शामिल था?
(A) तानसेन
(B) बीरबल
(C) टोडरमल
(D) सभी
उत्तर: (D)
व्याख्या: ये सभी अकबर के नवरत्न थे।

16. टोडरमल किससे संबंधित था?
(A) सेना
(B) राजस्व
(C) धर्म
(D) शिक्षा
उत्तर: (B)
व्याख्या: टोडरमल राजस्व व्यवस्था का प्रमुख था।

17. जहांगीर के समय कौन सा

चित्रकला शैली विकसित हुई?

(A) मुगल चित्रकला

(B) राजस्थानी

(C) पहाड़ी

(D) सभी

उत्तर: (A)

व्याख्या: मुगल चित्रकला का विकास हुआ।

18. शाहजहाँ के समय कौन सा युग माना जाता है?

(A) स्वर्ण युग

(B) स्थापत्य का स्वर्ण युग

(C) युद्ध युग

(D) व्यापार युग

उत्तर: (B)

व्याख्या: शाहजहाँ के समय स्थापत्य कला चरम पर थी।

19. औरंगजेब ने कौन सा कर पुनः लगाया?

(A) जजिया

(B) लगान

(C) शुल्क

(D) कर

उत्तर: (A)

व्याख्या: उसने जजिया कर फिर से लागू किया।

20. मुगल काल में कौन सी भाषा प्रचलित थी?

(A) हिंदी

(B) संस्कृत

(C) फारसी

(D) अंग्रेजी

उत्तर: (C)

व्याख्या: फारसी प्रशासन की भाषा थी।

21. बाबर किस देश से आया था?

(A) अफगानिस्तान

(B) उज़्बेकिस्तान

(C) तुर्की

(D) ईरान

उत्तर: (B)

व्याख्या: बाबर फरगना (उज़्बेकिस्तान) से आया था।

22. हुमायूं को किसने हराया था?

(A) अकबर

(B) शेरशाह सूरी

(C) बाबर

(D) औरंगजेब

उत्तर: (B)

व्याख्या: शेरशाह सूरी ने हुमायूं को हराया।

23. मुगल काल में कृषि का आधार क्या था?

(A) व्यापार

(B) भूमि

(C) उद्योग

(D) शिक्षा

उत्तर: (B)

व्याख्या: कृषि अर्थव्यवस्था का मुख्य आधार थी।

24. मुगल काल में समाज कैसा था?

(A) सरल

(B) जटिल

(C) अराजक
(D) अस्थिर
उत्तर: (B)
व्याख्या: समाज विभिन्न वर्गों में विभाजित था।

25. मुगल काल में कौन सा उद्योग प्रमुख था?
(A) वस्त्र
(B) धातु
(C) आभूषण
(D) सभी
उत्तर: (D)
व्याख्या: सभी उद्योग विकसित थे।

26. मुगल काल में व्यापार किन देशों से था?
(A) यूरोप
(B) चीन
(C) अरब
(D) सभी
उत्तर: (D)
व्याख्या: विभिन्न देशों से व्यापार होता था।

27. अकबर के समय भूमि मापन प्रणाली क्या कहलाती थी?
(A) दशमलव प्रणाली
(B) ज़ब्त प्रणाली
(C) इक्ता प्रणाली
(D) जागीर प्रणाली
उत्तर: (B)
व्याख्या: अकबर ने ज़ब्त प्रणाली लागू की।

28. मुगल काल में सेना कैसी थी?
(A) कमजोर
(B) शक्तिशाली
(C) छोटी
(D) असंगठित
उत्तर: (B)
व्याख्या: सेना मजबूत और संगठित थी।

29. मुगल काल में न्याय का प्रमुख कौन था?
(A) काजी
(B) मंत्री
(C) राजा
(D) सेनापति
उत्तर: (C)
व्याख्या: बादशाह सर्वोच्च न्यायाधीश था।

30. मुगल काल में कौन सा नगर प्रमुख था?
(A) दिल्ली
(B) आगरा
(C) लाहौर
(D) सभी
उत्तर: (D)
व्याख्या: कई नगर महत्वपूर्ण थे।

31. मुगल काल में कौन सा धर्म प्रमुख था?
(A) हिंदू
(B) इस्लाम
(C) जैन
(D) बौद्ध

उत्तर: (B)
व्याख्या: शासक वर्ग इस्लाम धर्म का था।

32. अकबर के समय कौन सा धार्मिक ग्रंथ अनुवादित हुआ?
(A) रामायण
(B) महाभारत
(C) उपनिषद
(D) सभी
उत्तर: (D)
व्याख्या: अकबर ने कई ग्रंथों का अनुवाद कराया।

33. मुगल काल में शिक्षा कहाँ दी जाती थी?
(A) मदरसा
(B) गुरुकुल
(C) मंदिर
(D) सभी
उत्तर: (D)
व्याख्या: विभिन्न संस्थानों में शिक्षा दी जाती थी।

34. मुगल काल में कला का प्रमुख रूप क्या था?
(A) चित्रकला
(B) वास्तुकला
(C) संगीत
(D) सभी
उत्तर: (D)
व्याख्या: सभी कला रूप विकसित थे।

35. मुगल काल में किसका विकास हुआ?
(A) साहित्य
(B) कला
(C) व्यापार
(D) सभी
उत्तर: (D)
व्याख्या: सभी क्षेत्रों में उन्नति हुई।

36. मुगल काल में प्रशासन का केंद्र क्या था?
(A) ग्राम
(B) नगर
(C) राजधानी
(D) राज्य
उत्तर: (C)
व्याख्या: राजधानी प्रशासन का केंद्र थी।

37. मुगल काल में कौन सा वर्ग व्यापार करता था?
(A) ब्राह्मण
(B) क्षत्रिय
(C) वैश्य
(D) शूद्र
उत्तर: (C)
व्याख्या: वैश्य वर्ग व्यापार करता था।

38. मुगल काल में धर्म का स्वरूप कैसा था?
(A) एक
(B) विविध
(C) सीमित
(D) अराजक
उत्तर: (B)
व्याख्या: विभिन्न धर्मों का सहअस्तित्व

था।

39. मुगल काल में भूमि का स्वामी कौन था?

(A) किसान
(B) राजा
(C) अमीर
(D) सभी
उत्तर: (B)
व्याख्या: भूमि का अंतिम स्वामित्व बादशाह के पास था।

40. मुगल काल में कौन सा कर प्रमुख था?

(A) जजिया
(B) लगान
(C) शुल्क
(D) कर
उत्तर: (B)
व्याख्या: लगान मुख्य कर था।

41. मुगल काल में सेना का उपयोग किसलिए होता था?

(A) रक्षा
(B) विस्तार
(C) दोनों
(D) कोई नहीं
उत्तर: (C)
व्याख्या: सेना दोनों उद्देश्यों के लिए थी।

42. मुगल काल में कौन सा शासक सबसे महान माना जाता है?

(A) बाबर
(B) अकबर
(C) शाहजहाँ
(D) औरंगजेब
उत्तर: (B)
व्याख्या: अकबर को महान शासक माना जाता है।

43. मुगल काल में कौन सा नगर व्यापारिक केंद्र था?

(A) दिल्ली
(B) आगरा
(C) लाहौर
(D) सभी
उत्तर: (D)
व्याख्या: ये सभी प्रमुख व्यापारिक केंद्र थे।

44. मुगल काल में शिक्षा का स्तर कैसा था?

(A) निम्न
(B) उच्च
(C) सामान्य
(D) अस्थिर
उत्तर: (B)
व्याख्या: शिक्षा का स्तर अच्छा था।

45. मुगल काल में कौन सा उद्योग प्रमुख था?

(A) वस्त्र
(B) धातु
(C) आभूषण
(D) सभी
उत्तर: (D)
व्याख्या: सभी उद्योग विकसित थे।

46. मुगल काल में समाज का आधार

क्या था?
(A) धर्म
(B) वर्ण
(C) धन
(D) शक्ति
उत्तर: (A)
व्याख्या: समाज में धर्म का प्रभाव था।

47. मुगल काल में कौन सा विभाग महत्वपूर्ण था?
(A) सेना
(B) राजस्व
(C) प्रशासन
(D) सभी
उत्तर: (D)
व्याख्या: सभी विभाग महत्वपूर्ण थे।

48. मुगल काल में कौन सा धर्म विदेशों में फैला?
(A) इस्लाम
(B) हिंदू
(C) जैन
(D) बौद्ध
उत्तर: (A)
व्याख्या: इस्लाम का प्रसार हुआ।

49. मुगल काल में कौन सा शासक कला प्रेमी था?
(A) बाबर
(B) जहांगीर
(C) औरंगजेब
(D) हुमायूं
उत्तर: (B)
व्याख्या: जहांगीर कला और चित्रकला का प्रेमी था।

50. मुगल साम्राज्य की सबसे महत्वपूर्ण विशेषता क्या थी?
(A) युद्ध
(B) केंद्रीकृत प्रशासन और सांस्कृतिक विकास
(C) व्यापार
(D) शिक्षा
उत्तर: (B)
व्याख्या: मुगल काल में प्रशासन और सांस्कृतिक उन्नति प्रमुख थी।

Chapter 15: मराठा साम्राज्य

1. मराठा साम्राज्य की स्थापना किसने की थी?
(A) शिवाजी
(B) पेशवा बाजीराव
(C) शाहू
(D) बालाजी विश्वनाथ
उत्तर: (A)
व्याख्या: शिवाजी ने मराठा साम्राज्य की स्थापना की थी।

2. शिवाजी का जन्म कब हुआ था?
(A) 1627
(B) 1630
(C) 1640
(D) 1650
उत्तर: (B)
व्याख्या: शिवाजी का जन्म 1630 ई. में हुआ था।

3. शिवाजी के गुरु कौन थे?
(A) तानाजी
(B) रामदास
(C) बाजीराव
(D) शाहू
उत्तर: (B)
व्याख्या: संत रामदास शिवाजी के गुरु थे।

4. शिवाजी की राजधानी क्या थी?
(A) रायगढ़
(B) पुणे
(C) सतारा
(D) नागपुर
उत्तर: (A)
व्याख्या: रायगढ़ शिवाजी की राजधानी थी।

5. शिवाजी का राज्याभिषेक कब हुआ?
(A) 1674
(B) 1660
(C) 1680
(D) 1650
उत्तर: (A)
व्याख्या: शिवाजी का राज्याभिषेक 1674 में हुआ।

6. शिवाजी की सेना किसके लिए प्रसिद्ध थी?
(A) भारी हथियार
(B) गुरिल्ला युद्ध नीति
(C) समुद्री युद्ध
(D) शिक्षा
उत्तर: (B)
व्याख्या: शिवाजी ने गुरिल्ला युद्ध नीति अपनाई।

7. मराठा प्रशासन में पेशवा कौन होता था?
(A) सेनापति
(B) प्रधान मंत्री
(C) राजा
(D) न्यायाधीश
उत्तर: (B)
व्याख्या: पेशवा प्रधानमंत्री के समान पद था।

8. पेशवा प्रणाली का विकास किसने किया?
(A) शिवाजी
(B) शाहू
(C) बालाजी विश्वनाथ
(D) बाजीराव
उत्तर: (C)
व्याख्या: बालाजी विश्वनाथ ने पेशवा प्रणाली को मजबूत किया।

9. बाजीराव प्रथम किसके लिए प्रसिद्ध था?
(A) शिक्षा
(B) युद्ध नीति
(C) व्यापार
(D) धर्म
उत्तर: (B)
व्याख्या: बाजीराव प्रथम महान सेनापति था।

10. मराठा साम्राज्य का विस्तार किसके समय हुआ?

(A) शिवाजी
(B) बाजीराव प्रथम
(C) शाहू
(D) बालाजी
उत्तर: (B)
व्याख्या: बाजीराव के समय मराठा साम्राज्य का विस्तार हुआ।

11. शिवाजी ने किससे संघर्ष किया?
(A) मुगल
(B) आदिलशाही
(C) निजामशाही
(D) सभी
उत्तर: (D)
व्याख्या: शिवाजी ने कई शक्तियों से संघर्ष किया।

12. शिवाजी के पिता का नाम क्या था?
(A) शाहू
(B) शाहजी
(C) बाजीराव
(D) बालाजी
उत्तर: (B)
व्याख्या: शिवाजी के पिता शाहजी थे।

13. शिवाजी की माता का नाम क्या था?
(A) लक्ष्मी
(B) जीजाबाई
(C) रानी पद्मिनी
(D) दुर्गावती
उत्तर: (B)
व्याख्या: जीजाबाई शिवाजी की माता थीं।

14. मराठा साम्राज्य में कर प्रणाली कैसी थी?
(A) कमजोर
(B) संगठित
(C) अराजक
(D) अस्थिर
उत्तर: (B)
व्याख्या: कर प्रणाली सुव्यवस्थित थी।

15. चauth और सरदेशमुखी क्या थे?
(A) सेना
(B) कर
(C) भूमि
(D) कानून
उत्तर: (B)
व्याख्या: ये कर के प्रकार थे।

16. मराठा साम्राज्य की सेना कैसी थी?
(A) कमजोर
(B) शक्तिशाली
(C) छोटी
(D) असंगठित
उत्तर: (B)
व्याख्या: सेना मजबूत और सक्रिय थी।

17. शिवाजी ने कितने मंत्री बनाए थे?
(A) 6
(B) 8
(C) 10
(D) 12
उत्तर: (B)

व्याख्या: अष्टप्रधान मंडल में 8 मंत्री होते थे।

18. अष्टप्रधान का प्रमुख कौन था?

(A) पेशवा
(B) सेनापति
(C) मंत्री
(D) न्यायाधीश

उत्तर: (A)

व्याख्या: पेशवा अष्टप्रधान का प्रमुख था।

19. मराठा साम्राज्य में कौन सा धर्म प्रमुख था?

(A) इस्लाम
(B) हिंदू
(C) जैन
(D) बौद्ध

उत्तर: (B)

व्याख्या: मराठा शासक हिंदू धर्म के अनुयायी थे।

20. शिवाजी का मुख्य उद्देश्य क्या था?

(A) व्यापार
(B) स्वराज्य की स्थापना
(C) शिक्षा
(D) धर्म

उत्तर: (B)

व्याख्या: शिवाजी का लक्ष्य स्वतंत्र राज्य स्थापित करना था।

21. मराठा साम्राज्य में प्रशासन कैसा था?

(A) केंद्रीकृत
(B) विकेंद्रीकृत
(C) अराजक
(D) अस्थिर

उत्तर: (A)

व्याख्या: प्रशासन व्यवस्थित और केंद्रीकृत था।

22. मराठा साम्राज्य में न्याय व्यवस्था कैसी थी?

(A) कमजोर
(B) सशक्त
(C) अराजक
(D) सीमित

उत्तर: (B)

व्याख्या: न्याय व्यवस्था संगठित थी।

23. मराठा साम्राज्य में कौन सा उद्योग प्रमुख था?

(A) कृषि
(B) व्यापार
(C) उद्योग
(D) सभी

उत्तर: (D)

व्याख्या: सभी क्षेत्रों में विकास हुआ।

24. मराठा साम्राज्य में शिक्षा का स्तर कैसा था?

(A) निम्न
(B) उच्च
(C) सामान्य
(D) अस्थिर

उत्तर: (C)

व्याख्या: शिक्षा सामान्य स्तर पर थी।

25. मराठा साम्राज्य में कौन सा वर्ग

व्यापार करता था?
(A) ब्राह्मण
(B) क्षत्रिय
(C) वैश्य
(D) शूद्र
उत्तर: (C)
व्याख्या: वैश्य वर्ग व्यापार करता था।

26. मराठा साम्राज्य में भूमि का स्वामी कौन था?
(A) किसान
(B) राजा
(C) सामंत
(D) सभी
उत्तर: (B)
व्याख्या: भूमि का अंतिम स्वामी राजा था।

27. मराठा साम्राज्य में सेना का उपयोग किसलिए होता था?
(A) रक्षा
(B) विस्तार
(C) दोनों
(D) कोई नहीं
उत्तर: (C)
व्याख्या: सेना दोनों कार्यों के लिए थी।

28. मराठा साम्राज्य में कौन सा नगर प्रमुख था?
(A) पुणे
(B) सतारा
(C) रायगढ़
(D) सभी
उत्तर: (D)
व्याख्या: कई नगर महत्वपूर्ण थे।

29. मराठा साम्राज्य में धर्म का स्वरूप कैसा था?
(A) एक
(B) विविध
(C) सीमित
(D) अराजक
उत्तर: (B)
व्याख्या: विभिन्न धर्मों का सहअस्तित्व था।

30. मराठा साम्राज्य में व्यापार किसके साथ होता था?
(A) मुगल
(B) अंग्रेज
(C) पुर्तगाली
(D) सभी
उत्तर: (D)
व्याख्या: विभिन्न शक्तियों के साथ व्यापार होता था।

31. मराठा साम्राज्य में कौन सा कर प्रमुख था?
(A) जजिया
(B) लगान
(C) चौथ
(D) शुल्क
उत्तर: (C)
व्याख्या: चौथ प्रमुख कर था।

32. मराठा साम्राज्य में समाज कैसा था?
(A) सरल
(B) जटिल

(C) अराजक
(D) अस्थिर
उत्तर: (B)
व्याख्या: समाज विभिन्न वर्गों में विभाजित था।

33. मराठा साम्राज्य में कौन सा वर्ग प्रभावशाली था?
(A) ब्राह्मण
(B) क्षत्रिय
(C) वैश्य
(D) शूद्र
उत्तर: (A)
व्याख्या: पेशवा काल में ब्राह्मणों का प्रभाव बढ़ा।

34. मराठा साम्राज्य में कौन सा उद्योग प्रमुख था?
(A) वस्त्र
(B) धातु
(C) कृषि
(D) सभी
उत्तर: (D)
व्याख्या: सभी क्षेत्रों में विकास हुआ।

35. मराठा साम्राज्य में कौन सा विभाग महत्वपूर्ण था?
(A) सेना
(B) प्रशासन
(C) राजस्व
(D) सभी
उत्तर: (D)
व्याख्या: सभी विभाग महत्वपूर्ण थे।

36. मराठा साम्राज्य में कौन सा शासक सबसे प्रसिद्ध था?
(A) शिवाजी
(B) बाजीराव
(C) शाहू
(D) सभी
उत्तर: (D)
व्याख्या: सभी शासकों का योगदान महत्वपूर्ण था।

37. मराठा साम्राज्य में कौन सा युद्ध प्रसिद्ध है?
(A) पानीपत
(B) प्लासी
(C) बक्सर
(D) तराइन
उत्तर: (A)
व्याख्या: पानीपत का तीसरा युद्ध मराठों से संबंधित है।

38. पानीपत का तीसरा युद्ध कब हुआ?
(A) 1526
(B) 1556
(C) 1761
(D) 1757
उत्तर: (C)
व्याख्या: यह युद्ध 1761 में हुआ।

39. मराठा साम्राज्य में शिक्षा कहाँ दी जाती थी?
(A) गुरुकुल
(B) मंदिर
(C) विद्यालय
(D) सभी
उत्तर: (D)

व्याख्या: विभिन्न स्थानों पर शिक्षा दी जाती थी।

40. मराठा साम्राज्य में कला का विकास कैसा था?

(A) कमजोर

(B) अच्छा

(C) नहीं

(D) सीमित

उत्तर: (B)

व्याख्या: कला और संस्कृति का विकास हुआ।

41. मराठा साम्राज्य में सेना का स्वरूप कैसा था?

(A) केंद्रीकृत

(B) विकेंद्रीकृत

(C) कमजोर

(D) असंगठित

उत्तर: (A)

व्याख्या: सेना संगठित थी।

42. मराठा साम्राज्य में व्यापार का माध्यम क्या था?

(A) वस्तु विनिमय

(B) सिक्के

(C) दोनों

(D) बैंक

उत्तर: (C)

व्याख्या: दोनों माध्यम प्रचलित थे।

43. मराठा साम्राज्य में कौन सा धर्म विदेशों में फैला?

(A) हिंदू

(B) इस्लाम

(C) जैन

(D) बौद्ध

उत्तर: (A)

व्याख्या: हिंदू धर्म का प्रभाव बढ़ा।

44. मराठा साम्राज्य में प्रशासन का केंद्र क्या था?

(A) ग्राम

(B) नगर

(C) राजधानी

(D) राज्य

उत्तर: (C)

व्याख्या: राजधानी प्रशासन का केंद्र थी।

45. मराठा साम्राज्य में कौन सा वर्ग सेवा करता था?

(A) ब्राह्मण

(B) क्षत्रिय

(C) वैश्य

(D) शूद्र

उत्तर: (D)

व्याख्या: शूद्र सेवा कार्य करते थे।

46. मराठा साम्राज्य में कौन सा शासक सैन्य प्रतिभा के लिए प्रसिद्ध था?

(A) शिवाजी

(B) बाजीराव

(C) शाहू

(D) बालाजी

उत्तर: (B)

व्याख्या: बाजीराव प्रथम महान सेनापति था।

47. मराठा साम्राज्य में समाज का आधार क्या था?

(A) धन

(B) वर्ण

(C) शक्ति

(D) शिक्षा

उत्तर: (B)

व्याख्या: समाज वर्ण व्यवस्था पर आधारित था।

48. मराठा साम्राज्य में कौन सा नगर व्यापारिक केंद्र था?

(A) पुणे

(B) सतारा

(C) नागपुर

(D) सभी

उत्तर: (D)

व्याख्या: कई नगर व्यापारिक केंद्र थे।

49. मराठा साम्राज्य में न्याय का प्रमुख कौन था?

(A) मंत्री

(B) राजा

(C) पेशवा

(D) सेनापति

उत्तर: (B)

व्याख्या: राजा सर्वोच्च न्यायाधीश था।

50. मराठा साम्राज्य की सबसे महत्वपूर्ण विशेषता क्या थी?

(A) युद्ध

(B) स्वराज्य और सैन्य शक्ति

(C) व्यापार

(D) शिक्षा

उत्तर: (B)

व्याख्या: स्वराज्य की स्थापना और सैन्य शक्ति इसकी प्रमुख विशेषता थी।

Chapter 16: दक्षिण भारत के मध्यकालीन राज्य

1. दक्षिण भारत के मध्यकालीन राज्यों में कौन सा प्रमुख वंश था?

(A) चोल

(B) चालुक्य

(C) विजयनगर

(D) सभी

उत्तर: (D)

व्याख्या: इस काल में चोल, चालुक्य और विजयनगर जैसे प्रमुख वंश थे।

2. विजयनगर साम्राज्य की स्थापना किसने की?

(A) हरिहर और बुक्का

(B) कृष्णदेव राय

(C) शिवाजी

(D) अकबर

उत्तर: (A)

व्याख्या: हरिहर और बुक्का ने विजयनगर साम्राज्य की स्थापना की।

3. विजयनगर साम्राज्य की राजधानी क्या थी?

(A) हम्पी

(B) मदुरै

(C) कांची

(D) तंजावुर

उत्तर: (A)

व्याख्या: हम्पी विजयनगर की राजधानी थी।

4. विजयनगर का सबसे प्रसिद्ध शासक कौन था?

(A) हरिहर
(B) बुक्का
(C) कृष्णदेव राय
(D) देवराय

उत्तर: (C)

व्याख्या: कृष्णदेव राय विजयनगर का महान शासक था।

5. कृष्णदेव राय किस वंश से संबंधित था?

(A) संगम
(B) तुलुव
(C) सालुव
(D) अरविदु

उत्तर: (B)

व्याख्या: कृष्णदेव राय तुलुव वंश का शासक था।

6. बहमनी साम्राज्य की स्थापना किसने की?

(A) अलाउद्दीन बहमन शाह
(B) मुहम्मद तुगलक
(C) बाबर
(D) अकबर

उत्तर: (A)

व्याख्या: अलाउद्दीन बहमन शाह ने बहमनी साम्राज्य की स्थापना की।

7. बहमनी साम्राज्य की राजधानी क्या थी?

(A) बीजापुर
(B) गुलबर्गा
(C) गोलकुंडा
(D) हैदराबाद

उत्तर: (B)

व्याख्या: प्रारंभ में गुलबर्गा राजधानी थी।

8. तालिकोटा का युद्ध कब हुआ?

(A) 1526
(B) 1556
(C) 1565
(D) 1600

उत्तर: (C)

व्याख्या: 1565 में तालिकोटा का युद्ध हुआ।

9. तालिकोटा के युद्ध में कौन पराजित हुआ?

(A) बहमनी
(B) मुगल
(C) विजयनगर
(D) मराठा

उत्तर: (C)

व्याख्या: विजयनगर साम्राज्य को इस युद्ध में हार मिली।

10. दक्षिण भारत में मंदिर स्थापत्य किसके लिए प्रसिद्ध था?

(A) चोल
(B) पल्लव
(C) विजयनगर
(D) सभी

उत्तर: (D)

व्याख्या: सभी वंशों ने मंदिर स्थापत्य

को बढ़ावा दिया।

11. विजयनगर साम्राज्य में प्रशासन कैसा था?

(A) कमजोर

(B) केंद्रीकृत

(C) अराजक

(D) अस्थिर

उत्तर: (B)

व्याख्या: प्रशासन संगठित और केंद्रीकृत था।

12. विजयनगर साम्राज्य में कौन सा धर्म प्रमुख था?

(A) इस्लाम

(B) हिंदू

(C) जैन

(D) बौद्ध

उत्तर: (B)

व्याख्या: विजयनगर शासक हिंदू धर्म के अनुयायी थे।

13. बहमनी साम्राज्य किस धर्म से संबंधित था?

(A) हिंदू

(B) जैन

(C) इस्लाम

(D) बौद्ध

उत्तर: (C)

व्याख्या: बहमनी शासक मुस्लिम थे।

14. विजयनगर साम्राज्य में कौन सा उद्योग प्रमुख था?

(A) कृषि

(B) व्यापार

(C) उद्योग

(D) सभी

उत्तर: (D)

व्याख्या: सभी क्षेत्रों में विकास हुआ।

15. विजयनगर साम्राज्य में व्यापार किसके साथ होता था?

(A) अरब

(B) चीन

(C) यूरोप

(D) सभी

उत्तर: (D)

व्याख्या: कई देशों के साथ व्यापार होता था।

16. दक्षिण भारत के मध्यकालीन राज्यों में समाज कैसा था?

(A) सरल

(B) जटिल

(C) अराजक

(D) अस्थिर

उत्तर: (B)

व्याख्या: समाज जटिल और विकसित था।

17. विजयनगर साम्राज्य में भूमि का स्वामी कौन था?

(A) किसान

(B) राजा

(C) सामंत

(D) सभी

उत्तर: (B)

व्याख्या: भूमि का अंतिम स्वामित्व राजा के पास था।

18. विजयनगर साम्राज्य में सेना कैसी थी?
(A) कमजोर
(B) शक्तिशाली
(C) छोटी
(D) असंगठित
उत्तर: (B)
व्याख्या: सेना मजबूत थी।

19. बहमनी साम्राज्य के बाद कौन से राज्य बने?
(A) बीजापुर
(B) गोलकुंडा
(C) अहमदनगर
(D) सभी
उत्तर: (D)
व्याख्या: बहमनी के विघटन के बाद कई छोटे राज्य बने।

20. विजयनगर साम्राज्य में शिक्षा का माध्यम क्या था?
(A) संस्कृत
(B) तेलुगु
(C) तमिल
(D) सभी
उत्तर: (D)
व्याख्या: विभिन्न भाषाओं का उपयोग होता था।

21. विजयनगर साम्राज्य में कौन सा वर्ग प्रभावशाली था?
(A) ब्राह्मण
(B) क्षत्रिय
(C) वैश्य
(D) शूद्र
उत्तर: (A)
व्याख्या: ब्राह्मणों का प्रभाव अधिक था।

22. विजयनगर साम्राज्य में न्याय व्यवस्था कैसी थी?
(A) कमजोर
(B) सशक्त
(C) अराजक
(D) अस्थिर
उत्तर: (B)
व्याख्या: न्याय व्यवस्था संगठित थी।

23. दक्षिण भारत के मध्यकालीन राज्यों में कला का विकास कैसा था?
(A) कमजोर
(B) अच्छा
(C) नहीं
(D) सीमित
उत्तर: (B)
व्याख्या: कला और स्थापत्य का विकास हुआ।

24. विजयनगर साम्राज्य में कौन सा नगर प्रमुख था?
(A) हम्पी
(B) मदुरै
(C) कांची
(D) तंजावुर
उत्तर: (A)
व्याख्या: हम्पी राजधानी और प्रमुख नगर था।

25. विजयनगर साम्राज्य में कर प्रणाली कैसी थी?

(A) कमजोर
(B) संगठित
(C) अराजक
(D) अस्थिर
उत्तर: (B)
व्याख्या: कर प्रणाली व्यवस्थित थी।

26. विजयनगर साम्राज्य में कौन सा उद्योग प्रमुख था?
(A) वस्त्र
(B) धातु
(C) कृषि
(D) सभी
उत्तर: (D)
व्याख्या: सभी उद्योग विकसित थे।

27. विजयनगर साम्राज्य में सेना का उपयोग किसलिए होता था?
(A) रक्षा
(B) विस्तार
(C) दोनों
(D) कोई नहीं
उत्तर: (C)
व्याख्या: सेना दोनों उद्देश्यों के लिए थी।

28. दक्षिण भारत के मध्यकालीन राज्यों में धर्म का स्वरूप कैसा था?
(A) एक
(B) विविध
(C) सीमित
(D) अराजक
उत्तर: (B)
व्याख्या: विभिन्न धर्मों का सहअस्तित्व था।

29. विजयनगर साम्राज्य में व्यापार का माध्यम क्या था?
(A) वस्तु विनिमय
(B) सिक्के
(C) दोनों
(D) बैंक
उत्तर: (C)
व्याख्या: दोनों माध्यम प्रचलित थे।

30. बहमनी साम्राज्य में कौन सा वर्ग प्रभावशाली था?
(A) अमीर
(B) ब्राह्मण
(C) वैश्य
(D) शूद्र
उत्तर: (A)
व्याख्या: अमीर वर्ग प्रभावशाली था।

31. विजयनगर साम्राज्य में कौन सा धर्म विदेशों में फैला?
(A) हिंदू
(B) इस्लाम
(C) जैन
(D) बौद्ध
उत्तर: (A)
व्याख्या: हिंदू संस्कृति का प्रभाव फैला।

32. दक्षिण भारत के मध्यकालीन राज्यों में समाज का आधार क्या था?
(A) धन
(B) वर्ण
(C) शक्ति
(D) शिक्षा

उत्तर: (B)
व्याख्या: समाज वर्ण व्यवस्था पर आधारित था।

33. विजयनगर साम्राज्य में प्रशासन का केंद्र क्या था?
(A) ग्राम
(B) नगर
(C) राजधानी
(D) राज्य
उत्तर: (C)
व्याख्या: राजधानी प्रशासन का केंद्र थी।

34. विजयनगर साम्राज्य में कौन सा शासक साहित्य प्रेमी था?
(A) हरिहर
(B) बुक्का
(C) कृष्णदेव राय
(D) देवराय
उत्तर: (C)
व्याख्या: कृष्णदेव राय साहित्य और कला का संरक्षक था।

35. विजयनगर साम्राज्य में कौन सा युद्ध प्रसिद्ध है?
(A) पानीपत
(B) तालिकोटा
(C) प्लासी
(D) बक्सर
उत्तर: (B)
व्याख्या: तालिकोटा का युद्ध महत्वपूर्ण था।

36. दक्षिण भारत के मध्यकालीन राज्यों में कौन सा उद्योग प्रमुख था?
(A) वस्त्र
(B) धातु
(C) कृषि
(D) सभी
उत्तर: (D)
व्याख्या: सभी उद्योग विकसित थे।

37. विजयनगर साम्राज्य में शिक्षा कहाँ दी जाती थी?
(A) मंदिर
(B) विद्यालय
(C) गुरुकुल
(D) सभी
उत्तर: (D)
व्याख्या: विभिन्न स्थानों पर शिक्षा दी जाती थी।

38. दक्षिण भारत के मध्यकालीन राज्यों में कौन सा नगर व्यापारिक केंद्र था?
(A) हम्पी
(B) मदुरै
(C) कांची
(D) सभी
उत्तर: (D)
व्याख्या: कई नगर व्यापारिक केंद्र थे।

39. विजयनगर साम्राज्य में सेना का स्वरूप कैसा था?
(A) केंद्रीकृत
(B) विकेंद्रीकृत
(C) कमजोर
(D) असंगठित

उत्तर: (A)

व्याख्या: सेना संगठित थी।

40. दक्षिण भारत के मध्यकालीन राज्यों में धर्म का प्रभाव कैसा था?

(A) कम

(B) अधिक

(C) नहीं

(D) सीमित

उत्तर: (B)

व्याख्या: धर्म का प्रभाव अधिक था।

41. विजयनगर साम्राज्य में कौन सा विभाग महत्वपूर्ण था?

(A) सेना

(B) प्रशासन

(C) राजस्व

(D) सभी

उत्तर: (D)

व्याख्या: सभी विभाग महत्वपूर्ण थे।

42. विजयनगर साम्राज्य में कौन सा कर प्रमुख था?

(A) जजिया

(B) लगान

(C) शुल्क

(D) कर

उत्तर: (B)

व्याख्या: लगान मुख्य कर था।

43. दक्षिण भारत के मध्यकालीन राज्यों में समाज कैसा था?

(A) सरल

(B) जटिल

(C) अराजक

(D) अस्थिर

उत्तर: (B)

व्याख्या: समाज जटिल था।

44. विजयनगर साम्राज्य में कौन सा वर्ग व्यापार करता था?

(A) ब्राह्मण

(B) क्षत्रिय

(C) वैश्य

(D) शूद्र

उत्तर: (C)

व्याख्या: वैश्य वर्ग व्यापार करता था।

45. विजयनगर साम्राज्य में न्याय का प्रमुख कौन था?

(A) मंत्री

(B) राजा

(C) सेनापति

(D) पेशवा

उत्तर: (B)

व्याख्या: राजा सर्वोच्च न्यायाधीश था।

46. दक्षिण भारत के मध्यकालीन राज्यों में कौन सा धर्म प्रमुख था?

(A) हिंदू

(B) इस्लाम

(C) जैन

(D) सभी

उत्तर: (D)

व्याख्या: सभी धर्मों का प्रभाव था।

47. विजयनगर साम्राज्य में कौन सा नगर प्रमुख था?

(A) हम्पी

(B) कांची

(C) मदुरै
(D) तंजावुर
उत्तर: (A)
व्याख्या: हम्पी प्रमुख नगर था।

48. दक्षिण भारत के मध्यकालीन राज्यों में व्यापार किन मार्गों से होता था?
(A) स्थल
(B) जल
(C) दोनों
(D) कोई नहीं
उत्तर: (C)
व्याख्या: व्यापार स्थल और जल दोनों मार्गों से होता था।

49. विजयनगर साम्राज्य में कौन सा शासक सबसे महान माना जाता है?
(A) हरिहर
(B) बुक्का
(C) कृष्णदेव राय
(D) देवराय
उत्तर: (C)
व्याख्या: कृष्णदेव राय को महान शासक माना जाता है।

50. दक्षिण भारत के मध्यकालीन राज्यों की सबसे महत्वपूर्ण विशेषता क्या थी?
(A) युद्ध
(B) सांस्कृतिक और स्थापत्य विकास
(C) व्यापार
(D) शिक्षा
उत्तर: (B)
व्याख्या: इस काल में कला, स्थापत्य और संस्कृति का अत्यधिक विकास हुआ।

Chapter 17: कला, संस्कृति एवं स्थापत्य

1. भारतीय स्थापत्य कला का मुख्य उद्देश्य क्या था?
(A) युद्ध
(B) धार्मिक और सांस्कृतिक अभिव्यक्ति
(C) व्यापार
(D) शिक्षा
उत्तर: (B)
व्याख्या: स्थापत्य कला मुख्यतः धर्म और संस्कृति को दर्शाने के लिए विकसित हुई।

2. मंदिर स्थापत्य के प्रमुख शैली कौन सी हैं?
(A) नागर
(B) द्रविड़
(C) वेसर
(D) सभी
उत्तर: (D)
व्याख्या: भारतीय मंदिर स्थापत्य में नागर, द्रविड़ और वेसर तीनों शैली प्रमुख हैं।

3. नागर शैली किस क्षेत्र में प्रचलित थी?
(A) दक्षिण भारत
(B) उत्तर भारत
(C) पूर्व भारत

(D) पश्चिम भारत

उत्तर: (B)

व्याख्या: नागर शैली उत्तर भारत में प्रचलित थी।

4. द्रविड़ शैली किस क्षेत्र में विकसित हुई?

(A) उत्तर भारत

(B) दक्षिण भारत

(C) पूर्व भारत

(D) पश्चिम भारत

उत्तर: (B)

व्याख्या: द्रविड़ शैली दक्षिण भारत में विकसित हुई।

5. वेसर शैली किसका मिश्रण है?

(A) नागर और द्रविड़

(B) बौद्ध और जैन

(C) हिंदू और इस्लाम

(D) गुप्त और मौर्य

उत्तर: (A)

व्याख्या: वेसर शैली नागर और द्रविड़ का मिश्रण है।

6. अजंता गुफाएँ किसके लिए प्रसिद्ध हैं?

(A) मूर्तिकला

(B) चित्रकला

(C) वास्तुकला

(D) व्यापार

उत्तर: (B)

व्याख्या: अजंता गुफाएँ भित्ति चित्रों के लिए प्रसिद्ध हैं।

7. एलोरा गुफाएँ किसके लिए प्रसिद्ध हैं?

(A) चित्रकला

(B) मूर्तिकला और स्थापत्य

(C) व्यापार

(D) शिक्षा

उत्तर: (B)

व्याख्या: एलोरा गुफाएँ स्थापत्य और मूर्तिकला के लिए प्रसिद्ध हैं।

8. सांची का स्तूप किस धर्म से संबंधित है?

(A) हिंदू

(B) जैन

(C) बौद्ध

(D) सिख

उत्तर: (C)

व्याख्या: सांची का स्तूप बौद्ध धर्म से संबंधित है।

9. ताजमहल किस शैली का उदाहरण है?

(A) हिंदू शैली

(B) इस्लामी शैली

(C) मिश्रित शैली

(D) बौद्ध शैली

उत्तर: (C)

व्याख्या: ताजमहल में भारतीय और इस्लामी शैली का मिश्रण है।

10. कुतुब मीनार किस प्रकार की स्थापत्य कला का उदाहरण है?

(A) हिंदू

(B) बौद्ध

(C) इस्लामी

(D) जैन
उत्तर: (C)
व्याख्या: कुतुब मीनार इस्लामी स्थापत्य का उदाहरण है।

11. भारतीय चित्रकला का मुख्य विषय क्या था?
(A) युद्ध
(B) धर्म और प्रकृति
(C) व्यापार
(D) शिक्षा
उत्तर: (B)
व्याख्या: चित्रकला में धार्मिक और प्राकृतिक विषय प्रमुख थे।

12. मुगल चित्रकला किसके लिए प्रसिद्ध है?
(A) युद्ध दृश्य
(B) सूक्ष्म चित्रण
(C) धार्मिक चित्र
(D) सभी
उत्तर: (D)
व्याख्या: मुगल चित्रकला में विभिन्न विषयों का चित्रण हुआ।

13. राजस्थानी चित्रकला किससे संबंधित है?
(A) युद्ध
(B) प्रेम और भक्ति
(C) व्यापार
(D) शिक्षा
उत्तर: (B)
व्याख्या: इसमें प्रेम और भक्ति के दृश्य होते थे।

14. भारतीय मूर्तिकला का मुख्य उद्देश्य क्या था?
(A) सजावट
(B) धार्मिक प्रतीक
(C) व्यापार
(D) शिक्षा
उत्तर: (B)
व्याख्या: मूर्तियाँ धार्मिक प्रतीकों के रूप में बनाई जाती थीं।

15. खजुराहो मंदिर किसके लिए प्रसिद्ध हैं?
(A) चित्रकला
(B) मूर्तिकला
(C) व्यापार
(D) शिक्षा
उत्तर: (B)
व्याख्या: खजुराहो अपनी मूर्तिकला के लिए प्रसिद्ध है।

16. कोणार्क का सूर्य मंदिर किस राज्य में है?
(A) बिहार
(B) ओडिशा
(C) गुजरात
(D) महाराष्ट्र
उत्तर: (B)
व्याख्या: कोणार्क का सूर्य मंदिर ओडिशा में स्थित है।

17. दक्षिण भारत में कौन सा मंदिर प्रसिद्ध है?
(A) मीनाक्षी मंदिर
(B) काशी विश्वनाथ

(C) सोमनाथ
(D) बद्रीनाथ
उत्तर: (A)
व्याख्या: मीनाक्षी मंदिर दक्षिण भारत का प्रसिद्ध मंदिर है।

18. भारतीय संगीत का आधार क्या है?
(A) वेद
(B) सामवेद
(C) उपनिषद
(D) पुराण
उत्तर: (B)
व्याख्या: सामवेद को संगीत का आधार माना जाता है।

19. भारतीय नृत्य का संबंध किससे है?
(A) धर्म
(B) संस्कृति
(C) मनोरंजन
(D) सभी
उत्तर: (D)
व्याख्या: नृत्य का संबंध सभी से है।

20. भरतनाट्यम किस क्षेत्र का नृत्य है?
(A) उत्तर भारत
(B) दक्षिण भारत
(C) पूर्व भारत
(D) पश्चिम भारत
उत्तर: (B)
व्याख्या: भरतनाट्यम दक्षिण भारत का प्रमुख नृत्य है।

21. कथक किस क्षेत्र का नृत्य है?
(A) उत्तर भारत
(B) दक्षिण भारत
(C) पूर्व भारत
(D) पश्चिम भारत
उत्तर: (A)
व्याख्या: कथक उत्तर भारत का नृत्य है।

22. भारतीय संस्कृति का मुख्य आधार क्या है?
(A) धर्म
(B) परंपरा
(C) कला
(D) सभी
उत्तर: (D)
व्याख्या: सभी तत्व मिलकर संस्कृति बनाते हैं।

23. भारतीय स्थापत्य में गुम्बद किससे संबंधित है?
(A) हिंदू
(B) बौद्ध
(C) इस्लामी
(D) जैन
उत्तर: (C)
व्याख्या: गुम्बद इस्लामी स्थापत्य की विशेषता है।

24. स्तूप किस प्रकार की संरचना है?
(A) मंदिर
(B) मकबरा
(C) बौद्ध स्मारक
(D) किला

उत्तर: (C)
व्याख्या: स्तूप बौद्ध स्मारक है।

25. भारतीय संस्कृति में त्योहार किससे संबंधित हैं?
(A) धर्म
(B) मौसम
(C) समाज
(D) सभी
उत्तर: (D)
व्याख्या: त्योहार विभिन्न पहलुओं से जुड़े हैं।

26. भारतीय कला का संरक्षण किसने किया?
(A) राजा
(B) व्यापारी
(C) समाज
(D) सभी
उत्तर: (D)
व्याख्या: सभी ने कला को बढ़ावा दिया।

27. भारतीय स्थापत्य में शिखर किसका भाग है?
(A) स्तूप
(B) मंदिर
(C) मस्जिद
(D) किला
उत्तर: (B)
व्याख्या: शिखर मंदिर का ऊपरी भाग होता है।

28. भारतीय चित्रकला में रंगों का उपयोग क्यों किया जाता था?
(A) सजावट
(B) भाव व्यक्त करने
(C) व्यापार
(D) शिक्षा
उत्तर: (B)
व्याख्या: रंगों से भाव व्यक्त किए जाते थे।

29. भारतीय संस्कृति में भाषा का क्या महत्व है?
(A) कम
(B) अधिक
(C) नहीं
(D) सीमित
उत्तर: (B)
व्याख्या: भाषा संस्कृति का महत्वपूर्ण भाग है।

30. भारतीय स्थापत्य में मीनार किससे संबंधित है?
(A) मंदिर
(B) मस्जिद
(C) स्तूप
(D) किला
उत्तर: (B)
व्याख्या: मीनार मस्जिद का भाग होती है।

31. भारतीय कला का उद्देश्य क्या है?
(A) मनोरंजन
(B) धर्म
(C) सौंदर्य
(D) सभी

उत्तर: (D)
व्याख्या: कला के अनेक उद्देश्य होते हैं।

32. भारतीय संस्कृति में परिवार का क्या महत्व है?
(A) कम
(B) अधिक
(C) नहीं
(D) सीमित
उत्तर: (B)
व्याख्या: परिवार संस्कृति का आधार है।

33. भारतीय स्थापत्य में स्तंभ किसका भाग है?
(A) मंदिर
(B) महल
(C) मस्जिद
(D) सभी
उत्तर: (D)
व्याख्या: स्तंभ विभिन्न संरचनाओं में उपयोग होते हैं।

34. भारतीय चित्रकला में कौन सा विषय प्रमुख है?
(A) धर्म
(B) प्रकृति
(C) मानव जीवन
(D) सभी
उत्तर: (D)
व्याख्या: सभी विषय चित्रित होते हैं।

35. भारतीय संस्कृति का विकास किससे हुआ?
(A) धर्म
(B) समाज
(C) कला
(D) सभी
उत्तर: (D)
व्याख्या: सभी तत्वों ने योगदान दिया।

36. भारतीय स्थापत्य में कौन सा तत्व महत्वपूर्ण है?
(A) आकार
(B) सजावट
(C) संरचना
(D) सभी
उत्तर: (D)
व्याख्या: सभी तत्व महत्वपूर्ण हैं।

37. भारतीय संगीत में कौन सा वाद्य प्रमुख है?
(A) वीणा
(B) तबला
(C) सितार
(D) सभी
उत्तर: (D)
व्याख्या: कई वाद्य महत्वपूर्ण हैं।

38. भारतीय नृत्य में भाव क्या दर्शाता है?
(A) क्रोध
(B) प्रेम
(C) भावना
(D) युद्ध
उत्तर: (C)
व्याख्या: भाव नृत्य में भावना को व्यक्त करता है।

39. भारतीय संस्कृति में धर्म का स्थान क्या है?
(A) कम
(B) अधिक
(C) नहीं
(D) सीमित
उत्तर: (B)
व्याख्या: धर्म का महत्वपूर्ण स्थान है।

40. भारतीय स्थापत्य में नक्काशी किसका भाग है?
(A) सजावट
(B) संरचना
(C) व्यापार
(D) शिक्षा
उत्तर: (A)
व्याख्या: नक्काशी सजावट का भाग है।

41. भारतीय संस्कृति में परंपरा का क्या महत्व है?
(A) कम
(B) अधिक
(C) नहीं
(D) सीमित
उत्तर: (B)
व्याख्या: परंपरा संस्कृति का आधार है।

42. भारतीय कला का प्रभाव कहाँ तक है?
(A) भारत
(B) एशिया
(C) विश्व
(D) सभी
उत्तर: (D)
व्याख्या: भारतीय कला का वैश्विक प्रभाव है।

43. भारतीय स्थापत्य में जल संरचना किससे संबंधित है?
(A) मंदिर
(B) किले
(C) महल
(D) सभी
उत्तर: (D)
व्याख्या: जल संरचनाएँ सभी में उपयोग होती थीं।

44. भारतीय संस्कृति में शिक्षा का क्या महत्व है?
(A) कम
(B) अधिक
(C) नहीं
(D) सीमित
उत्तर: (B)
व्याख्या: शिक्षा संस्कृति का महत्वपूर्ण भाग है।

45. भारतीय चित्रकला का उद्देश्य क्या है?
(A) सजावट
(B) भावना व्यक्त करना
(C) व्यापार
(D) शिक्षा
उत्तर: (B)
व्याख्या: चित्रकला भावों को व्यक्त करती है।

46. भारतीय स्थापत्य में कौन सा तत्व धार्मिक होता है?

(A) मंदिर
(B) मस्जिद
(C) स्तूप
(D) सभी
उत्तर: (D)
व्याख्या: सभी धार्मिक स्थापत्य हैं।

47. भारतीय संस्कृति में कौन सा तत्व प्रमुख है?
(A) धर्म
(B) कला
(C) समाज
(D) सभी
उत्तर: (D)
व्याख्या: सभी तत्व महत्वपूर्ण हैं।

48. भारतीय स्थापत्य में कौन सा तत्व ऊँचाई दर्शाता है?
(A) शिखर
(B) स्तंभ
(C) गुम्बद
(D) सभी
उत्तर: (D)
व्याख्या: सभी ऊँचाई का प्रतीक हैं।

49. भारतीय संस्कृति में कौन सा तत्व सबसे पुराना है?
(A) धर्म
(B) भाषा
(C) कला
(D) समाज
उत्तर: (A)
व्याख्या: धर्म प्राचीनतम तत्वों में से एक है।

50. कला, संस्कृति एवं स्थापत्य की सबसे महत्वपूर्ण विशेषता क्या है?
(A) युद्ध
(B) विविधता और समृद्धि
(C) व्यापार
(D) शिक्षा
उत्तर: (B)
व्याख्या: भारतीय कला और संस्कृति की मुख्य विशेषता विविधता और समृद्धि है।

Chapter 18: यूरोपियों का आगमन

1. भारत में सबसे पहले कौन से यूरोपीय आए थे?
(A) अंग्रेज
(B) फ्रांसीसी
(C) पुर्तगाली
(D) डच
उत्तर: (C)
व्याख्या: भारत में सबसे पहले पुर्तगाली आए थे।

2. वास्को-डी-गामा भारत कब आया था?
(A) 1498
(B) 1500
(C) 1600
(D) 1526
उत्तर: (A)
व्याख्या: वास्को-डी-गामा 1498 में कालीकट पहुँचा था।

3. वास्को-डी-गामा कहाँ पहुँचा था?

(A) गोवा
(B) कालीकट
(C) मुंबई
(D) मद्रास
उत्तर: (B)
व्याख्या: वह कालीकट (कोझिकोड) पहुँचा था।

4. भारत में पुर्तगालियों का पहला गवर्नर कौन था?

(A) अल्बुकर्क
(B) वास्को-डी-गामा
(C) डुप्ले
(D) क्लाइव
उत्तर: (A)
व्याख्या: अल्बुकर्क पहला गवर्नर था।

5. पुर्तगालियों ने भारत में अपना मुख्य केंद्र कहाँ बनाया?

(A) कालीकट
(B) गोवा
(C) सूरत
(D) मद्रास
उत्तर: (B)
व्याख्या: गोवा पुर्तगालियों का प्रमुख केंद्र था।

6. डच ईस्ट इंडिया कंपनी की स्थापना कब हुई?

(A) 1498
(B) 1600
(C) 1602
(D) 1664
उत्तर: (C)
व्याख्या: डच कंपनी 1602 में स्थापित हुई।

7. अंग्रेज ईस्ट इंडिया कंपनी की स्थापना कब हुई?

(A) 1600
(B) 1602
(C) 1664
(D) 1700
उत्तर: (A)
व्याख्या: अंग्रेज कंपनी 1600 में स्थापित हुई।

8. फ्रांसीसी ईस्ट इंडिया कंपनी की स्थापना कब हुई?

(A) 1600
(B) 1602
(C) 1664
(D) 1700
उत्तर: (C)
व्याख्या: फ्रांसीसी कंपनी 1664 में स्थापित हुई।

9. अंग्रेजों का पहला कारखाना भारत में कहाँ स्थापित हुआ?

(A) सूरत
(B) मद्रास
(C) बंबई
(D) कलकत्ता
उत्तर: (A)
व्याख्या: अंग्रेजों ने सूरत में पहला कारखाना स्थापित किया।

10. पुर्तगालियों ने गोवा पर कब अधिकार किया?

(A) 1498
(B) 1510

(C) 1600
(D) 1664
उत्तर: (B)
व्याख्या: 1510 में गोवा पर कब्जा किया गया।

11. भारत में डचों का मुख्य उद्देश्य क्या था?
(A) शासन
(B) व्यापार
(C) धर्म
(D) शिक्षा
उत्तर: (B)
व्याख्या: डच मुख्यतः व्यापार के लिए आए थे।

12. फ्रांसीसी का मुख्य केंद्र भारत में कहाँ था?
(A) सूरत
(B) मद्रास
(C) पांडिचेरी
(D) गोवा
उत्तर: (C)
व्याख्या: पांडिचेरी फ्रांसीसी का मुख्य केंद्र था।

13. अंग्रेजों का प्रमुख केंद्र कहाँ था?
(A) सूरत
(B) कलकत्ता
(C) मद्रास
(D) सभी
उत्तर: (D)
व्याख्या: अंग्रेजों के कई केंद्र थे।

14. भारत में यूरोपियों का मुख्य उद्देश्य क्या था?
(A) शासन
(B) व्यापार
(C) धर्म
(D) शिक्षा
उत्तर: (B)
व्याख्या: वे मुख्यतः व्यापार के लिए आए थे।

15. अंग्रेजों ने बंबई किससे प्राप्त किया?
(A) डच
(B) पुर्तगाली
(C) फ्रांसीसी
(D) मुगल
उत्तर: (B)
व्याख्या: बंबई पुर्तगालियों से प्राप्त हुआ।

16. अंग्रेजों ने कलकत्ता में किला कब बनाया?
(A) 1690
(B) 1700
(C) 1600
(D) 1757
उत्तर: (A)
व्याख्या: 1690 में कलकत्ता में किला बनाया गया।

17. डचों का मुख्य केंद्र कहाँ था?
(A) सूरत
(B) नागपट्टनम
(C) गोवा
(D) पांडिचेरी
उत्तर: (B)
व्याख्या: नागपट्टनम डचों का प्रमुख

केंद्र था।

18. फ्रांसीसी और अंग्रेजों के बीच युद्ध क्या कहलाते हैं?

(A) पानीपत युद्ध

(B) कर्नाटक युद्ध

(C) प्लासी युद्ध

(D) बक्सर युद्ध

उत्तर: (B)

व्याख्या: ये युद्ध कर्नाटक युद्ध कहलाते हैं।

19. कर्नाटक युद्धों का मुख्य कारण क्या था?

(A) धर्म

(B) व्यापार और सत्ता

(C) शिक्षा

(D) कृषि

उत्तर: (B)

व्याख्या: व्यापार और राजनीतिक नियंत्रण के लिए युद्ध हुए।

20. यूरोपियों ने भारत में क्या लाया?

(A) नई तकनीक

(B) व्यापारिक वस्तुएँ

(C) संस्कृति

(D) सभी

उत्तर: (D)

व्याख्या: उन्होंने कई नई चीजें भारत में लाई।

21. अंग्रेजों ने मद्रास कब स्थापित किया?

(A) 1639

(B) 1600

(C) 1700

(D) 1757

उत्तर: (A)

व्याख्या: मद्रास 1639 में स्थापित हुआ।

22. फ्रांसीसी का प्रमुख अधिकारी कौन था?

(A) डुप्ले

(B) क्लाइव

(C) अल्बुकर्क

(D) वास्को

उत्तर: (A)

व्याख्या: डुप्ले फ्रांसीसी अधिकारी था।

23. अंग्रेजों का प्रमुख अधिकारी कौन था?

(A) क्लाइव

(B) डुप्ले

(C) अल्बुकर्क

(D) वास्को

उत्तर: (A)

व्याख्या: रॉबर्ट क्लाइव प्रमुख अंग्रेज अधिकारी था।

24. यूरोपियों के आगमन से क्या परिवर्तन हुआ?

(A) व्यापार बढ़ा

(B) राजनीतिक संघर्ष बढ़े

(C) संस्कृति में बदलाव

(D) सभी

उत्तर: (D)

व्याख्या: कई क्षेत्रों में परिवर्तन हुआ।

25. पुर्तगालियों का व्यापार किससे था?

(A) मसाले

(B) कपड़ा
(C) धातु
(D) सभी
उत्तर: (A)
व्याख्या: वे मसालों के व्यापार में प्रमुख थे।

26. अंग्रेजों ने किस वस्तु का व्यापार किया?
(A) कपड़ा
(B) मसाले
(C) चाय
(D) सभी
उत्तर: (D)
व्याख्या: विभिन्न वस्तुओं का व्यापार किया गया।

27. डचों का मुख्य व्यापार क्या था?
(A) मसाले
(B) कपड़ा
(C) चाय
(D) धातु
उत्तर: (A)
व्याख्या: डच मसालों के व्यापार में प्रसिद्ध थे।

28. फ्रांसीसी का मुख्य उद्देश्य क्या था?
(A) व्यापार
(B) शासन
(C) धर्म
(D) शिक्षा
उत्तर: (A)
व्याख्या: वे भी व्यापार के लिए आए थे।

29. यूरोपियों ने भारत में कौन सा शासन स्थापित किया?
(A) लोकतंत्र
(B) उपनिवेशवाद
(C) राजतंत्र
(D) गणतंत्र
उत्तर: (B)
व्याख्या: उन्होंने उपनिवेशवाद की शुरुआत की।

30. अंग्रेजों ने भारत में सबसे अधिक प्रभाव कब स्थापित किया?
(A) 1600
(B) 1700
(C) 1757
(D) 1857
उत्तर: (C)
व्याख्या: 1757 के बाद अंग्रेजों का प्रभाव बढ़ा।

31. प्लासी का युद्ध कब हुआ?
(A) 1757
(B) 1764
(C) 1857
(D) 1526
उत्तर: (A)
व्याख्या: प्लासी का युद्ध 1757 में हुआ।

32. प्लासी का युद्ध किनके बीच हुआ?
(A) अंग्रेज और सिराजुद्दौला
(B) फ्रांसीसी और अंग्रेज
(C) डच और अंग्रेज
(D) मुगल और मराठा
उत्तर: (A)

व्याख्या: यह युद्ध अंग्रेजों और बंगाल के नवाब के बीच हुआ।

33. बक्सर का युद्ध कब हुआ?

(A) 1757
(B) 1764
(C) 1857
(D) 1526

उत्तर: (B)

व्याख्या: बक्सर का युद्ध 1764 में हुआ।

34. बक्सर का युद्ध किनके बीच हुआ?

(A) अंग्रेज और नवाब
(B) अंग्रेज और मराठा
(C) अंग्रेज और मुगल
(D) सभी

उत्तर: (D)

व्याख्या: इसमें कई शक्तियाँ शामिल थीं।

35. यूरोपियों के आगमन से कौन सा क्षेत्र प्रभावित हुआ?

(A) व्यापार
(B) राजनीति
(C) समाज
(D) सभी

उत्तर: (D)

व्याख्या: सभी क्षेत्रों पर प्रभाव पड़ा।

36. अंग्रेजों ने किस नीति का पालन किया?

(A) व्यापार
(B) विस्तार
(C) दोनों
(D) धर्म

उत्तर: (C)

व्याख्या: उन्होंने व्यापार और विस्तार दोनों किए।

37. यूरोपियों ने भारत में कौन सी नई वस्तु लाई?

(A) आलू
(B) टमाटर
(C) मक्का
(D) सभी

उत्तर: (D)

व्याख्या: कई नई फसलें लाई गईं।

38. अंग्रेजों ने किस शहर को राजधानी बनाया?

(A) दिल्ली
(B) कलकत्ता
(C) मद्रास
(D) बंबई

उत्तर: (B)

व्याख्या: प्रारंभ में कलकत्ता राजधानी थी।

39. यूरोपियों का भारत में पहला उद्देश्य क्या था?

(A) शासन
(B) व्यापार
(C) धर्म
(D) शिक्षा

उत्तर: (B)

व्याख्या: वे व्यापार के लिए आए थे।

40. यूरोपियों के आगमन से भारतीय उद्योग पर क्या प्रभाव पड़ा?

(A) वृद्धि

(B) हानि
(C) कोई नहीं
(D) स्थिर
उत्तर: (B)
व्याख्या: भारतीय उद्योग को नुकसान हुआ।

41. अंग्रेजों ने किसे हराकर बंगाल पर कब्जा किया?
(A) मीर जाफर
(B) सिराजुद्दौला
(C) मीर कासिम
(D) शाह आलम
उत्तर: (B)
व्याख्या: प्लासी में सिराजुद्दौला को हराया गया।

42. यूरोपियों ने भारत में कौन सी भाषा का उपयोग किया?
(A) हिंदी
(B) अंग्रेजी
(C) फारसी
(D) संस्कृत
उत्तर: (B)
व्याख्या: अंग्रेजी भाषा का उपयोग बढ़ा।

43. यूरोपियों के आगमन से कौन सा वर्ग प्रभावित हुआ?
(A) व्यापारी
(B) किसान
(C) कारीगर
(D) सभी
उत्तर: (D)
व्याख्या: सभी वर्ग प्रभावित हुए।

44. अंग्रेजों का मुख्य उद्देश्य क्या था?
(A) धर्म
(B) व्यापार और शासन
(C) शिक्षा
(D) संस्कृति
उत्तर: (B)
व्याख्या: उन्होंने व्यापार के साथ शासन स्थापित किया।

45. यूरोपियों ने भारत में किसका विकास किया?
(A) रेलवे
(B) डाक
(C) टेलीग्राफ
(D) सभी
उत्तर: (D)
व्याख्या: कई आधुनिक सुविधाओं का विकास हुआ।

46. अंग्रेजों ने भारत में कौन सा शासन स्थापित किया?
(A) लोकतंत्र
(B) उपनिवेशवाद
(C) राजतंत्र
(D) गणतंत्र
उत्तर: (B)
व्याख्या: उन्होंने उपनिवेशवाद स्थापित किया।

47. यूरोपियों के आगमन से भारतीय समाज कैसा हुआ?
(A) सरल

(B) जटिल
(C) अराजक
(D) अस्थिर
उत्तर: (B)
व्याख्या: समाज में कई परिवर्तन आए।

48. यूरोपियों ने भारत में किसका शोषण किया?

(A) संसाधन
(B) धन
(C) श्रम
(D) सभी
उत्तर: (D)
व्याख्या: सभी का शोषण किया गया।

49. यूरोपियों के आगमन से कौन सा परिवर्तन प्रमुख था?

(A) व्यापार
(B) शासन
(C) समाज
(D) सभी
उत्तर: (D)
व्याख्या: सभी क्षेत्रों में परिवर्तन हुआ।

50. यूरोपियों के आगमन की सबसे महत्वपूर्ण विशेषता क्या थी?

(A) व्यापार
(B) उपनिवेशवाद की शुरुआत
(C) शिक्षा
(D) धर्म
उत्तर: (B)
व्याख्या: इससे भारत में उपनिवेशवाद की शुरुआत हुई।

Chapter 19: ब्रिटिश ईस्ट इंडिया कंपनी का विस्तार

1. ब्रिटिश ईस्ट इंडिया कंपनी की स्थापना कब हुई थी?

(A) 1498
(B) 1600
(C) 1602
(D) 1664
उत्तर: (B)
व्याख्या: ब्रिटिश ईस्ट इंडिया कंपनी की स्थापना 1600 ई. में हुई थी।

2. कंपनी को भारत में व्यापार की अनुमति किसने दी थी?

(A) अकबर
(B) जहांगीर
(C) शाहजहाँ
(D) औरंगजेब
उत्तर: (B)
व्याख्या: जहांगीर ने अंग्रेजों को व्यापार की अनुमति दी थी।

3. प्लासी का युद्ध कब हुआ था?

(A) 1757
(B) 1764
(C) 1857
(D) 1526
उत्तर: (A)
व्याख्या: प्लासी का युद्ध 1757 में हुआ था।

4. प्लासी के युद्ध में अंग्रेजों का नेतृत्व किसने किया था?

(A) रॉबर्ट क्लाइव

(B) डुप्ले
(C) वॉरेन हेस्टिंग्स
(D) कॉर्नवालिस
उत्तर: (A)
व्याख्या: रॉबर्ट क्लाइव ने अंग्रेजों का नेतृत्व किया।

5. प्लासी के युद्ध में किसे हराया गया था?
(A) मीर जाफर
(B) सिराजुद्दौला
(C) मीर कासिम
(D) शाह आलम
उत्तर: (B)
व्याख्या: सिराजुद्दौला को हराया गया।

6. बक्सर का युद्ध कब हुआ था?
(A) 1757
(B) 1764
(C) 1857
(D) 1526
उत्तर: (B)
व्याख्या: बक्सर का युद्ध 1764 में हुआ था।

7. बक्सर के युद्ध में अंग्रेजों ने किनको हराया था?
(A) मीर कासिम
(B) शाह आलम द्वितीय
(C) शुजाउद्दौला
(D) सभी
उत्तर: (D)
व्याख्या: अंग्रेजों ने तीनों को हराया।

8. दीवानी अधिकार अंग्रेजों को कब मिले?
(A) 1757
(B) 1765
(C) 1773
(D) 1857
उत्तर: (B)
व्याख्या: 1765 में कंपनी को बंगाल की दीवानी मिली।

9. दीवानी अधिकार का क्या अर्थ है?
(A) न्याय
(B) कर वसूली
(C) व्यापार
(D) सेना
उत्तर: (B)
व्याख्या: इसका अर्थ राजस्व वसूली का अधिकार है।

10. वॉरेन हेस्टिंग्स कौन था?
(A) सैनिक
(B) गवर्नर जनरल
(C) व्यापारी
(D) न्यायाधीश
उत्तर: (B)
व्याख्या: वह भारत का पहला गवर्नर जनरल था।

11. रेगुलेटिंग एक्ट कब पारित हुआ?
(A) 1773
(B) 1784
(C) 1793
(D) 1857
उत्तर: (A)
व्याख्या: 1773 में यह अधिनियम पारित हुआ।

12. पिट्स इंडिया एक्ट कब पारित

हुआ?
(A) 1773
(B) 1784
(C) 1793
(D) 1857
उत्तर: (B)
व्याख्या: 1784 में पिट्स इंडिया एक्ट पारित हुआ।

13. स्थायी बंदोबस्त किसने लागू किया?
(A) वॉरेन हेस्टिंग्स
(B) कॉर्नवालिस
(C) डलहौजी
(D) क्लाइव
उत्तर: (B)
व्याख्या: कॉर्नवालिस ने स्थायी बंदोबस्त लागू किया।

14. स्थायी बंदोबस्त किससे संबंधित था?
(A) व्यापार
(B) भूमि व्यवस्था
(C) शिक्षा
(D) न्याय
उत्तर: (B)
व्याख्या: यह भूमि कर प्रणाली थी।

15. रैयतवाड़ी व्यवस्था किसने शुरू की?
(A) कॉर्नवालिस
(B) मुनरो
(C) डलहौजी
(D) क्लाइव
उत्तर: (B)
व्याख्या: मुनरो ने इसे लागू किया।

16. महालवाड़ी व्यवस्था किससे संबंधित है?
(A) व्यापार
(B) भूमि कर
(C) शिक्षा
(D) न्याय
उत्तर: (B)
व्याख्या: यह भूमि कर प्रणाली थी।

17. लॉर्ड डलहौजी किस नीति के लिए प्रसिद्ध था?
(A) सहायक संधि
(B) विलय की नीति
(C) व्यापार नीति
(D) शिक्षा नीति
उत्तर: (B)
व्याख्या: उसने विलय की नीति अपनाई।

18. सहायक संधि किसने शुरू की?
(A) क्लाइव
(B) वेल्सली
(C) डलहौजी
(D) हेस्टिंग्स
उत्तर: (B)
व्याख्या: लॉर्ड वेल्सली ने इसे शुरू किया।

19. कंपनी का मुख्य उद्देश्य क्या था?
(A) धर्म
(B) व्यापार और शासन
(C) शिक्षा
(D) संस्कृति

उत्तर: (B)
व्याख्या: कंपनी व्यापार के साथ शासन भी चाहती थी।

20. कंपनी ने किस क्षेत्र में सबसे पहले अधिकार स्थापित किया?
(A) बंगाल
(B) दिल्ली
(C) पंजाब
(D) महाराष्ट्र
उत्तर: (A)
व्याख्या: बंगाल पहला प्रमुख क्षेत्र था।

21. कंपनी शासन में प्रशासन कैसा था?
(A) कमजोर
(B) केंद्रीकृत
(C) अराजक
(D) अस्थिर
उत्तर: (B)
व्याख्या: प्रशासन केंद्रीकृत था।

22. कंपनी ने भारतीय उद्योग पर क्या प्रभाव डाला?
(A) वृद्धि
(B) हानि
(C) कोई नहीं
(D) स्थिर
उत्तर: (B)
व्याख्या: उद्योगों को नुकसान हुआ।

23. कंपनी के शासन में कौन सा वर्ग प्रभावित हुआ?
(A) किसान
(B) कारीगर
(C) व्यापारी
(D) सभी
उत्तर: (D)
व्याख्या: सभी वर्ग प्रभावित हुए।

24. कंपनी ने भारत में कौन सा शासन स्थापित किया?
(A) लोकतंत्र
(B) उपनिवेशवाद
(C) गणतंत्र
(D) राजतंत्र
उत्तर: (B)
व्याख्या: कंपनी ने उपनिवेशवादी शासन स्थापित किया।

25. कंपनी के विस्तार का मुख्य कारण क्या था?
(A) व्यापार
(B) सैन्य शक्ति
(C) राजनीतिक चालें
(D) सभी
उत्तर: (D)
व्याख्या: सभी कारणों से विस्तार हुआ।

26. कंपनी ने किसके साथ युद्ध किए?
(A) मराठा
(B) मैसूर
(C) सिख
(D) सभी
उत्तर: (D)
व्याख्या: कंपनी ने कई शक्तियों से युद्ध किए।

27. मैसूर युद्ध किसके साथ हुए?

(A) मराठा
(B) अंग्रेज
(C) सिख
(D) मुगल
उत्तर: (B)
व्याख्या: अंग्रेजों और मैसूर के बीच युद्ध हुए।

28. सिख युद्ध किसके साथ हुए?
(A) अंग्रेज
(B) मराठा
(C) मुगल
(D) डच
उत्तर: (A)
व्याख्या: अंग्रेजों और सिखों के बीच युद्ध हुए।

29. कंपनी ने भारतीय राज्यों को कैसे जीता?
(A) युद्ध
(B) संधि
(C) नीति
(D) सभी
उत्तर: (D)
व्याख्या: विभिन्न तरीकों से विजय प्राप्त की।

30. कंपनी शासन में न्याय व्यवस्था कैसी थी?
(A) कमजोर
(B) सशक्त
(C) अराजक
(D) सीमित
उत्तर: (B)
व्याख्या: न्याय व्यवस्था संगठित थी।

31. कंपनी शासन में शिक्षा का विकास कैसे हुआ?
(A) नहीं हुआ
(B) धीरे-धीरे हुआ
(C) तेजी से हुआ
(D) अस्थिर रहा
उत्तर: (B)
व्याख्या: शिक्षा का विकास धीरे-धीरे हुआ।

32. कंपनी ने कौन सी भाषा को बढ़ावा दिया?
(A) हिंदी
(B) अंग्रेजी
(C) संस्कृत
(D) फारसी
उत्तर: (B)
व्याख्या: अंग्रेजी भाषा को बढ़ावा मिला।

33. कंपनी शासन में कृषि की स्थिति कैसी थी?
(A) अच्छी
(B) खराब
(C) सामान्य
(D) अस्थिर
उत्तर: (B)
व्याख्या: करों के कारण किसानों की स्थिति खराब हुई।

34. कंपनी शासन में व्यापार का स्वरूप कैसा था?
(A) स्वतंत्र

(B) नियंत्रित
(C) सीमित
(D) अराजक
उत्तर: (B)
व्याख्या: व्यापार कंपनी के नियंत्रण में था।

35. कंपनी ने भारत में कौन सा नया साधन शुरू किया?
(A) रेल
(B) डाक
(C) टेलीग्राफ
(D) सभी
उत्तर: (D)
व्याख्या: कई आधुनिक साधन शुरू किए गए।

36. कंपनी शासन में समाज कैसा था?
(A) सरल
(B) जटिल
(C) अराजक
(D) अस्थिर
उत्तर: (B)
व्याख्या: समाज में परिवर्तन हुए।

37. कंपनी के विस्तार का विरोध किसने किया?
(A) मराठा
(B) सिख
(C) किसान
(D) सभी
उत्तर: (D)
व्याख्या: कई वर्गों ने विरोध किया।

38. कंपनी शासन में कौन सा वर्ग सबसे अधिक प्रभावित हुआ?
(A) किसान
(B) व्यापारी
(C) कारीगर
(D) सभी
उत्तर: (D)
व्याख्या: सभी वर्ग प्रभावित हुए।

39. कंपनी शासन का अंत कब हुआ?
(A) 1757
(B) 1764
(C) 1857
(D) 1947
उत्तर: (C)
व्याख्या: 1857 के विद्रोह के बाद कंपनी शासन समाप्त हुआ।

40. कंपनी शासन के बाद किसका शासन शुरू हुआ?
(A) मुगल
(B) ब्रिटिश सरकार
(C) मराठा
(D) सिख
उत्तर: (B)
व्याख्या: ब्रिटिश सरकार ने शासन संभाला।

41. कंपनी शासन में कौन सा कर प्रमुख था?
(A) जजिया
(B) लगान
(C) शुल्क
(D) कर

उत्तर: (B)

व्याख्या: लगान मुख्य कर था।

42. कंपनी ने भारत में कौन सा उद्योग विकसित किया?

(A) वस्त्र

(B) रेल

(C) खनन

(D) सभी

उत्तर: (D)

व्याख्या: कई उद्योग विकसित हुए।

43. कंपनी शासन में शिक्षा का उद्देश्य क्या था?

(A) ज्ञान

(B) प्रशासनिक सहायता

(C) व्यापार

(D) धर्म

उत्तर: (B)

व्याख्या: प्रशासन के लिए शिक्षित वर्ग तैयार करना था।

44. कंपनी शासन में सेना का उपयोग किसलिए होता था?

(A) रक्षा

(B) विस्तार

(C) दोनों

(D) कोई नहीं

उत्तर: (C)

व्याख्या: सेना दोनों कार्यों के लिए थी।

45. कंपनी शासन में कौन सा वर्ग प्रभावशाली था?

(A) अंग्रेज अधिकारी

(B) भारतीय

(C) किसान

(D) व्यापारी

उत्तर: (A)

व्याख्या: अंग्रेज अधिकारी प्रभावशाली थे।

46. कंपनी शासन में धर्म का प्रभाव कैसा था?

(A) कम

(B) अधिक

(C) नहीं

(D) सीमित

उत्तर: (A)

व्याख्या: प्रशासन में धर्म का प्रभाव कम था।

47. कंपनी शासन में कौन सा क्षेत्र सबसे पहले विकसित हुआ?

(A) बंगाल

(B) पंजाब

(C) दिल्ली

(D) महाराष्ट्र

उत्तर: (A)

व्याख्या: बंगाल प्रमुख केंद्र था।

48. कंपनी शासन में न्यायालय किसके अधीन थे?

(A) भारतीय

(B) अंग्रेज

(C) दोनों

(D) कोई नहीं

उत्तर: (B)

व्याख्या: न्यायालय अंग्रेजों के अधीन थे।

49. कंपनी शासन में व्यापार का नियंत्रण किसके पास था?
(A) भारतीय
(B) अंग्रेज
(C) व्यापारी
(D) किसान
उत्तर: (B)
व्याख्या: व्यापार अंग्रेजों के नियंत्रण में था।

50. ब्रिटिश ईस्ट इंडिया कंपनी के विस्तार की सबसे महत्वपूर्ण विशेषता क्या थी?
(A) व्यापार
(B) उपनिवेशवाद और राजनीतिक नियंत्रण
(C) शिक्षा
(D) धर्म
उत्तर: (B)
व्याख्या: कंपनी ने धीरे-धीरे भारत पर राजनीतिक नियंत्रण स्थापित किया।

Chapter 20: 1857 का विद्रोह

1. 1857 का विद्रोह कब शुरू हुआ था?
(A) 1856
(B) 1857
(C) 1858
(D) 1860
उत्तर: (B)
व्याख्या: 1857 में यह विद्रोह मेरठ से शुरू हुआ था।

2. 1857 का विद्रोह सबसे पहले कहाँ शुरू हुआ?
(A) दिल्ली
(B) कानपुर
(C) मेरठ
(D) झांसी
उत्तर: (C)
व्याख्या: मेरठ में सैनिकों ने विद्रोह की शुरुआत की।

3. 1857 के विद्रोह का तत्काल कारण क्या था?
(A) कर नीति
(B) कारतूस का प्रयोग
(C) व्यापार
(D) शिक्षा
उत्तर: (B)
व्याख्या: नई एनफील्ड राइफल के कारतूसों में चर्बी का उपयोग विद्रोह का कारण बना।

4. 1857 के विद्रोह को क्या कहा जाता है?
(A) किसान आंदोलन
(B) सिपाही विद्रोह
(C) स्वतंत्रता संग्राम
(D) दोनों B और C
उत्तर: (D)
व्याख्या: इसे सिपाही विद्रोह और प्रथम स्वतंत्रता संग्राम दोनों कहा जाता है।

5. 1857 के विद्रोह में दिल्ली में नेतृत्व किसने किया?
(A) नाना साहेब

(B) बहादुर शाह जफर
(C) तात्या टोपे
(D) लक्ष्मीबाई
उत्तर: (B)
व्याख्या: बहादुर शाह जफर को विद्रोह का नेता बनाया गया।

6. कानपुर में विद्रोह का नेतृत्व किसने किया?
(A) नाना साहेब
(B) तात्या टोपे
(C) लक्ष्मीबाई
(D) कुंवर सिंह
उत्तर: (A)
व्याख्या: कानपुर में नाना साहेब ने नेतृत्व किया।

7. झांसी की रानी कौन थी?
(A) पद्मिनी
(B) लक्ष्मीबाई
(C) दुर्गावती
(D) अहिल्याबाई
उत्तर: (B)
व्याख्या: रानी लक्ष्मीबाई ने झांसी में विद्रोह का नेतृत्व किया।

8. तात्या टोपे किसके सहयोगी थे?
(A) नाना साहेब
(B) बहादुर शाह
(C) लक्ष्मीबाई
(D) कुंवर सिंह
उत्तर: (A)
व्याख्या: तात्या टोपे नाना साहेब के प्रमुख सहयोगी थे।

9. बिहार में विद्रोह का नेतृत्व किसने किया?
(A) तात्या टोपे
(B) कुंवर सिंह
(C) नाना साहेब
(D) बहादुर शाह
उत्तर: (B)
व्याख्या: कुंवर सिंह ने बिहार में नेतृत्व किया।

10. 1857 के विद्रोह का मुख्य कारण क्या था?
(A) आर्थिक शोषण
(B) राजनीतिक असंतोष
(C) धार्मिक कारण
(D) सभी
उत्तर: (D)
व्याख्या: कई कारणों से विद्रोह हुआ।

11. अंग्रेजों की कौन सी नीति से असंतोष बढ़ा?
(A) सहायक संधि
(B) विलय की नीति
(C) दोनों
(D) कोई नहीं
उत्तर: (C)
व्याख्या: दोनों नीतियों से असंतोष बढ़ा।

12. विलय की नीति किसने अपनाई?
(A) वेल्सली
(B) डलहौजी
(C) क्लाइव

(D) हेस्टिंग्स
उत्तर: (B)
व्याख्या: डलहौजी ने विलय की नीति लागू की।

13. 1857 के विद्रोह में सैनिक किससे नाराज थे?
(A) वेतन
(B) कारतूस
(C) पदोन्नति
(D) सभी
उत्तर: (D)
व्याख्या: सैनिक कई कारणों से असंतुष्ट थे।

14. 1857 के विद्रोह का परिणाम क्या हुआ?
(A) अंग्रेजों की हार
(B) विद्रोह असफल
(C) स्वतंत्रता
(D) शासन परिवर्तन
उत्तर: (D)
व्याख्या: कंपनी शासन समाप्त होकर ब्रिटिश शासन शुरू हुआ।

15. 1857 के बाद भारत का शासन किसके हाथ में आया?
(A) कंपनी
(B) ब्रिटिश सरकार
(C) मुगल
(D) मराठा
उत्तर: (B)
व्याख्या: ब्रिटिश सरकार ने सीधे शासन संभाला।

16. 1858 का अधिनियम किससे संबंधित है?
(A) व्यापार
(B) शासन परिवर्तन
(C) शिक्षा
(D) धर्म
उत्तर: (B)
व्याख्या: इस अधिनियम से शासन ब्रिटिश सरकार को मिला।

17. 1857 के विद्रोह का प्रभाव क्या था?
(A) प्रशासन में बदलाव
(B) सेना में सुधार
(C) नीति परिवर्तन
(D) सभी
उत्तर: (D)
व्याख्या: कई क्षेत्रों में बदलाव हुए।

18. 1857 में किस वर्ग ने भाग लिया?
(A) सैनिक
(B) किसान
(C) शासक
(D) सभी
उत्तर: (D)
व्याख्या: विभिन्न वर्गों ने भाग लिया।

19. 1857 के विद्रोह का स्वरूप कैसा था?
(A) स्थानीय
(B) राष्ट्रीय
(C) सीमित
(D) अस्थिर
उत्तर: (B)

व्याख्या: यह व्यापक स्तर पर फैला हुआ था।

20. 1857 के विद्रोह में अंग्रेजों की सहायता किसने की?

(A) सिख
(B) गोरखा
(C) कुछ भारतीय शासक
(D) सभी

उत्तर: (D)

व्याख्या: कई समूहों ने अंग्रेजों का साथ दिया।

21. 1857 के विद्रोह में कौन सा क्षेत्र प्रभावित नहीं हुआ?

(A) पंजाब
(B) बंगाल
(C) दक्षिण भारत
(D) सभी

उत्तर: (C)

व्याख्या: दक्षिण भारत में प्रभाव कम था।

22. 1857 के विद्रोह में लखनऊ में नेतृत्व किसने किया?

(A) बेगम हजरत महल
(B) लक्ष्मीबाई
(C) नाना साहेब
(D) कुंवर सिंह

उत्तर: (A)

व्याख्या: लखनऊ में बेगम हजरत महल ने नेतृत्व किया।

23. 1857 के विद्रोह का प्रमुख केंद्र क्या था?

(A) दिल्ली
(B) कानपुर
(C) लखनऊ
(D) सभी

उत्तर: (D)

व्याख्या: कई केंद्र थे।

24. 1857 के विद्रोह में कौन सा नारा प्रसिद्ध था?

(A) स्वराज
(B) धर्म
(C) स्वतंत्रता
(D) सभी

उत्तर: (D)

व्याख्या: विभिन्न नारों का उपयोग हुआ।

25. 1857 के विद्रोह का नेतृत्व किसने किया?

(A) सैनिक
(B) शासक
(C) जनता
(D) सभी

उत्तर: (D)

व्याख्या: विभिन्न वर्गों ने नेतृत्व किया।

26. 1857 के विद्रोह का सबसे बड़ा कारण क्या था?

(A) आर्थिक
(B) राजनीतिक
(C) धार्मिक
(D) सभी

उत्तर: (D)

व्याख्या: सभी कारण जिम्मेदार थे।

27. 1857 के विद्रोह में कौन सा वर्ग सबसे अधिक सक्रिय था?

(A) सैनिक
(B) किसान
(C) व्यापारी
(D) शिक्षक

उत्तर: (A)

व्याख्या: सैनिकों ने विद्रोह शुरू किया।

28. 1857 के विद्रोह में कौन सा शासक अंग्रेजों के खिलाफ था?

(A) बहादुर शाह
(B) नाना साहेब
(C) लक्ष्मीबाई
(D) सभी

उत्तर: (D)

व्याख्या: कई शासकों ने विरोध किया।

29. 1857 के विद्रोह के बाद सेना में क्या परिवर्तन हुआ?

(A) संख्या बढ़ी
(B) भारतीयों की संख्या कम हुई
(C) संगठन बदला
(D) सभी

उत्तर: (D)

व्याख्या: सेना में कई सुधार किए गए।

30. 1857 के विद्रोह के बाद अंग्रेजों की नीति कैसी हुई?

(A) कठोर
(B) नरम
(C) समान
(D) अस्थिर

उत्तर: (A)

व्याख्या: अंग्रेजों ने कठोर नीति अपनाई।

31. 1857 के विद्रोह का प्रभाव किस पर पड़ा?

(A) प्रशासन
(B) सेना
(C) समाज
(D) सभी

उत्तर: (D)

व्याख्या: सभी क्षेत्रों में प्रभाव पड़ा।

32. 1857 के विद्रोह में कौन सा शहर प्रमुख था?

(A) दिल्ली
(B) कानपुर
(C) लखनऊ
(D) सभी

उत्तर: (D)

व्याख्या: कई शहर प्रमुख थे।

33. 1857 के विद्रोह में कौन सा वर्ग शामिल नहीं था?

(A) किसान
(B) सैनिक
(C) व्यापारी
(D) सभी शामिल थे

उत्तर: (D)

व्याख्या: सभी वर्गों ने भाग लिया।

34. 1857 के विद्रोह का परिणाम क्या था?

(A) स्वतंत्रता
(B) असफलता
(C) शासन परिवर्तन

(D) दोनों B और C

उत्तर: (D)

व्याख्या: विद्रोह असफल रहा लेकिन शासन बदल गया।

35. 1857 के विद्रोह के बाद कौन सा शासन समाप्त हुआ?

(A) मुगल

(B) कंपनी

(C) मराठा

(D) सिख

उत्तर: (B)

व्याख्या: कंपनी शासन समाप्त हुआ।

36. 1857 के विद्रोह में कौन सा क्षेत्र सबसे अधिक प्रभावित हुआ?

(A) उत्तर भारत

(B) दक्षिण भारत

(C) पूर्व भारत

(D) पश्चिम भारत

उत्तर: (A)

व्याख्या: उत्तर भारत सबसे अधिक प्रभावित हुआ।

37. 1857 के विद्रोह का स्वरूप क्या था?

(A) सैन्य

(B) राजनीतिक

(C) सामाजिक

(D) सभी

उत्तर: (D)

व्याख्या: यह बहुआयामी विद्रोह था।

38. 1857 के विद्रोह में कौन सा नेता प्रमुख था?

(A) बहादुर शाह

(B) नाना साहेब

(C) लक्ष्मीबाई

(D) सभी

उत्तर: (D)

व्याख्या: कई नेताओं ने भूमिका निभाई।

39. 1857 के विद्रोह के बाद अंग्रेजों ने क्या किया?

(A) सुधार

(B) दमन

(C) नीति परिवर्तन

(D) सभी

उत्तर: (D)

व्याख्या: कई कदम उठाए गए।

40. 1857 के विद्रोह का मुख्य संदेश क्या था?

(A) स्वतंत्रता

(B) समानता

(C) धर्म

(D) व्यापार

उत्तर: (A)

व्याख्या: स्वतंत्रता की भावना प्रमुख थी।

41. 1857 के विद्रोह में कौन सा वर्ग नेतृत्व में था?

(A) सैनिक

(B) शासक

(C) जनता

(D) सभी

उत्तर: (D)

व्याख्या: विभिन्न वर्गों ने नेतृत्व किया।

42. 1857 के विद्रोह में अंग्रेजों की जीत क्यों हुई?

(A) संगठन
(B) संसाधन
(C) नेतृत्व
(D) सभी
उत्तर: (D)
व्याख्या: अंग्रेजों की बेहतर व्यवस्था के कारण जीत हुई।

43. 1857 के विद्रोह के बाद प्रशासन कैसा हुआ?

(A) कमजोर
(B) सशक्त
(C) अराजक
(D) अस्थिर
उत्तर: (B)
व्याख्या: प्रशासन को मजबूत किया गया।

44. 1857 के विद्रोह का प्रभाव शिक्षा पर कैसा पड़ा?

(A) वृद्धि
(B) कमी
(C) कोई नहीं
(D) अस्थिर
उत्तर: (A)
व्याख्या: शिक्षा में सुधार हुए।

45. 1857 के विद्रोह का प्रभाव समाज पर कैसा पड़ा?

(A) सकारात्मक
(B) नकारात्मक
(C) मिश्रित
(D) कोई नहीं
उत्तर: (C)
व्याख्या: समाज में मिश्रित प्रभाव पड़ा।

46. 1857 के विद्रोह के बाद अंग्रेजों ने किसे हटाया?

(A) मुगल
(B) मराठा
(C) सिख
(D) सभी
उत्तर: (A)
व्याख्या: मुगल शासन समाप्त कर दिया गया।

47. 1857 के विद्रोह में कौन सा शहर राजधानी बना?

(A) दिल्ली
(B) कानपुर
(C) लखनऊ
(D) झांसी
उत्तर: (A)
व्याख्या: दिल्ली को केंद्र बनाया गया।

48. 1857 के विद्रोह का मुख्य केंद्र कहाँ था?

(A) उत्तर भारत
(B) दक्षिण भारत
(C) पूर्व भारत
(D) पश्चिम भारत
उत्तर: (A)
व्याख्या: उत्तर भारत मुख्य केंद्र था।

49. 1857 के विद्रोह में कौन सा वर्ग सक्रिय नहीं था?

(A) किसान
(B) सैनिक
(C) व्यापारी
(D) सभी सक्रिय थे
उत्तर: (D)
व्याख्या: सभी वर्गों ने भाग लिया।

50. 1857 के विद्रोह की सबसे महत्वपूर्ण विशेषता क्या थी?
(A) युद्ध
(B) स्वतंत्रता की भावना
(C) व्यापार
(D) शिक्षा
उत्तर: (B)
व्याख्या: यह विद्रोह स्वतंत्रता की भावना से प्रेरित था।

Chapter 21: सामाजिक एवं धार्मिक सुधार आंदोलन

1. सामाजिक एवं धार्मिक सुधार आंदोलन कब शुरू हुआ?
(A) 18वीं सदी
(B) 19वीं सदी
(C) 20वीं सदी
(D) 17वीं सदी
उत्तर: (B)
व्याख्या: यह आंदोलन मुख्यतः 19वीं सदी में शुरू हुआ।

2. ब्रह्म समाज की स्थापना किसने की?
(A) स्वामी विवेकानंद
(B) राजा राममोहन राय
(C) दयानंद सरस्वती
(D) ईश्वरचंद्र विद्यासागर
उत्तर: (B)
व्याख्या: राजा राममोहन राय ने ब्रह्म समाज की स्थापना की।

3. आर्य समाज की स्थापना किसने की?
(A) राजा राममोहन राय
(B) स्वामी विवेकानंद
(C) दयानंद सरस्वती
(D) विद्यासागर
उत्तर: (C)
व्याख्या: स्वामी दयानंद सरस्वती ने आर्य समाज की स्थापना की।

4. रामकृष्ण मिशन की स्थापना किसने की?
(A) विवेकानंद
(B) दयानंद
(C) राममोहन
(D) विद्यासागर
उत्तर: (A)
व्याख्या: स्वामी विवेकानंद ने रामकृष्ण मिशन की स्थापना की।

5. सती प्रथा के खिलाफ किसने आंदोलन किया?
(A) दयानंद
(B) राममोहन राय
(C) विवेकानंद
(D) गांधी
उत्तर: (B)
व्याख्या: राममोहन राय ने सती प्रथा का

विरोध किया।

6. सती प्रथा का उन्मूलन कब हुआ?

(A) 1829

(B) 1857

(C) 1900

(D) 1773

उत्तर: (A)

व्याख्या: 1829 में सती प्रथा समाप्त की गई।

7. विधवा पुनर्विवाह का समर्थन किसने किया?

(A) दयानंद

(B) विद्यासागर

(C) विवेकानंद

(D) गांधी

उत्तर: (B)

व्याख्या: विद्यासागर ने इसका समर्थन किया।

8. आर्य समाज का मुख्य सिद्धांत क्या था?

(A) मूर्ति पूजा

(B) वेदों की ओर लौटना

(C) धर्म परिवर्तन

(D) शिक्षा

उत्तर: (B)

व्याख्या: आर्य समाज ने वेदों की ओर लौटने का संदेश दिया।

9. ब्रह्म समाज का मुख्य उद्देश्य क्या था?

(A) मूर्ति पूजा

(B) एकेश्वरवाद

(C) युद्ध

(D) व्यापार

उत्तर: (B)

व्याख्या: ब्रह्म समाज एकेश्वरवाद को मानता था।

10. रामकृष्ण मिशन का उद्देश्य क्या था?

(A) धर्म प्रचार

(B) सेवा और शिक्षा

(C) व्यापार

(D) युद्ध

उत्तर: (B)

व्याख्या: इसका उद्देश्य सेवा और शिक्षा था।

11. अलिगढ़ आंदोलन किससे संबंधित है?

(A) हिंदू सुधार

(B) मुस्लिम शिक्षा

(C) व्यापार

(D) राजनीति

उत्तर: (B)

व्याख्या: यह मुस्लिम शिक्षा सुधार से जुड़ा था।

12. अलिगढ़ आंदोलन के संस्थापक कौन थे?

(A) सर सैयद अहमद खान

(B) विवेकानंद

(C) दयानंद

(D) राममोहन

उत्तर: (A)

व्याख्या: सर सैयद अहमद खान ने इसे शुरू किया।

13. प्रार्थना समाज की स्थापना किसने की?
(A) केशवचंद्र सेन
(B) दयानंद
(C) विवेकानंद
(D) विद्यासागर
उत्तर: (A)
व्याख्या: केशवचंद्र सेन ने इसकी स्थापना की।

14. थियोसोफिकल सोसायटी की स्थापना किसने की?
(A) एनी बेसेंट
(B) विवेकानंद
(C) दयानंद
(D) राममोहन
उत्तर: (A)
व्याख्या: एनी बेसेंट इससे जुड़ी थीं।

15. सुधार आंदोलनों का मुख्य उद्देश्य क्या था?
(A) युद्ध
(B) सामाजिक सुधार
(C) व्यापार
(D) शिक्षा
उत्तर: (B)
व्याख्या: समाज में सुधार लाना मुख्य उद्देश्य था।

16. बाल विवाह का विरोध किसने किया?
(A) राममोहन
(B) विद्यासागर
(C) दयानंद
(D) सभी
उत्तर: (D)
व्याख्या: कई सुधारकों ने इसका विरोध किया।

17. महिला शिक्षा का समर्थन किसने किया?
(A) विद्यासागर
(B) राममोहन
(C) विवेकानंद
(D) सभी
उत्तर: (D)
व्याख्या: सभी ने महिला शिक्षा को बढ़ावा दिया।

18. सुधार आंदोलनों का प्रभाव किस पर पड़ा?
(A) समाज
(B) धर्म
(C) शिक्षा
(D) सभी
उत्तर: (D)
व्याख्या: सभी क्षेत्रों में प्रभाव पड़ा।

19. आर्य समाज ने किसका विरोध किया?
(A) वेद
(B) मूर्ति पूजा
(C) शिक्षा
(D) धर्म
उत्तर: (B)
व्याख्या: आर्य समाज ने मूर्ति पूजा का विरोध किया।

20. ब्रह्म समाज ने किसका समर्थन

किया?

(A) बहुदेववाद

(B) एकेश्वरवाद

(C) मूर्ति पूजा

(D) अंधविश्वास

उत्तर: (B)

व्याख्या: एकेश्वरवाद का समर्थन किया गया।

21. सुधार आंदोलनों में शिक्षा का क्या महत्व था?

(A) कम

(B) अधिक

(C) नहीं

(D) सीमित

उत्तर: (B)

व्याख्या: शिक्षा को प्रमुख महत्व दिया गया।

22. सुधार आंदोलनों ने किसका विरोध किया?

(A) अंधविश्वास

(B) जाति प्रथा

(C) कुरीतियाँ

(D) सभी

उत्तर: (D)

व्याख्या: सभी सामाजिक बुराइयों का विरोध किया गया।

23. अलिगढ़ आंदोलन का मुख्य उद्देश्य क्या था?

(A) व्यापार

(B) शिक्षा

(C) धर्म

(D) राजनीति

उत्तर: (B)

व्याख्या: मुस्लिम समाज में शिक्षा का प्रसार करना था।

24. थियोसोफिकल सोसायटी का उद्देश्य क्या था?

(A) धर्म प्रचार

(B) आध्यात्मिक ज्ञान

(C) व्यापार

(D) शिक्षा

उत्तर: (B)

व्याख्या: आध्यात्मिक ज्ञान को बढ़ावा देना था।

25. सुधार आंदोलनों ने किसे बढ़ावा दिया?

(A) शिक्षा

(B) समानता

(C) सामाजिक सुधार

(D) सभी

उत्तर: (D)

व्याख्या: सभी क्षेत्रों में सुधार हुआ।

26. सुधार आंदोलनों का प्रभाव महिलाओं पर कैसा पड़ा?

(A) नकारात्मक

(B) सकारात्मक

(C) कोई नहीं

(D) सीमित

उत्तर: (B)

व्याख्या: महिलाओं की स्थिति में सुधार हुआ।

27. सुधार आंदोलनों ने किसका

विरोध किया?

(A) शिक्षा

(B) अंधविश्वास

(C) विज्ञान

(D) उद्योग

उत्तर: (B)

व्याख्या: अंधविश्वास का विरोध किया गया।

28. सुधार आंदोलनों का संबंध किससे था?

(A) राजनीति

(B) समाज

(C) व्यापार

(D) युद्ध

उत्तर: (B)

व्याख्या: ये सामाजिक सुधार से जुड़े थे।

29. सुधार आंदोलनों में कौन सा तत्व प्रमुख था?

(A) धर्म

(B) शिक्षा

(C) समाज सुधार

(D) सभी

उत्तर: (D)

व्याख्या: सभी तत्व महत्वपूर्ण थे।

30. सुधार आंदोलनों ने किसे समाप्त करने का प्रयास किया?

(A) कुरीतियाँ

(B) शिक्षा

(C) धर्म

(D) व्यापार

उत्तर: (A)

व्याख्या: सामाजिक कुरीतियों को समाप्त करने का प्रयास किया गया।

31. सुधार आंदोलनों में कौन सा वर्ग सक्रिय था?

(A) शिक्षित वर्ग

(B) किसान

(C) व्यापारी

(D) सैनिक

उत्तर: (A)

व्याख्या: शिक्षित वर्ग ने नेतृत्व किया।

32. सुधार आंदोलनों का मुख्य साधन क्या था?

(A) युद्ध

(B) शिक्षा

(C) व्यापार

(D) राजनीति

उत्तर: (B)

व्याख्या: शिक्षा के माध्यम से सुधार किए गए।

33. सुधार आंदोलनों का प्रभाव कहाँ तक था?

(A) शहर

(B) गाँव

(C) पूरे देश

(D) सीमित

उत्तर: (C)

व्याख्या: पूरे देश में प्रभाव पड़ा।

34. सुधार आंदोलनों ने किसका समर्थन किया?

(A) समानता

(B) शिक्षा

(C) स्वतंत्रता
(D) सभी
उत्तर: (D)
व्याख्या: सभी का समर्थन किया गया।

35. सुधार आंदोलनों का उद्देश्य क्या था?
(A) युद्ध
(B) समाज सुधार
(C) व्यापार
(D) शिक्षा
उत्तर: (B)
व्याख्या: समाज में सुधार लाना था।

36. सुधार आंदोलनों में कौन सा धर्म प्रभावित हुआ?
(A) हिंदू
(B) मुस्लिम
(C) ईसाई
(D) सभी
उत्तर: (D)
व्याख्या: सभी धर्म प्रभावित हुए।

37. सुधार आंदोलनों में महिलाओं की भूमिका कैसी थी?
(A) कम
(B) अधिक
(C) नहीं
(D) सीमित
उत्तर: (B)
व्याख्या: महिलाओं की भागीदारी बढ़ी।

38. सुधार आंदोलनों ने किसे बढ़ावा दिया?
(A) विज्ञान
(B) तर्क
(C) शिक्षा
(D) सभी
उत्तर: (D)
व्याख्या: सभी क्षेत्रों में प्रगति हुई।

39. सुधार आंदोलनों का प्रभाव समाज पर कैसा था?
(A) सकारात्मक
(B) नकारात्मक
(C) मिश्रित
(D) कोई नहीं
उत्तर: (A)
व्याख्या: समाज में सकारात्मक बदलाव आए।

40. सुधार आंदोलनों का मुख्य केंद्र क्या था?
(A) गाँव
(B) शहर
(C) दोनों
(D) सीमित
उत्तर: (C)
व्याख्या: शहर और गाँव दोनों प्रभावित हुए।

41. सुधार आंदोलनों ने किसका विरोध किया?
(A) कुरीतियाँ
(B) अंधविश्वास
(C) जाति प्रथा
(D) सभी
उत्तर: (D)
व्याख्या: सभी बुराइयों का विरोध किया

गया।

42. सुधार आंदोलनों का संबंध किससे था?

(A) समाज
(B) धर्म
(C) शिक्षा
(D) सभी
उत्तर: (D)
व्याख्या: सभी क्षेत्रों से जुड़ा था।

43. सुधार आंदोलनों का मुख्य परिणाम क्या था?

(A) सुधार
(B) युद्ध
(C) व्यापार
(D) शिक्षा
उत्तर: (A)
व्याख्या: समाज में सुधार आया।

44. सुधार आंदोलनों ने किसे समाप्त किया?

(A) कुरीतियाँ
(B) शिक्षा
(C) धर्म
(D) व्यापार
उत्तर: (A)
व्याख्या: कई सामाजिक बुराइयाँ समाप्त हुईं।

45. सुधार आंदोलनों का प्रभाव शिक्षा पर कैसा था?

(A) वृद्धि
(B) कमी
(C) कोई नहीं
(D) सीमित
उत्तर: (A)
व्याख्या: शिक्षा का प्रसार हुआ।

46. सुधार आंदोलनों में कौन सा तत्व महत्वपूर्ण था?

(A) तर्क
(B) शिक्षा
(C) समानता
(D) सभी
उत्तर: (D)
व्याख्या: सभी महत्वपूर्ण थे।

47. सुधार आंदोलनों का प्रभाव धर्म पर कैसा था?

(A) सुधार
(B) परिवर्तन
(C) जागरूकता
(D) सभी
उत्तर: (D)
व्याख्या: धर्म में सुधार और जागरूकता आई।

48. सुधार आंदोलनों का प्रभाव महिलाओं पर कैसा था?

(A) सकारात्मक
(B) नकारात्मक
(C) सीमित
(D) कोई नहीं
उत्तर: (A)
व्याख्या: महिलाओं की स्थिति में सुधार हुआ।

49. सुधार आंदोलनों ने किसे बढ़ावा दिया?

(A) समानता
(B) शिक्षा
(C) समाज सुधार
(D) सभी
उत्तर: (D)
व्याख्या: सभी क्षेत्रों में सुधार हुआ।

50. सामाजिक एवं धार्मिक सुधार आंदोलनों की सबसे महत्वपूर्ण विशेषता क्या थी?
(A) युद्ध
(B) सामाजिक जागरूकता और सुधार
(C) व्यापार
(D) शिक्षा
उत्तर: (B)
व्याख्या: इन आंदोलनों ने समाज में जागरूकता और सुधार लाया।

Chapter 22: भारतीय राष्ट्रीय आंदोलन (1885–1919)

1. भारतीय राष्ट्रीय कांग्रेस की स्थापना कब हुई थी?
(A) 1857
(B) 1885
(C) 1905
(D) 1919
उत्तर: (B)
व्याख्या: भारतीय राष्ट्रीय कांग्रेस की स्थापना 1885 में हुई थी।

2. भारतीय राष्ट्रीय कांग्रेस के संस्थापक कौन थे?
(A) दादाभाई नौरोजी
(B) ए.ओ. ह्यूम
(C) गोपाल कृष्ण गोखले
(D) बाल गंगाधर तिलक
उत्तर: (B)
व्याख्या: ए.ओ. ह्यूम ने कांग्रेस की स्थापना की।

3. कांग्रेस का पहला अधिवेशन कहाँ हुआ था?
(A) दिल्ली
(B) मुंबई
(C) कलकत्ता
(D) मद्रास
उत्तर: (B)
व्याख्या: पहला अधिवेशन मुंबई में हुआ था।

4. कांग्रेस का पहला अध्यक्ष कौन था?
(A) दादाभाई नौरोजी
(B) डब्ल्यू.सी. बनर्जी
(C) तिलक
(D) गोखले
उत्तर: (B)
व्याख्या: डब्ल्यू.सी. बनर्जी पहले अध्यक्ष थे।

5. प्रारंभिक कांग्रेस नेताओं को क्या कहा जाता है?
(A) उग्रवादी
(B) नरमपंथी
(C) क्रांतिकारी
(D) समाजवादी
उत्तर: (B)

व्याख्या: प्रारंभिक नेता नरमपंथी थे।

6. नरमपंथियों की नीति क्या थी?

(A) हिंसा
(B) प्रार्थना और याचिका
(C) युद्ध
(D) क्रांति

उत्तर: (B)

व्याख्या: वे शांतिपूर्ण तरीके अपनाते थे।

7. उग्रवादी नेताओं में कौन शामिल था?

(A) तिलक
(B) लाला लाजपत राय
(C) बिपिन चंद्र पाल
(D) सभी

उत्तर: (D)

व्याख्या: ये सभी उग्रवादी नेता थे।

8. बंगाल विभाजन कब हुआ था?

(A) 1905
(B) 1906
(C) 1911
(D) 1919

उत्तर: (A)

व्याख्या: 1905 में बंगाल का विभाजन हुआ।

9. बंगाल विभाजन किसने किया?

(A) कर्जन
(B) डलहौजी
(C) हेस्टिंग्स
(D) क्लाइव

उत्तर: (A)

व्याख्या: लॉर्ड कर्जन ने बंगाल विभाजन किया।

10. स्वदेशी आंदोलन कब शुरू हुआ?

(A) 1885
(B) 1905
(C) 1919
(D) 1857

उत्तर: (B)

व्याख्या: बंगाल विभाजन के विरोध में स्वदेशी आंदोलन शुरू हुआ।

11. स्वदेशी आंदोलन का उद्देश्य क्या था?

(A) विदेशी वस्त्र अपनाना
(B) विदेशी वस्त्र बहिष्कार
(C) युद्ध
(D) शिक्षा

उत्तर: (B)

व्याख्या: विदेशी वस्तुओं का बहिष्कार करना था।

12. गरम दल के नेता कौन थे?

(A) गोखले
(B) तिलक
(C) ह्यूम
(D) बनर्जी

उत्तर: (B)

व्याख्या: तिलक गरम दल के प्रमुख नेता थे।

13. 1907 में कांग्रेस का विभाजन कहाँ हुआ?

(A) दिल्ली
(B) सूरत
(C) मुंबई

(D) कलकत्ता

उत्तर: (B)

व्याख्या: सूरत अधिवेशन में विभाजन हुआ।

14. मुस्लिम लीग की स्थापना कब हुई?

(A) 1885

(B) 1906

(C) 1911

(D) 1919

उत्तर: (B)

व्याख्या: 1906 में मुस्लिम लीग की स्थापना हुई।

15. मुस्लिम लीग की स्थापना कहाँ हुई?

(A) दिल्ली

(B) ढाका

(C) लाहौर

(D) कराची

उत्तर: (B)

व्याख्या: ढाका में इसकी स्थापना हुई।

16. होम रूल आंदोलन किसने शुरू किया?

(A) गांधी

(B) तिलक और एनी बेसेंट

(C) नेहरू

(D) गोखले

उत्तर: (B)

व्याख्या: तिलक और एनी बेसेंट ने इसे शुरू किया।

17. होम रूल आंदोलन का उद्देश्य क्या था?

(A) पूर्ण स्वतंत्रता

(B) स्वशासन

(C) व्यापार

(D) शिक्षा

उत्तर: (B)

व्याख्या: स्वशासन की मांग की गई।

18. प्रथम विश्व युद्ध कब शुरू हुआ?

(A) 1914

(B) 1918

(C) 1919

(D) 1905

उत्तर: (A)

व्याख्या: प्रथम विश्व युद्ध 1914 में शुरू हुआ।

19. लखनऊ समझौता कब हुआ?

(A) 1916

(B) 1915

(C) 1917

(D) 1919

उत्तर: (A)

व्याख्या: 1916 में कांग्रेस और मुस्लिम लीग के बीच समझौता हुआ।

20. लखनऊ समझौते में किनके बीच समझौता हुआ?

(A) कांग्रेस और अंग्रेज

(B) कांग्रेस और मुस्लिम लीग

(C) मुस्लिम लीग और अंग्रेज

(D) सभी

उत्तर: (B)

व्याख्या: कांग्रेस और मुस्लिम लीग के बीच समझौता हुआ।

21. गांधीजी भारत कब आए?

(A) 1915
(B) 1916
(C) 1917
(D) 1919
उत्तर: (A)
व्याख्या: गांधीजी 1915 में भारत लौटे।

22. गांधीजी का पहला आंदोलन कौन सा था?
(A) असहयोग
(B) चंपारण सत्याग्रह
(C) सविनय अवज्ञा
(D) भारत छोड़ो
उत्तर: (B)
व्याख्या: चंपारण सत्याग्रह पहला आंदोलन था।

23. चंपारण आंदोलन किससे संबंधित था?
(A) किसान
(B) मजदूर
(C) व्यापारी
(D) सैनिक
उत्तर: (A)
व्याख्या: यह किसानों की समस्या से जुड़ा था।

24. खेड़ा आंदोलन किससे संबंधित था?
(A) किसान
(B) मजदूर
(C) व्यापारी
(D) सैनिक
उत्तर: (A)
व्याख्या: यह किसानों के कर माफी से संबंधित था।

25. अहमदाबाद मिल हड़ताल किससे संबंधित थी?
(A) किसान
(B) मजदूर
(C) व्यापारी
(D) सैनिक
उत्तर: (B)
व्याख्या: यह मजदूरों से संबंधित थी।

26. रॉलेट एक्ट कब पारित हुआ?
(A) 1917
(B) 1918
(C) 1919
(D) 1920
उत्तर: (C)
व्याख्या: 1919 में यह अधिनियम पारित हुआ।

27. रॉलेट एक्ट का क्या उद्देश्य था?
(A) स्वतंत्रता देना
(B) दमन
(C) शिक्षा
(D) व्यापार
उत्तर: (B)
व्याख्या: यह दमनकारी कानून था।

28. जलियांवाला बाग हत्याकांड कब हुआ?
(A) 1918
(B) 1919
(C) 1920
(D) 1905
उत्तर: (B)
व्याख्या: 13 अप्रैल 1919 को यह घटना

हुई।

29. जलियांवाला बाग हत्याकांड कहाँ हुआ?

(A) दिल्ली
(B) अमृतसर
(C) लाहौर
(D) कानपुर

उत्तर: (B)

व्याख्या: यह अमृतसर में हुआ।

30. जलियांवाला बाग हत्याकांड का जिम्मेदार कौन था?

(A) डायर
(B) कर्जन
(C) क्लाइव
(D) हेस्टिंग्स

उत्तर: (A)

व्याख्या: जनरल डायर ने गोली चलाने का आदेश दिया।

31. इस काल में आंदोलन का स्वरूप कैसा था?

(A) शांतिपूर्ण
(B) उग्र
(C) मिश्रित
(D) सीमित

उत्तर: (C)

व्याख्या: नरम और उग्र दोनों प्रकार के आंदोलन हुए।

32. स्वदेशी आंदोलन का प्रभाव किस पर पड़ा?

(A) उद्योग
(B) समाज
(C) राजनीति
(D) सभी

उत्तर: (D)

व्याख्या: सभी क्षेत्रों में प्रभाव पड़ा।

33. कांग्रेस का मुख्य उद्देश्य क्या था?

(A) व्यापार
(B) स्वतंत्रता
(C) शिक्षा
(D) धर्म

उत्तर: (B)

व्याख्या: स्वतंत्रता प्राप्त करना उद्देश्य था।

34. इस काल में कौन सा वर्ग सक्रिय था?

(A) विद्यार्थी
(B) किसान
(C) मजदूर
(D) सभी

उत्तर: (D)

व्याख्या: सभी वर्गों ने भाग लिया।

35. आंदोलन का मुख्य साधन क्या था?

(A) हिंसा
(B) अहिंसा
(C) दोनों
(D) कोई नहीं

उत्तर: (C)

व्याख्या: दोनों प्रकार के साधनों का उपयोग हुआ।

36. इस काल में शिक्षा का क्या

महत्व था?

(A) कम

(B) अधिक

(C) नहीं

(D) सीमित

उत्तर: (B)

व्याख्या: शिक्षा ने जागरूकता बढ़ाई।

37. इस काल में प्रेस की भूमिका कैसी थी?

(A) कम

(B) अधिक

(C) नहीं

(D) सीमित

उत्तर: (B)

व्याख्या: प्रेस ने आंदोलन को फैलाया।

38. इस काल में आंदोलन का नेतृत्व किसने किया?

(A) नेता

(B) जनता

(C) दोनों

(D) कोई नहीं

उत्तर: (C)

व्याख्या: नेता और जनता दोनों सक्रिय थे।

39. इस काल में कौन सा आंदोलन प्रमुख था?

(A) स्वदेशी

(B) होम रूल

(C) सत्याग्रह

(D) सभी

उत्तर: (D)

व्याख्या: कई आंदोलन हुए।

40. इस काल में कौन सा नारा प्रसिद्ध हुआ?

(A) स्वराज

(B) स्वतंत्रता

(C) समानता

(D) सभी

उत्तर: (A)

व्याख्या: स्वराज प्रमुख नारा था।

41. इस काल में कौन सा वर्ग सबसे अधिक प्रभावित हुआ?

(A) किसान

(B) मजदूर

(C) व्यापारी

(D) सभी

उत्तर: (D)

व्याख्या: सभी वर्ग प्रभावित हुए।

42. इस काल में आंदोलन का उद्देश्य क्या था?

(A) व्यापार

(B) स्वशासन

(C) शिक्षा

(D) धर्म

उत्तर: (B)

व्याख्या: स्वशासन की मांग थी।

43. इस काल में कौन सा संगठन प्रमुख था?

(A) कांग्रेस

(B) मुस्लिम लीग

(C) दोनों

(D) कोई नहीं

उत्तर: (C)
व्याख्या: दोनों संगठन महत्वपूर्ण थे।

44. इस काल में आंदोलन का प्रभाव कैसा था?
(A) सीमित
(B) व्यापक
(C) नहीं
(D) अस्थिर
उत्तर: (B)
व्याख्या: पूरे देश में प्रभाव पड़ा।

45. इस काल में कौन सा नेता प्रसिद्ध था?
(A) तिलक
(B) गोखले
(C) गांधी
(D) सभी
उत्तर: (D)
व्याख्या: कई नेता सक्रिय थे।

46. इस काल में समाज कैसा था?
(A) जागरूक
(B) अराजक
(C) अस्थिर
(D) सीमित
उत्तर: (A)
व्याख्या: समाज में जागरूकता बढ़ी।

47. इस काल में आंदोलन का स्वरूप क्या था?
(A) राष्ट्रीय
(B) स्थानीय
(C) सीमित
(D) अस्थिर
उत्तर: (A)
व्याख्या: आंदोलन राष्ट्रीय स्तर पर था।

48. इस काल में कौन सा वर्ग नेतृत्व में था?
(A) शिक्षित वर्ग
(B) किसान
(C) मजदूर
(D) व्यापारी
उत्तर: (A)
व्याख्या: शिक्षित वर्ग ने नेतृत्व किया।

49. इस काल में कौन सा तत्व महत्वपूर्ण था?
(A) एकता
(B) जागरूकता
(C) संघर्ष
(D) सभी
उत्तर: (D)
व्याख्या: सभी तत्व महत्वपूर्ण थे।

50. भारतीय राष्ट्रीय आंदोलन (1885–1919) की सबसे महत्वपूर्ण विशेषता क्या थी?
(A) युद्ध
(B) राष्ट्रीय जागरूकता और संगठन
(C) व्यापार
(D) शिक्षा
उत्तर: (B)
व्याख्या: इस काल में राष्ट्रीय चेतना और संगठन का विकास हुआ।

Chapter 23: गांधी युग (1919–1947)

गांधी युग की शुरुआत किस घटना से मानी जाती है?

(A) 1857 का विद्रोह
(B) जलियांवाला बाग हत्याकांड
(C) स्वदेशी आंदोलन
(D) होम रूल आंदोलन
उत्तर: (B)
व्याख्या: 1919 के जलियांवाला बाग हत्याकांड के बाद गांधी युग की शुरुआत मानी जाती है।

2. असहयोग आंदोलन कब शुरू हुआ था?

(A) 1919
(B) 1920
(C) 1930
(D) 1942
उत्तर: (B)
व्याख्या: असहयोग आंदोलन 1920 में शुरू हुआ।

3. असहयोग आंदोलन का उद्देश्य क्या था?

(A) हिंसा
(B) अंग्रेजों का सहयोग न करना
(C) व्यापार
(D) शिक्षा
उत्तर: (B)
व्याख्या: इसका उद्देश्य अंग्रेजी शासन का बहिष्कार करना था।

4. असहयोग आंदोलन कब समाप्त हुआ?

(A) 1922
(B) 1930
(C) 1942
(D) 1919
उत्तर: (A)
व्याख्या: चौरी-चौरा घटना के बाद 1922 में समाप्त हुआ।

5. चौरी-चौरा घटना कब हुई?

(A) 1920
(B) 1922
(C) 1930
(D) 1942
उत्तर: (B)
व्याख्या: 1922 में यह घटना हुई।

6. सविनय अवज्ञा आंदोलन कब शुरू हुआ?

(A) 1920
(B) 1930
(C) 1942
(D) 1919
उत्तर: (B)
व्याख्या: 1930 में यह आंदोलन शुरू हुआ।

7. दांडी यात्रा कब हुई?

(A) 1920
(B) 1930
(C) 1942
(D) 1919
उत्तर: (B)
व्याख्या: गांधीजी ने 1930 में दांडी यात्रा की।

8. सविनय अवज्ञा आंदोलन का मुख्य उद्देश्य क्या था?

(A) कर न देना
(B) शिक्षा

(C) व्यापार
(D) युद्ध
उत्तर: (A)
व्याख्या: इसका उद्देश्य अंग्रेजी कानूनों का उल्लंघन करना था।

9. गांधी-इरविन समझौता कब हुआ?

(A) 1931
(B) 1930
(C) 1942
(D) 1920
उत्तर: (A)
व्याख्या: 1931 में यह समझौता हुआ।

10. भारत छोड़ो आंदोलन कब शुरू हुआ?

(A) 1930
(B) 1942
(C) 1920
(D) 1919
उत्तर: (B)
व्याख्या: 1942 में भारत छोड़ो आंदोलन शुरू हुआ।

11. भारत छोड़ो आंदोलन का नारा क्या था?

(A) स्वराज
(B) करो या मरो
(C) वंदे मातरम्
(D) जय हिंद
उत्तर: (B)
व्याख्या: गांधीजी ने "करो या मरो" का नारा दिया।

12. गांधीजी का मुख्य सिद्धांत क्या था?

(A) हिंसा
(B) अहिंसा
(C) युद्ध
(D) व्यापार
उत्तर: (B)
व्याख्या: गांधीजी अहिंसा के समर्थक थे।

13. सत्याग्रह का अर्थ क्या है?

(A) युद्ध
(B) सत्य के लिए आग्रह
(C) व्यापार
(D) शिक्षा
उत्तर: (B)
व्याख्या: सत्याग्रह का अर्थ सत्य के लिए संघर्ष करना है।

14. गांधीजी का पूरा नाम क्या था?

(A) मोहनदास गांधी
(B) मोहनदास करमचंद गांधी
(C) महात्मा गांधी
(D) करमचंद गांधी
उत्तर: (B)
व्याख्या: उनका पूरा नाम मोहनदास करमचंद गांधी था।

15. गांधीजी का जन्म कब हुआ था?

(A) 1869
(B) 1870
(C) 1885
(D) 1900
उत्तर: (A)
व्याख्या: गांधीजी का जन्म 1869 में हुआ।

16. गांधीजी का पहला आंदोलन भारत में कौन सा था?
(A) असहयोग
(B) चंपारण सत्याग्रह
(C) सविनय अवज्ञा
(D) भारत छोड़ो
उत्तर: (B)
व्याख्या: चंपारण सत्याग्रह पहला आंदोलन था।

17. गांधीजी ने किसका विरोध किया?
(A) हिंसा
(B) अन्याय
(C) शोषण
(D) सभी
उत्तर: (D)
व्याख्या: उन्होंने सभी प्रकार के अन्याय का विरोध किया।

18. गांधीजी का संबंध किससे था?
(A) राजनीति
(B) समाज सुधार
(C) स्वतंत्रता आंदोलन
(D) सभी
उत्तर: (D)
व्याख्या: वे सभी क्षेत्रों में सक्रिय थे।

19. गांधी युग में कौन सा वर्ग सक्रिय था?
(A) किसान
(B) मजदूर
(C) विद्यार्थी
(D) सभी
उत्तर: (D)
व्याख्या: सभी वर्गों ने भाग लिया।

20. गांधीजी ने किसे बढ़ावा दिया?
(A) स्वदेशी
(B) खादी
(C) ग्राम उद्योग
(D) सभी
उत्तर: (D)
व्याख्या: उन्होंने स्वदेशी और आत्मनिर्भरता पर जोर दिया।

21. गांधीजी ने किसका बहिष्कार किया?
(A) विदेशी वस्त्र
(B) शिक्षा
(C) धर्म
(D) व्यापार
उत्तर: (A)
व्याख्या: विदेशी वस्त्रों का बहिष्कार किया गया।

22. गांधीजी ने किसे अपनाया?
(A) हिंसा
(B) अहिंसा
(C) युद्ध
(D) शक्ति
उत्तर: (B)
व्याख्या: अहिंसा उनका प्रमुख सिद्धांत था।

23. गांधी युग में आंदोलन का स्वरूप कैसा था?
(A) हिंसक
(B) अहिंसक

(C) मिश्रित
(D) सीमित
उत्तर: (B)
व्याख्या: अधिकांश आंदोलन अहिंसक थे।

24. गांधीजी का मुख्य उद्देश्य क्या था?
(A) व्यापार
(B) स्वतंत्रता
(C) शिक्षा
(D) धर्म
उत्तर: (B)
व्याख्या: भारत को स्वतंत्र बनाना उनका लक्ष्य था।

25. गांधीजी ने किसका समर्थन किया?
(A) समानता
(B) अहिंसा
(C) सत्य
(D) सभी
उत्तर: (D)
व्याख्या: उन्होंने सभी मूल्यों का समर्थन किया।

26. गांधी युग में कौन सा आंदोलन प्रमुख था?
(A) असहयोग
(B) सविनय अवज्ञा
(C) भारत छोड़ो
(D) सभी
उत्तर: (D)
व्याख्या: सभी आंदोलन महत्वपूर्ण थे।

27. गांधीजी ने किसे समाप्त करने का प्रयास किया?
(A) छुआछूत
(B) गरीबी
(C) असमानता
(D) सभी
उत्तर: (D)
व्याख्या: उन्होंने सामाजिक बुराइयों का विरोध किया।

28. गांधीजी ने किसे हरिजन कहा?
(A) किसान
(B) मजदूर
(C) दलित
(D) व्यापारी
उत्तर: (C)
व्याख्या: उन्होंने दलितों को हरिजन कहा।

29. गांधीजी का प्रभाव किस पर पड़ा?
(A) समाज
(B) राजनीति
(C) संस्कृति
(D) सभी
उत्तर: (D)
व्याख्या: उनका व्यापक प्रभाव था।

30. गांधी युग में प्रेस की भूमिका कैसी थी?
(A) कम
(B) अधिक
(C) नहीं
(D) सीमित

उत्तर: (B)
व्याख्या: प्रेस ने आंदोलन को फैलाया।

31. गांधी युग में शिक्षा का क्या महत्व था?
(A) कम
(B) अधिक
(C) नहीं
(D) सीमित
उत्तर: (B)
व्याख्या: शिक्षा से जागरूकता बढ़ी।

32. गांधी युग में आंदोलन का प्रभाव कैसा था?
(A) सीमित
(B) व्यापक
(C) नहीं
(D) अस्थिर
उत्तर: (B)
व्याख्या: पूरे देश में प्रभाव पड़ा।

33. गांधीजी ने किसका विरोध किया?
(A) अंग्रेज शासन
(B) हिंसा
(C) अन्याय
(D) सभी
उत्तर: (D)
व्याख्या: उन्होंने सभी का विरोध किया।

34. गांधीजी ने किसका समर्थन किया?
(A) स्वराज
(B) अहिंसा
(C) सत्य
(D) सभी
उत्तर: (D)
व्याख्या: उन्होंने सभी मूल्यों को अपनाया।

35. गांधी युग में कौन सा नारा प्रसिद्ध था?
(A) स्वराज
(B) करो या मरो
(C) वंदे मातरम्
(D) सभी
उत्तर: (D)
व्याख्या: कई नारे लोकप्रिय थे।

36. गांधीजी का आंदोलन किस प्रकार का था?
(A) हिंसक
(B) अहिंसक
(C) सीमित
(D) अस्थिर
उत्तर: (B)
व्याख्या: उन्होंने अहिंसक आंदोलन चलाए।

37. गांधीजी ने किसे बढ़ावा दिया?
(A) ग्राम उद्योग
(B) स्वदेशी
(C) आत्मनिर्भरता
(D) सभी
उत्तर: (D)
व्याख्या: उन्होंने आत्मनिर्भरता पर जोर दिया।

38. गांधी युग में कौन सा वर्ग नेतृत्व में था?

(A) शिक्षित वर्ग
(B) किसान
(C) मजदूर
(D) सभी
उत्तर: (D)
व्याख्या: सभी वर्गों ने नेतृत्व किया।

39. गांधीजी का मुख्य साधन क्या था?
(A) हिंसा
(B) सत्याग्रह
(C) युद्ध
(D) व्यापार
उत्तर: (B)
व्याख्या: सत्याग्रह उनका प्रमुख साधन था।

40. गांधी युग में कौन सा आंदोलन अंतिम था?
(A) असहयोग
(B) सविनय अवज्ञा
(C) भारत छोड़ो
(D) चंपारण
उत्तर: (C)
व्याख्या: भारत छोड़ो आंदोलन अंतिम प्रमुख आंदोलन था।

41. गांधीजी का प्रभाव किस पर अधिक था?
(A) समाज
(B) राजनीति
(C) दोनों
(D) कोई नहीं
उत्तर: (C)
व्याख्या: समाज और राजनीति दोनों पर प्रभाव पड़ा।

42. गांधीजी ने किसे अपनाया?
(A) सादगी
(B) सत्य
(C) अहिंसा
(D) सभी
उत्तर: (D)
व्याख्या: उनका जीवन सादगीपूर्ण था।

43. गांधी युग में समाज कैसा था?
(A) जागरूक
(B) अराजक
(C) अस्थिर
(D) सीमित
उत्तर: (A)
व्याख्या: समाज में जागरूकता बढ़ी।

44. गांधीजी ने किसे समाप्त करने का प्रयास किया?
(A) छुआछूत
(B) गरीबी
(C) असमानता
(D) सभी
उत्तर: (D)
व्याख्या: उन्होंने सामाजिक सुधार किए।

45. गांधीजी का मुख्य लक्ष्य क्या था?
(A) व्यापार
(B) स्वतंत्रता
(C) शिक्षा
(D) धर्म
उत्तर: (B)

व्याख्या: स्वतंत्रता प्राप्त करना उनका लक्ष्य था।

46. गांधी युग में आंदोलन का स्वरूप क्या था?

(A) राष्ट्रीय
(B) स्थानीय
(C) सीमित
(D) अस्थिर

उत्तर: (A)

व्याख्या: आंदोलन राष्ट्रीय स्तर पर था।

47. गांधीजी ने किसे प्रेरित किया?

(A) जनता
(B) नेता
(C) युवा
(D) सभी

उत्तर: (D)

व्याख्या: सभी वर्गों को प्रेरित किया।

48. गांधी युग में कौन सा तत्व महत्वपूर्ण था?

(A) सत्य
(B) अहिंसा
(C) स्वराज
(D) सभी

उत्तर: (D)

व्याख्या: सभी तत्व महत्वपूर्ण थे।

49. गांधीजी का आंदोलन किसके खिलाफ था?

(A) अंग्रेज शासन
(B) समाज
(C) धर्म
(D) व्यापार

उत्तर: (A)

व्याख्या: उन्होंने अंग्रेजों के खिलाफ आंदोलन किया।

50. गांधी युग (1919–1947) की सबसे महत्वपूर्ण विशेषता क्या थी?

(A) युद्ध
(B) अहिंसक आंदोलन और जनभागीदारी
(C) व्यापार
(D) शिक्षा

उत्तर: (B)

व्याख्या: इस काल में अहिंसा और जनभागीदारी प्रमुख थी।

Chapter 24: स्वतंत्रता और विभाजन

1. **भारत को स्वतंत्रता कब प्राप्त हुई?**

(A) 1945
(B) 1947
(C) 1950
(D) 1930

उत्तर: (B)

व्याख्या: भारत को 15 अगस्त 1947 को स्वतंत्रता मिली।

2. भारत के विभाजन का मुख्य कारण क्या था?

(A) आर्थिक कारण
(B) धार्मिक मतभेद
(C) राजनीतिक कारण
(D) सभी

उत्तर: (D)

व्याख्या: विभाजन के पीछे कई कारण थे, जिनमें धार्मिक और राजनीतिक कारण प्रमुख थे।

3. भारत का विभाजन किस योजना

के तहत हुआ?
(A) क्रिप्स मिशन
(B) माउंटबेटन योजना
(C) कैबिनेट मिशन
(D) वेल्सली योजना
उत्तर: (B)
व्याख्या: माउंटबेटन योजना के तहत भारत का विभाजन हुआ।

4. भारत के अंतिम वायसराय कौन थे?
(A) लॉर्ड कर्जन
(B) लॉर्ड माउंटबेटन
(C) लॉर्ड डलहौजी
(D) लॉर्ड वेल्सली
उत्तर: (B)
व्याख्या: लॉर्ड माउंटबेटन भारत के अंतिम वायसराय थे।

5. पाकिस्तान का गठन कब हुआ?
(A) 14 अगस्त 1947
(B) 15 अगस्त 1947
(C) 26 जनवरी 1950
(D) 1945
उत्तर: (A)
व्याख्या: पाकिस्तान 14 अगस्त 1947 को बना।

6. भारत के पहले प्रधानमंत्री कौन बने?
(A) महात्मा गांधी
(B) जवाहरलाल नेहरू
(C) सरदार पटेल
(D) राजेंद्र प्रसाद
उत्तर: (B)
व्याख्या: जवाहरलाल नेहरू भारत के पहले प्रधानमंत्री बने।

7. भारत के पहले गवर्नर जनरल कौन थे?
(A) माउंटबेटन
(B) नेहरू
(C) गांधी
(D) पटेल
उत्तर: (A)
व्याख्या: स्वतंत्र भारत के पहले गवर्नर जनरल लॉर्ड माउंटबेटन थे।

8. भारत के पहले राष्ट्रपति कौन थे?
(A) नेहरू
(B) गांधी
(C) राजेंद्र प्रसाद
(D) पटेल
उत्तर: (C)
व्याख्या: डॉ. राजेंद्र प्रसाद पहले राष्ट्रपति थे।

9. विभाजन के समय भारत में कौन सी समस्या उत्पन्न हुई?
(A) शांति
(B) सांप्रदायिक दंगे
(C) व्यापार
(D) शिक्षा
उत्तर: (B)
व्याख्या: विभाजन के समय हिंसा और दंगे हुए।

10. विभाजन के समय किसका विस्थापन हुआ?
(A) किसान
(B) व्यापारी
(C) जनता
(D) सभी
उत्तर: (D)
व्याख्या: लाखों लोग विस्थापित हुए।

11. विभाजन का निर्णय किसने लिया?
(A) कांग्रेस
(B) मुस्लिम लीग
(C) ब्रिटिश सरकार
(D) सभी

उत्तर: (D)
व्याख्या: सभी पक्षों की सहमति से निर्णय हुआ।

12. कैबिनेट मिशन कब आया था?
(A) 1945
(B) 1946
(C) 1947
(D) 1948
उत्तर: (B)
व्याख्या: 1946 में कैबिनेट मिशन भारत आया।

13. कैबिनेट मिशन का उद्देश्य क्या था?
(A) स्वतंत्रता
(B) संविधान बनाना
(C) विभाजन
(D) व्यापार
उत्तर: (B)
व्याख्या: संविधान निर्माण की योजना थी।

14. भारत छोड़ो आंदोलन कब हुआ था?
(A) 1940
(B) 1942
(C) 1945
(D) 1947
उत्तर: (B)
व्याख्या: 1942 में यह आंदोलन हुआ।

15. मुस्लिम लीग के नेता कौन थे?
(A) गांधी
(B) नेहरू
(C) जिन्ना
(D) पटेल
उत्तर: (C)
व्याख्या: मोहम्मद अली जिन्ना मुस्लिम लीग के नेता थे।

16. विभाजन के समय सबसे अधिक प्रभावित क्षेत्र कौन था?
(A) दक्षिण भारत
(B) पंजाब
(C) गुजरात
(D) बिहार
उत्तर: (B)
व्याख्या: पंजाब सबसे अधिक प्रभावित हुआ।

17. विभाजन के समय कौन सी सीमा रेखा बनाई गई?
(A) मैकमोहन रेखा
(B) रेडक्लिफ रेखा
(C) ड्यूरंड रेखा
(D) सीमा रेखा
उत्तर: (B)
व्याख्या: रेडक्लिफ रेखा भारत-पाक सीमा बनी।

18. विभाजन के समय कितने देश बने?
(A) 1
(B) 2
(C) 3
(D) 4
उत्तर: (B)
व्याख्या: भारत और पाकिस्तान दो देश बने।

19. स्वतंत्रता के समय भारत की राजधानी क्या थी?
(A) मुंबई
(B) दिल्ली
(C) कलकत्ता
(D) मद्रास
उत्तर: (B)
व्याख्या: दिल्ली राजधानी थी।

20. स्वतंत्रता के समय भारत का शासन किस प्रकार का था?
(A) लोकतंत्र
(B) उपनिवेश

(C) राजतंत्र
(D) गणतंत्र
उत्तर: (A)
व्याख्या: स्वतंत्र भारत ने लोकतंत्र अपनाया।

21. स्वतंत्रता के समय संविधान लागू हुआ था?
(A) हाँ
(B) नहीं
(C) आंशिक
(D) पता नहीं
उत्तर: (B)
व्याख्या: संविधान 1950 में लागू हुआ।

22. विभाजन के समय कौन सा संगठन प्रमुख था?
(A) कांग्रेस
(B) मुस्लिम लीग
(C) दोनों
(D) कोई नहीं
उत्तर: (C)
व्याख्या: दोनों संगठन महत्वपूर्ण थे।

23. विभाजन के समय हिंसा का कारण क्या था?
(A) धर्म
(B) राजनीति
(C) असुरक्षा
(D) सभी
उत्तर: (D)
व्याख्या: कई कारणों से हिंसा हुई।

24. स्वतंत्रता के समय कौन सा नेता प्रमुख था?
(A) गांधी
(B) नेहरू
(C) पटेल
(D) सभी
उत्तर: (D)
व्याख्या: सभी नेताओं की भूमिका थी।

25. विभाजन के समय कौन सा वर्ग प्रभावित हुआ?
(A) किसान
(B) व्यापारी
(C) मजदूर
(D) सभी
उत्तर: (D)
व्याख्या: सभी वर्ग प्रभावित हुए।

26. स्वतंत्रता के बाद भारत ने कौन सा शासन अपनाया?
(A) राजतंत्र
(B) लोकतंत्र
(C) उपनिवेश
(D) तानाशाही
उत्तर: (B)
व्याख्या: भारत ने लोकतांत्रिक शासन अपनाया।

27. विभाजन के समय कितने लोग विस्थापित हुए?
(A) हजारों
(B) लाखों
(C) करोड़ों
(D) सैकड़ों
उत्तर: (B)
व्याख्या: लाखों लोग विस्थापित हुए।

28. विभाजन के समय कौन सा राज्य सबसे अधिक प्रभावित हुआ?
(A) पंजाब
(B) बंगाल
(C) दोनों
(D) कोई नहीं
उत्तर: (C)
व्याख्या: पंजाब और बंगाल दोनों प्रभावित हुए।

29. स्वतंत्रता के समय भारत का प्रमुख लक्ष्य क्या था?
(A) विकास

(B) शांति
(C) एकता
(D) सभी
उत्तर: (D)
व्याख्या: सभी लक्ष्य महत्वपूर्ण थे।

30. विभाजन के समय कौन सा क्षेत्र विभाजित हुआ?
(A) पंजाब
(B) बंगाल
(C) दोनों
(D) कोई नहीं
उत्तर: (C)
व्याख्या: दोनों क्षेत्रों का विभाजन हुआ।

31. स्वतंत्रता के समय कौन सा वर्ग नेतृत्व में था?
(A) नेता
(B) जनता
(C) दोनों
(D) कोई नहीं
उत्तर: (C)
व्याख्या: दोनों ने भूमिका निभाई।

32. विभाजन के समय कौन सा देश बना?
(A) नेपाल
(B) पाकिस्तान
(C) श्रीलंका
(D) बांग्लादेश
उत्तर: (B)
व्याख्या: पाकिस्तान का गठन हुआ।

33. स्वतंत्रता के समय कौन सा आंदोलन प्रमुख था?
(A) असहयोग
(B) सविनय अवज्ञा
(C) भारत छोड़ो
(D) सभी
उत्तर: (C)
व्याख्या: भारत छोड़ो आंदोलन ने स्वतंत्रता का मार्ग प्रशस्त किया।

34. विभाजन के समय कौन सा नेता मुस्लिम लीग का था?
(A) गांधी
(B) नेहरू
(C) जिन्ना
(D) पटेल
उत्तर: (C)
व्याख्या: जिन्ना मुस्लिम लीग के नेता थे।

35. स्वतंत्रता के समय कौन सा संगठन प्रमुख था?
(A) कांग्रेस
(B) मुस्लिम लीग
(C) दोनों
(D) कोई नहीं
उत्तर: (C)
व्याख्या: दोनों संगठनों की भूमिका थी।

36. विभाजन के समय कौन सा तत्व प्रमुख था?
(A) धर्म
(B) राजनीति
(C) समाज
(D) सभी
उत्तर: (D)
व्याख्या: सभी तत्व शामिल थे।

37. स्वतंत्रता के समय भारत का स्वरूप कैसा था?
(A) एकीकृत
(B) विभाजित
(C) अराजक
(D) सीमित
उत्तर: (B)
व्याख्या: भारत विभाजित हुआ था।

38. विभाजन के समय कौन सा वर्ग सबसे अधिक प्रभावित हुआ?
(A) किसान

(B) महिलाएँ
(C) बच्चे
(D) सभी
उत्तर: (D)
व्याख्या: सभी वर्ग प्रभावित हुए।

39. स्वतंत्रता के समय कौन सा शहर प्रमुख था?
(A) दिल्ली
(B) मुंबई
(C) कलकत्ता
(D) सभी
उत्तर: (D)
व्याख्या: कई शहर महत्वपूर्ण थे।

40. विभाजन के समय कौन सा आंदोलन समाप्त हुआ?
(A) असहयोग
(B) सविनय अवज्ञा
(C) स्वतंत्रता आंदोलन
(D) सभी
उत्तर: (C)
व्याख्या: स्वतंत्रता के साथ आंदोलन समाप्त हुआ।

41. स्वतंत्रता के समय भारत का शासन कैसा था?
(A) लोकतंत्र
(B) राजतंत्र
(C) उपनिवेश
(D) तानाशाही
उत्तर: (A)
व्याख्या: लोकतांत्रिक व्यवस्था अपनाई गई।

42. विभाजन के समय कौन सा क्षेत्र सुरक्षित रहा?
(A) दक्षिण भारत
(B) उत्तर भारत
(C) पश्चिम भारत
(D) पूर्व भारत
उत्तर: (A)
व्याख्या: दक्षिण भारत अपेक्षाकृत सुरक्षित रहा।

43. स्वतंत्रता के समय कौन सा तत्व महत्वपूर्ण था?
(A) एकता
(B) शांति
(C) विकास
(D) सभी
उत्तर: (D)
व्याख्या: सभी महत्वपूर्ण थे।

44. विभाजन के समय कौन सा वर्ग प्रभावित नहीं हुआ?
(A) किसान
(B) व्यापारी
(C) मजदूर
(D) सभी प्रभावित हुए
उत्तर: (D)
व्याख्या: सभी वर्ग प्रभावित हुए।

45. स्वतंत्रता के समय भारत का लक्ष्य क्या था?
(A) विकास
(B) एकता
(C) शांति
(D) सभी
उत्तर: (D)
व्याख्या: सभी लक्ष्य महत्वपूर्ण थे।

46. विभाजन के समय कौन सा देश बाद में बना?
(A) बांग्लादेश
(B) नेपाल
(C) श्रीलंका
(D) भूटान
उत्तर: (A)
व्याख्या: 1971 में बांग्लादेश बना।

47. स्वतंत्रता के समय कौन सा वर्ग सक्रिय था?

(A) नेता
(B) जनता
(C) दोनों
(D) कोई नहीं
उत्तर: (C)
व्याख्या: सभी ने भाग लिया।

48. विभाजन के समय कौन सा तत्व प्रमुख था?
(A) धर्म
(B) राजनीति
(C) असुरक्षा
(D) सभी
उत्तर: (D)
व्याख्या: सभी कारण शामिल थे।

49. स्वतंत्रता के समय कौन सा परिवर्तन हुआ?
(A) शासन परिवर्तन
(B) समाज परिवर्तन
(C) आर्थिक परिवर्तन
(D) सभी
उत्तर: (D)
व्याख्या: सभी क्षेत्रों में बदलाव आया।

50. स्वतंत्रता और विभाजन की सबसे महत्वपूर्ण विशेषता क्या थी?
(A) युद्ध
(B) स्वतंत्रता के साथ विभाजन
(C) व्यापार
(D) शिक्षा
उत्तर: (B)
व्याख्या: भारत को स्वतंत्रता मिली लेकिन विभाजन के साथ।

Chapter 25: आधुनिक भारत के प्रमुख व्यक्तित्व

1. महात्मा गांधी को किस नाम से जाना जाता है?
(A) राष्ट्रपिता
(B) लोकमान्य
(C) गुरुदेव
(D) नेताजी
उत्तर: (A)
व्याख्या: महात्मा गांधी को राष्ट्रपिता कहा जाता है।

2. जवाहरलाल नेहरू भारत के कौन से प्रधानमंत्री थे?
(A) पहले
(B) दूसरे
(C) तीसरे
(D) चौथे
उत्तर: (A)
व्याख्या: नेहरू स्वतंत्र भारत के पहले प्रधानमंत्री थे।

3. डॉ. भीमराव आंबेडकर किसके निर्माता थे?
(A) संविधान
(B) संसद
(C) न्यायालय
(D) शिक्षा
उत्तर: (A)
व्याख्या: आंबेडकर भारतीय संविधान के प्रमुख निर्माता थे।

4. सुभाष चंद्र बोस को किस नाम से जाना जाता है?
(A) गुरुदेव
(B) नेताजी
(C) लोकमान्य
(D) महात्मा
उत्तर: (B)
व्याख्या: सुभाष चंद्र बोस को नेताजी कहा जाता है।

5. सरदार वल्लभभाई पटेल को

किस नाम से जाना जाता है?
(A) राष्ट्रपिता
(B) लौह पुरुष
(C) गुरुदेव
(D) लोकमान्य
उत्तर: (B)
व्याख्या: पटेल को लौह पुरुष कहा जाता है।

6. बाल गंगाधर तिलक का नारा क्या था?
(A) करो या मरो
(B) स्वराज मेरा जन्मसिद्ध अधिकार है
(C) वंदे मातरम्
(D) जय हिंद
उत्तर: (B)
व्याख्या: तिलक ने स्वराज का नारा दिया।

7. रवींद्रनाथ टैगोर को किस नाम से जाना जाता है?
(A) महात्मा
(B) गुरुदेव
(C) नेताजी
(D) लोकमान्य
उत्तर: (B)
व्याख्या: टैगोर को गुरुदेव कहा जाता है।

8. भगत सिंह किसके लिए प्रसिद्ध थे?
(A) शिक्षा
(B) क्रांतिकारी गतिविधियाँ
(C) व्यापार
(D) राजनीति
उत्तर: (B)
व्याख्या: भगत सिंह एक महान क्रांतिकारी थे।

9. चंद्रशेखर आजाद किस आंदोलन से जुड़े थे?
(A) अहिंसक
(B) क्रांतिकारी
(C) सामाजिक
(D) धार्मिक
उत्तर: (B)
व्याख्या: वे क्रांतिकारी आंदोलन से जुड़े थे।

10. लाला लाजपत राय को किस नाम से जाना जाता है?
(A) पंजाब केसरी
(B) नेताजी
(C) गुरुदेव
(D) महात्मा
उत्तर: (A)
व्याख्या: उन्हें पंजाब केसरी कहा जाता है।

11. गोपाल कृष्ण गोखले किस विचारधारा से जुड़े थे?
(A) उग्रवादी
(B) नरमपंथी
(C) क्रांतिकारी
(D) समाजवादी
उत्तर: (B)
व्याख्या: वे नरमपंथी नेता थे।

12. एनी बेसेंट किस आंदोलन से जुड़ी थीं?
(A) स्वदेशी
(B) होम रूल
(C) असहयोग
(D) सविनय अवज्ञा
उत्तर: (B)
व्याख्या: वे होम रूल आंदोलन से जुड़ी थीं।

13. लोकमान्य तिलक का उपनाम क्या था?
(A) गुरुदेव
(B) लोकमान्य

(C) नेताजी
(D) महात्मा
उत्तर: (B)
व्याख्या: उन्हें लोकमान्य कहा जाता है।

14. मदन मोहन मालवीय किस क्षेत्र में प्रसिद्ध थे?
(A) शिक्षा
(B) राजनीति
(C) समाज सुधार
(D) सभी
उत्तर: (D)
व्याख्या: वे सभी क्षेत्रों में सक्रिय थे।

15. राजेंद्र प्रसाद भारत के कौन से राष्ट्रपति थे?
(A) पहले
(B) दूसरे
(C) तीसरे
(D) चौथे
उत्तर: (A)
व्याख्या: वे भारत के पहले राष्ट्रपति थे।

16. सर सैयद अहमद खान किस आंदोलन से जुड़े थे?
(A) आर्य समाज
(B) अलिगढ़ आंदोलन
(C) ब्रह्म समाज
(D) रामकृष्ण मिशन
उत्तर: (B)
व्याख्या: वे अलिगढ़ आंदोलन के संस्थापक थे।

17. दयानंद सरस्वती किसके संस्थापक थे?
(A) ब्रह्म समाज
(B) आर्य समाज
(C) रामकृष्ण मिशन
(D) थियोसोफिकल सोसायटी
उत्तर: (B)
व्याख्या: उन्होंने आर्य समाज की स्थापना की।

18. स्वामी विवेकानंद किसके लिए प्रसिद्ध थे?
(A) राजनीति
(B) आध्यात्मिकता
(C) व्यापार
(D) शिक्षा
उत्तर: (B)
व्याख्या: वे आध्यात्मिक गुरु थे।

19. बिपिन चंद्र पाल किस आंदोलन से जुड़े थे?
(A) नरमपंथी
(B) उग्रवादी
(C) क्रांतिकारी
(D) समाजवादी
उत्तर: (B)
व्याख्या: वे उग्रवादी नेता थे।

20. तात्या टोपे किस विद्रोह से जुड़े थे?
(A) 1857
(B) 1905
(C) 1919
(D) 1942
उत्तर: (A)
व्याख्या: वे 1857 के विद्रोह के नेता थे।

21. झांसी की रानी किसके लिए प्रसिद्ध थीं?
(A) शिक्षा
(B) वीरता
(C) व्यापार
(D) राजनीति
उत्तर: (B)
व्याख्या: वे अपनी वीरता के लिए प्रसिद्ध थीं।

22. सुभाष चंद्र बोस का नारा क्या था?

(A) करो या मरो
(B) जय हिंद
(C) वंदे मातरम्
(D) स्वराज
उत्तर: (B)
व्याख्या: उनका प्रसिद्ध नारा "जय हिंद" था।

23. भगत सिंह का संबंध किस संगठन से था?
(A) कांग्रेस
(B) HSRA
(C) मुस्लिम लीग
(D) आर्य समाज
उत्तर: (B)
व्याख्या: वे हिंदुस्तान सोशलिस्ट रिपब्लिकन एसोसिएशन से जुड़े थे।

24. जवाहरलाल नेहरू किस विचारधारा से जुड़े थे?
(A) समाजवाद
(B) पूंजीवाद
(C) साम्यवाद
(D) कोई नहीं
उत्तर: (A)
व्याख्या: वे समाजवादी विचारधारा से प्रभावित थे।

25. महात्मा गांधी का मुख्य सिद्धांत क्या था?
(A) हिंसा
(B) अहिंसा
(C) युद्ध
(D) व्यापार
उत्तर: (B)
व्याख्या: उन्होंने अहिंसा का पालन किया।

26. सरदार पटेल का योगदान क्या था?
(A) शिक्षा
(B) रियासतों का एकीकरण
(C) व्यापार
(D) धर्म
उत्तर: (B)
व्याख्या: उन्होंने भारत का एकीकरण किया।

27. रवींद्रनाथ टैगोर ने कौन सा गीत लिखा?
(A) वंदे मातरम्
(B) जन गण मन
(C) सारे जहां से अच्छा
(D) जय हिंद
उत्तर: (B)
व्याख्या: उन्होंने राष्ट्रगान लिखा।

28. चंद्रशेखर आजाद का नारा क्या था?
(A) जय हिंद
(B) वंदे मातरम्
(C) आजाद रहेंगे
(D) करो या मरो
उत्तर: (C)
व्याख्या: वे आजादी के लिए समर्पित थे।

29. लाला लाजपत राय किस आंदोलन से जुड़े थे?
(A) उग्रवादी
(B) नरमपंथी
(C) क्रांतिकारी
(D) समाजवादी
उत्तर: (A)
व्याख्या: वे गरम दल के नेता थे।

30. गोखले किस संगठन से जुड़े थे?
(A) कांग्रेस
(B) मुस्लिम लीग
(C) आर्य समाज
(D) रामकृष्ण मिशन
उत्तर: (A)

व्याख्या: वे कांग्रेस के नेता थे।

31. एनी बेसेंट का मुख्य कार्य क्या था?
(A) शिक्षा
(B) राजनीति
(C) समाज सुधार
(D) सभी
उत्तर: (D)
व्याख्या: वे कई क्षेत्रों में सक्रिय थीं।

32. मदन मोहन मालवीय ने किस विश्वविद्यालय की स्थापना की?
(A) BHU
(B) DU
(C) AMU
(D) JNU
उत्तर: (A)
व्याख्या: उन्होंने बनारस हिंदू विश्वविद्यालय की स्थापना की।

33. आंबेडकर का मुख्य कार्य क्या था?
(A) राजनीति
(B) समाज सुधार
(C) संविधान निर्माण
(D) सभी
उत्तर: (D)
व्याख्या: उन्होंने कई क्षेत्रों में योगदान दिया।

34. सुभाष चंद्र बोस ने किस सेना का गठन किया?
(A) INA
(B) सेना
(C) पुलिस
(D) नौसेना
उत्तर: (A)
व्याख्या: उन्होंने आजाद हिंद फौज बनाई।

35. भगत सिंह को कब फांसी दी गई?
(A) 1920
(B) 1931
(C) 1942
(D) 1919
उत्तर: (B)
व्याख्या: 1931 में उन्हें फांसी दी गई।

36. नेहरू का संबंध किस आंदोलन से था?
(A) असहयोग
(B) सविनय अवज्ञा
(C) भारत छोड़ो
(D) सभी
उत्तर: (D)
व्याख्या: वे सभी आंदोलनों में शामिल थे।

37. गांधीजी ने किसे हरिजन कहा?
(A) किसान
(B) मजदूर
(C) दलित
(D) व्यापारी
उत्तर: (C)
व्याख्या: उन्होंने दलितों को हरिजन कहा।

38. पटेल का मुख्य कार्य क्या था?
(A) शिक्षा
(B) एकीकरण
(C) व्यापार
(D) धर्म
उत्तर: (B)
व्याख्या: उन्होंने रियासतों का विलय किया।

39. विवेकानंद का मुख्य संदेश क्या था?
(A) शिक्षा
(B) आध्यात्मिकता
(C) सेवा

(D) सभी
उत्तर: (D)
व्याख्या: उन्होंने सभी का संदेश दिया।

40. तिलक का संबंध किस आंदोलन से था?
(A) स्वदेशी
(B) असहयोग
(C) सविनय अवज्ञा
(D) भारत छोड़ो
उत्तर: (A)
व्याख्या: वे स्वदेशी आंदोलन से जुड़े थे।

41. राजेंद्र प्रसाद का मुख्य कार्य क्या था?
(A) राजनीति
(B) संविधान
(C) शिक्षा
(D) सभी
उत्तर: (D)
व्याख्या: उन्होंने कई क्षेत्रों में योगदान दिया।

42. सुभाष बोस का लक्ष्य क्या था?
(A) स्वतंत्रता
(B) शिक्षा
(C) व्यापार
(D) धर्म
उत्तर: (A)
व्याख्या: वे स्वतंत्रता के लिए संघर्षरत थे।

43. भगत सिंह का मुख्य उद्देश्य क्या था?
(A) व्यापार
(B) स्वतंत्रता
(C) शिक्षा
(D) धर्म
उत्तर: (B)
व्याख्या: उनका लक्ष्य स्वतंत्रता था।

44. आंबेडकर का संबंध किससे था?
(A) समाज सुधार
(B) राजनीति
(C) शिक्षा
(D) सभी
उत्तर: (D)
व्याख्या: वे बहुआयामी व्यक्तित्व थे।

45. गांधीजी का प्रभाव किस पर था?
(A) समाज
(B) राजनीति
(C) विश्व
(D) सभी
उत्तर: (D)
व्याख्या: उनका वैश्विक प्रभाव था।

46. नेहरू का मुख्य योगदान क्या था?
(A) शिक्षा
(B) राजनीति
(C) विकास
(D) सभी
उत्तर: (D)
व्याख्या: उन्होंने कई क्षेत्रों में योगदान दिया।

47. पटेल को किस नाम से जाना जाता है?
(A) महात्मा
(B) लौह पुरुष
(C) नेताजी
(D) गुरुदेव
उत्तर: (B)
व्याख्या: उन्हें लौह पुरुष कहा जाता है।

48. टैगोर का मुख्य क्षेत्र क्या था?
(A) साहित्य
(B) राजनीति
(C) व्यापार

(D) शिक्षा
उत्तर: (A)
व्याख्या: वे महान साहित्यकार थे।

49. विवेकानंद का संबंध किससे था?
(A) धर्म
(B) समाज
(C) शिक्षा
(D) सभी
उत्तर: (D)
व्याख्या: वे सभी क्षेत्रों में प्रभावशाली थे।

50. आधुनिक भारत के प्रमुख व्यक्तित्वों की सबसे महत्वपूर्ण विशेषता क्या थी?
(A) युद्ध
(B) राष्ट्र निर्माण में योगदान
(C) व्यापार
(D) शिक्षा
उत्तर: (B)
व्याख्या: इन सभी व्यक्तियों ने राष्ट्र निर्माण में महत्वपूर्ण भूमिका निभाई।

Chapter 27: धर्म सुधार आंदोलन

1. धर्म सुधार आंदोलन की शुरुआत कहाँ हुई?
(A) इंग्लैंड
(B) फ्रांस
(C) जर्मनी
(D) इटली
उत्तर: (C)
व्याख्या: धर्म सुधार आंदोलन की शुरुआत जर्मनी में हुई।

2. धर्म सुधार आंदोलन का नेतृत्व किसने किया?
(A) मार्टिन लूथर
(B) कैल्विन
(C) ज्विंगली
(D) सभी
उत्तर: (D)
व्याख्या: इन सभी नेताओं ने आंदोलन का नेतृत्व किया।

3. मार्टिन लूथर ने कितने सिद्धांत प्रस्तुत किए थे?
(A) 90
(B) 95
(C) 100
(D) 105
उत्तर: (B)
व्याख्या: मार्टिन लूथर ने 95 थीसिस प्रस्तुत किए।

4. धर्म सुधार आंदोलन का मुख्य उद्देश्य क्या था?
(A) व्यापार
(B) चर्च में सुधार
(C) युद्ध
(D) शिक्षा
उत्तर: (B)
व्याख्या: चर्च की कुरीतियों को समाप्त करना इसका उद्देश्य था।

5. यह आंदोलन किसके खिलाफ था?
(A) राजा

(B) चर्च
(C) समाज
(D) शिक्षा
उत्तर: (B)
व्याख्या: यह कैथोलिक चर्च के भ्रष्टाचार के खिलाफ था।

6. मार्टिन लूथर किस देश के थे?
(A) फ्रांस
(B) जर्मनी
(C) इंग्लैंड
(D) इटली
उत्तर: (B)
व्याख्या: वे जर्मनी के निवासी थे।

7. प्रोटेस्टेंट शब्द का अर्थ क्या है?
(A) विरोध करना
(B) समर्थन करना
(C) शिक्षा
(D) धर्म
उत्तर: (A)
व्याख्या: प्रोटेस्टेंट का अर्थ विरोध करने वाला है।

8. धर्म सुधार आंदोलन का परिणाम क्या हुआ?
(A) नया धर्म
(B) प्रोटेस्टेंट धर्म
(C) युद्ध
(D) शिक्षा
उत्तर: (B)
व्याख्या: प्रोटेस्टेंट धर्म का उदय हुआ।

9. जॉन कैल्विन किस देश से संबंधित थे?
(A) जर्मनी
(B) फ्रांस
(C) इंग्लैंड
(D) इटली
उत्तर: (B)
व्याख्या: वे फ्रांस से थे।

10. ज्विंगली किस देश से संबंधित थे?
(A) स्विट्जरलैंड
(B) जर्मनी
(C) फ्रांस
(D) इंग्लैंड
उत्तर: (A)
व्याख्या: वे स्विट्जरलैंड के थे।

11. धर्म सुधार आंदोलन का प्रभाव किस पर पड़ा?
(A) धर्म
(B) समाज
(C) राजनीति
(D) सभी
उत्तर: (D)
व्याख्या: सभी क्षेत्रों में प्रभाव पड़ा।

12. धर्म सुधार आंदोलन का मुख्य कारण क्या था?
(A) भ्रष्टाचार
(B) अंधविश्वास
(C) धार्मिक असंतोष
(D) सभी
उत्तर: (D)
व्याख्या: कई कारणों से यह आंदोलन हुआ।

13. चर्च में कौन सी प्रथा का विरोध हुआ?

(A) शिक्षा
(B) क्षमापत्र
(C) व्यापार
(D) युद्ध

उत्तर: (B)

व्याख्या: क्षमापत्र (Indulgences) का विरोध किया गया।

14. क्षमापत्र का क्या अर्थ था?

(A) शिक्षा
(B) पापों की माफी
(C) व्यापार
(D) युद्ध

उत्तर: (B)

व्याख्या: पैसे देकर पापों की माफी प्राप्त करना।

15. धर्म सुधार आंदोलन का प्रभाव शिक्षा पर कैसा था?

(A) वृद्धि
(B) कमी
(C) नहीं
(D) सीमित

उत्तर: (A)

व्याख्या: शिक्षा का विकास हुआ।

16. धर्म सुधार आंदोलन का प्रभाव समाज पर कैसा था?

(A) सकारात्मक
(B) नकारात्मक
(C) मिश्रित
(D) कोई नहीं

उत्तर: (A)

व्याख्या: समाज में सुधार हुआ।

17. धर्म सुधार आंदोलन का प्रभाव राजनीति पर कैसा था?

(A) कम
(B) अधिक
(C) नहीं
(D) सीमित

उत्तर: (B)

व्याख्या: राजनीतिक बदलाव आए।

18. प्रोटेस्टेंट धर्म का मुख्य सिद्धांत क्या था?

(A) चर्च की सत्ता
(B) व्यक्तिगत विश्वास
(C) युद्ध
(D) व्यापार

उत्तर: (B)

व्याख्या: व्यक्तिगत विश्वास पर जोर दिया गया।

19. धर्म सुधार आंदोलन के समय कौन सा वर्ग सक्रिय था?

(A) धार्मिक नेता
(B) विद्वान
(C) जनता
(D) सभी

उत्तर: (D)

व्याख्या: सभी वर्गों ने भाग लिया।

20. धर्म सुधार आंदोलन का मुख्य परिणाम क्या था?

(A) नया धर्म
(B) सुधार

(C) संघर्ष
(D) सभी
उत्तर: (D)
व्याख्या: कई परिणाम सामने आए।

21. इंग्लैंड में धर्म सुधार आंदोलन किसके समय हुआ?
(A) हेनरी अष्टम
(B) लूथर
(C) कैल्विन
(D) ज्विंगली
उत्तर: (A)
व्याख्या: हेनरी VIII के समय इंग्लैंड में सुधार हुआ।

22. इंग्लैंड में चर्च का प्रमुख कौन बना?
(A) पोप
(B) राजा
(C) मंत्री
(D) जनता
उत्तर: (B)
व्याख्या: राजा चर्च का प्रमुख बना।

23. धर्म सुधार आंदोलन का मुख्य उद्देश्य क्या था?
(A) व्यापार
(B) धर्म सुधार
(C) शिक्षा
(D) युद्ध
उत्तर: (B)
व्याख्या: धार्मिक सुधार इसका उद्देश्य था।

24. धर्म सुधार आंदोलन का प्रभाव किस पर नहीं पड़ा?
(A) धर्म
(B) समाज
(C) राजनीति
(D) कोई नहीं
उत्तर: (D)
व्याख्या: सभी प्रभावित हुए।

25. धर्म सुधार आंदोलन का मुख्य विचार क्या था?
(A) सुधार
(B) विरोध
(C) स्वतंत्रता
(D) सभी
उत्तर: (D)
व्याख्या: सभी विचार शामिल थे।

26. धर्म सुधार आंदोलन का प्रभाव किस क्षेत्र में अधिक था?
(A) यूरोप
(B) एशिया
(C) अफ्रीका
(D) अमेरिका
उत्तर: (A)
व्याख्या: यूरोप में इसका प्रभाव अधिक था।

27. धर्म सुधार आंदोलन का मुख्य कारण क्या था?
(A) चर्च का भ्रष्टाचार
(B) धार्मिक असंतोष
(C) शिक्षा का विकास
(D) सभी
उत्तर: (D)

व्याख्या: सभी कारण जिम्मेदार थे।

28. धर्म सुधार आंदोलन का परिणाम क्या था?

(A) संघर्ष
(B) सुधार
(C) नया धर्म
(D) सभी

उत्तर: (D)

व्याख्या: कई परिणाम हुए।

29. धर्म सुधार आंदोलन का प्रभाव समाज पर क्या था?

(A) सुधार
(B) जागरूकता
(C) विकास
(D) सभी

उत्तर: (D)

व्याख्या: समाज में परिवर्तन आया।

30. धर्म सुधार आंदोलन का प्रभाव शिक्षा पर क्या था?

(A) वृद्धि
(B) कमी
(C) नहीं
(D) सीमित

उत्तर: (A)

व्याख्या: शिक्षा का प्रसार हुआ।

31. धर्म सुधार आंदोलन में कौन सा तत्व महत्वपूर्ण था?

(A) तर्क
(B) सुधार
(C) स्वतंत्रता
(D) सभी

उत्तर: (D)

व्याख्या: सभी तत्व महत्वपूर्ण थे।

32. धर्म सुधार आंदोलन का मुख्य केंद्र कौन सा था?

(A) जर्मनी
(B) फ्रांस
(C) इंग्लैंड
(D) सभी

उत्तर: (D)

व्याख्या: कई देशों में यह फैला।

33. धर्म सुधार आंदोलन का प्रभाव राजनीति पर क्या था?

(A) परिवर्तन
(B) सुधार
(C) जागरूकता
(D) सभी

उत्तर: (D)

व्याख्या: राजनीतिक बदलाव हुए।

34. धर्म सुधार आंदोलन का मुख्य उद्देश्य क्या था?

(A) धर्म सुधार
(B) शिक्षा
(C) व्यापार
(D) युद्ध

उत्तर: (A)

व्याख्या: धर्म में सुधार करना था।

35. धर्म सुधार आंदोलन का प्रभाव किस पर पड़ा?

(A) व्यक्ति
(B) समाज
(C) धर्म

(D) सभी
उत्तर: (D)
व्याख्या: सभी प्रभावित हुए।

36. धर्म सुधार आंदोलन का मुख्य परिणाम क्या था?
(A) सुधार
(B) नया धर्म
(C) संघर्ष
(D) सभी
उत्तर: (D)
व्याख्या: सभी परिणाम सामने आए।

37. धर्म सुधार आंदोलन का प्रभाव व्यक्ति पर क्या था?
(A) स्वतंत्रता
(B) जागरूकता
(C) विश्वास
(D) सभी
उत्तर: (D)
व्याख्या: व्यक्ति में बदलाव आया।

38. धर्म सुधार आंदोलन का प्रभाव धर्म पर क्या था?
(A) विभाजन
(B) सुधार
(C) नया धर्म
(D) सभी
उत्तर: (D)
व्याख्या: धर्म में विभाजन और सुधार हुआ।

39. धर्म सुधार आंदोलन का प्रभाव किस पर अधिक था?
(A) यूरोप
(B) एशिया
(C) अफ्रीका
(D) अमेरिका
उत्तर: (A)
व्याख्या: यूरोप सबसे अधिक प्रभावित हुआ।

40. धर्म सुधार आंदोलन का मुख्य विचार क्या था?
(A) स्वतंत्रता
(B) सुधार
(C) तर्क
(D) सभी
उत्तर: (D)
व्याख्या: सभी विचार शामिल थे।

41. धर्म सुधार आंदोलन का प्रभाव समाज पर क्या था?
(A) सुधार
(B) विकास
(C) जागरूकता
(D) सभी
उत्तर: (D)
व्याख्या: समाज में व्यापक परिवर्तन हुआ।

42. धर्म सुधार आंदोलन का प्रभाव शिक्षा पर क्या था?
(A) वृद्धि
(B) कमी
(C) नहीं
(D) सीमित
उत्तर: (A)
व्याख्या: शिक्षा में सुधार हुआ।

43. धर्म सुधार आंदोलन का प्रभाव राजनीति पर क्या था?

(A) परिवर्तन

(B) सुधार

(C) जागरूकता

(D) सभी

उत्तर: (D)

व्याख्या: राजनीति में बदलाव आया।

44. धर्म सुधार आंदोलन का मुख्य उद्देश्य क्या था?

(A) सुधार

(B) शिक्षा

(C) व्यापार

(D) युद्ध

उत्तर: (A)

व्याख्या: सुधार करना मुख्य उद्देश्य था।

45. धर्म सुधार आंदोलन का प्रभाव किस पर पड़ा?

(A) समाज

(B) धर्म

(C) राजनीति

(D) सभी

उत्तर: (D)

व्याख्या: सभी प्रभावित हुए।

46. धर्म सुधार आंदोलन का मुख्य परिणाम क्या था?

(A) नया धर्म

(B) सुधार

(C) संघर्ष

(D) सभी

उत्तर: (D)

व्याख्या: सभी परिणाम हुए।

47. धर्म सुधार आंदोलन का प्रभाव व्यक्ति पर क्या था?

(A) स्वतंत्रता

(B) जागरूकता

(C) विश्वास

(D) सभी

उत्तर: (D)

व्याख्या: व्यक्ति में परिवर्तन आया।

48. धर्म सुधार आंदोलन का प्रभाव धर्म पर क्या था?

(A) सुधार

(B) विभाजन

(C) नया धर्म

(D) सभी

उत्तर: (D)

व्याख्या: सभी परिवर्तन हुए।

49. धर्म सुधार आंदोलन का मुख्य विचार क्या था?

(A) सुधार

(B) तर्क

(C) स्वतंत्रता

(D) सभी

उत्तर: (D)

व्याख्या: सभी विचार महत्वपूर्ण थे।

50. धर्म सुधार आंदोलन की सबसे महत्वपूर्ण विशेषता क्या थी?

(A) युद्ध

(B) धार्मिक सुधार और स्वतंत्रता

(C) व्यापार

(D) शिक्षा
उत्तर: (B)
व्याख्या: इस आंदोलन ने धार्मिक सुधार और स्वतंत्रता को बढ़ावा दिया।

Chapter 28: औद्योगिक क्रांति

1. औद्योगिक क्रांति की शुरुआत कहाँ हुई?
(A) फ्रांस
(B) जर्मनी
(C) इंग्लैंड
(D) अमेरिका
उत्तर: (C)
व्याख्या: औद्योगिक क्रांति की शुरुआत इंग्लैंड में हुई।

2. औद्योगिक क्रांति कब शुरू हुई?
(A) 16वीं सदी
(B) 18वीं सदी
(C) 20वीं सदी
(D) 14वीं सदी
उत्तर: (B)
व्याख्या: यह 18वीं सदी में शुरू हुई।

3. औद्योगिक क्रांति का मुख्य आधार क्या था?
(A) कृषि
(B) मशीनें
(C) व्यापार
(D) शिक्षा
उत्तर: (B)
व्याख्या: मशीनों के उपयोग से उत्पादन बढ़ा।

4. औद्योगिक क्रांति का मुख्य प्रभाव किस पर पड़ा?
(A) कृषि
(B) उद्योग
(C) समाज
(D) सभी
उत्तर: (D)
व्याख्या: सभी क्षेत्रों में परिवर्तन हुआ।

5. भाप इंजन का आविष्कार किसने किया?
(A) जेम्स वाट
(B) न्यूटन
(C) एडिसन
(D) गैलीलियो
उत्तर: (A)
व्याख्या: जेम्स वाट ने भाप इंजन में सुधार किया।

6. औद्योगिक क्रांति का मुख्य कारण क्या था?
(A) संसाधन
(B) तकनीकी विकास
(C) पूंजी
(D) सभी
उत्तर: (D)
व्याख्या: सभी कारणों से यह क्रांति संभव हुई।

7. औद्योगिक क्रांति का प्रभाव उत्पादन पर कैसा था?
(A) कमी
(B) वृद्धि
(C) स्थिर

(D) अस्थिर

उत्तर: (B)

व्याख्या: उत्पादन में तेजी से वृद्धि हुई।

8. औद्योगिक क्रांति का प्रभाव श्रमिकों पर कैसा था?

(A) सकारात्मक

(B) नकारात्मक

(C) मिश्रित

(D) कोई नहीं

उत्तर: (C)

व्याख्या: श्रमिकों को लाभ और हानि दोनों हुए।

9. औद्योगिक क्रांति में कौन सा उद्योग प्रमुख था?

(A) वस्त्र उद्योग

(B) कृषि

(C) शिक्षा

(D) व्यापार

उत्तर: (A)

व्याख्या: वस्त्र उद्योग सबसे प्रमुख था।

10. स्पिनिंग जेनी का आविष्कार किसने किया?

(A) जेम्स हार्ग्रीव्स

(B) जेम्स वाट

(C) आर्कराइट

(D) न्यूटन

उत्तर: (A)

व्याख्या: यह वस्त्र उद्योग में महत्वपूर्ण आविष्कार था।

11. वाटर फ्रेम का आविष्कार किसने किया?

(A) आर्कराइट

(B) वाट

(C) हार्ग्रीव्स

(D) एडिसन

उत्तर: (A)

व्याख्या: आर्कराइट ने इसका आविष्कार किया।

12. पावर लूम का आविष्कार किसने किया?

(A) कार्टराइट

(B) वाट

(C) हार्ग्रीव्स

(D) न्यूटन

उत्तर: (A)

व्याख्या: कार्टराइट ने पावर लूम बनाया।

13. औद्योगिक क्रांति का प्रभाव परिवहन पर कैसा था?

(A) कमी

(B) वृद्धि

(C) नहीं

(D) सीमित

उत्तर: (B)

व्याख्या: रेल और जहाजों का विकास हुआ।

14. रेलवे का विकास किस क्रांति का परिणाम था?

(A) कृषि

(B) औद्योगिक

(C) सामाजिक

(D) धार्मिक

उत्तर: (B)
व्याख्या: औद्योगिक क्रांति के कारण रेलवे विकसित हुआ।

15. औद्योगिक क्रांति का प्रभाव शहरीकरण पर कैसा था?
(A) कमी
(B) वृद्धि
(C) नहीं
(D) सीमित
उत्तर: (B)
व्याख्या: शहरों की संख्या बढ़ी।

16. औद्योगिक क्रांति का मुख्य परिणाम क्या था?
(A) उत्पादन वृद्धि
(B) शहरीकरण
(C) तकनीकी विकास
(D) सभी
उत्तर: (D)
व्याख्या: सभी परिणाम सामने आए।

17. औद्योगिक क्रांति का प्रभाव समाज पर कैसा था?
(A) सकारात्मक
(B) नकारात्मक
(C) मिश्रित
(D) कोई नहीं
उत्तर: (C)
व्याख्या: समाज में मिश्रित प्रभाव पड़ा।

18. औद्योगिक क्रांति का प्रभाव कृषि पर कैसा था?
(A) कमी
(B) वृद्धि
(C) नहीं
(D) सीमित
उत्तर: (B)
व्याख्या: कृषि में भी सुधार हुआ।

19. औद्योगिक क्रांति का मुख्य केंद्र कौन सा देश था?
(A) फ्रांस
(B) इंग्लैंड
(C) जर्मनी
(D) अमेरिका
उत्तर: (B)
व्याख्या: इंग्लैंड इसका केंद्र था।

20. औद्योगिक क्रांति का प्रभाव व्यापार पर कैसा था?
(A) कमी
(B) वृद्धि
(C) नहीं
(D) सीमित
उत्तर: (B)
व्याख्या: व्यापार का विस्तार हुआ।

21. औद्योगिक क्रांति का प्रभाव शिक्षा पर कैसा था?
(A) वृद्धि
(B) कमी
(C) नहीं
(D) सीमित
उत्तर: (A)
व्याख्या: तकनीकी शिक्षा का विकास हुआ।

22. औद्योगिक क्रांति का संबंध किससे था?

(A) मशीन
(B) उद्योग
(C) उत्पादन
(D) सभी
उत्तर: (D)
व्याख्या: सभी जुड़े थे।

23. औद्योगिक क्रांति में कौन सा वर्ग प्रमुख था?
(A) पूंजीपति
(B) श्रमिक
(C) किसान
(D) सभी
उत्तर: (D)
व्याख्या: सभी वर्ग शामिल थे।

24. औद्योगिक क्रांति का प्रभाव पर्यावरण पर कैसा था?
(A) सकारात्मक
(B) नकारात्मक
(C) नहीं
(D) सीमित
उत्तर: (B)
व्याख्या: प्रदूषण बढ़ा।

25. औद्योगिक क्रांति का मुख्य उद्देश्य क्या था?
(A) उत्पादन बढ़ाना
(B) व्यापार
(C) शिक्षा
(D) युद्ध
उत्तर: (A)
व्याख्या: उत्पादन बढ़ाना मुख्य उद्देश्य था।

26. औद्योगिक क्रांति का प्रभाव जीवन स्तर पर कैसा था?
(A) सुधार
(B) गिरावट
(C) मिश्रित
(D) कोई नहीं
उत्तर: (C)
व्याख्या: कुछ सुधार हुए, कुछ समस्याएँ भी बढ़ीं।

27. औद्योगिक क्रांति का प्रभाव महिलाओं पर कैसा था?
(A) सकारात्मक
(B) नकारात्मक
(C) मिश्रित
(D) कोई नहीं
उत्तर: (C)
व्याख्या: महिलाओं को काम मिला, पर शोषण भी हुआ।

28. औद्योगिक क्रांति का प्रभाव बच्चों पर कैसा था?
(A) सकारात्मक
(B) नकारात्मक
(C) मिश्रित
(D) कोई नहीं
उत्तर: (B)
व्याख्या: बाल श्रम बढ़ा।

29. औद्योगिक क्रांति का मुख्य साधन क्या था?
(A) मशीन
(B) कृषि
(C) शिक्षा

(D) व्यापार
उत्तर: (A)
व्याख्या: मशीनों का उपयोग प्रमुख था।

30. औद्योगिक क्रांति का प्रभाव किस क्षेत्र में नहीं पड़ा?
(A) उद्योग
(B) समाज
(C) राजनीति
(D) कोई नहीं
उत्तर: (D)
व्याख्या: सभी क्षेत्रों में प्रभाव पड़ा।

31. औद्योगिक क्रांति का प्रभाव परिवहन पर क्या था?
(A) वृद्धि
(B) कमी
(C) नहीं
(D) सीमित
उत्तर: (A)
व्याख्या: रेल और जहाज विकसित हुए।

32. औद्योगिक क्रांति का प्रभाव उत्पादन पर क्या था?
(A) वृद्धि
(B) कमी
(C) स्थिर
(D) अस्थिर
उत्तर: (A)
व्याख्या: उत्पादन बढ़ा।

33. औद्योगिक क्रांति का प्रभाव समाज पर क्या था?
(A) सुधार
(B) समस्या
(C) विकास
(D) सभी
उत्तर: (D)
व्याख्या: सभी प्रकार के प्रभाव हुए।

34. औद्योगिक क्रांति का मुख्य कारण क्या था?
(A) तकनीक
(B) पूंजी
(C) संसाधन
(D) सभी
उत्तर: (D)
व्याख्या: सभी कारण जिम्मेदार थे।

35. औद्योगिक क्रांति का प्रभाव व्यापार पर क्या था?
(A) वृद्धि
(B) कमी
(C) नहीं
(D) सीमित
उत्तर: (A)
व्याख्या: व्यापार का विस्तार हुआ।

36. औद्योगिक क्रांति का प्रभाव शिक्षा पर क्या था?
(A) वृद्धि
(B) कमी
(C) नहीं
(D) सीमित
उत्तर: (A)
व्याख्या: तकनीकी शिक्षा बढ़ी।

37. औद्योगिक क्रांति का प्रभाव पर्यावरण पर क्या था?

(A) सकारात्मक
(B) नकारात्मक
(C) नहीं
(D) सीमित
उत्तर: (B)
व्याख्या: प्रदूषण बढ़ा।

38. औद्योगिक क्रांति का प्रभाव श्रमिकों पर क्या था?
(A) सकारात्मक
(B) नकारात्मक
(C) मिश्रित
(D) कोई नहीं
उत्तर: (C)
व्याख्या: लाभ और हानि दोनों हुए।

39. औद्योगिक क्रांति का मुख्य परिणाम क्या था?
(A) विकास
(B) शहरीकरण
(C) उत्पादन वृद्धि
(D) सभी
उत्तर: (D)
व्याख्या: सभी परिणाम सामने आए।

40. औद्योगिक क्रांति का प्रभाव जीवन स्तर पर क्या था?
(A) सुधार
(B) गिरावट
(C) मिश्रित
(D) कोई नहीं
उत्तर: (C)
व्याख्या: मिश्रित प्रभाव पड़ा।

41. औद्योगिक क्रांति का प्रभाव महिलाओं पर क्या था?
(A) सकारात्मक
(B) नकारात्मक
(C) मिश्रित
(D) कोई नहीं
उत्तर: (C)
व्याख्या: दोनों प्रकार के प्रभाव हुए।

42. औद्योगिक क्रांति का प्रभाव बच्चों पर क्या था?
(A) सकारात्मक
(B) नकारात्मक
(C) मिश्रित
(D) कोई नहीं
उत्तर: (B)
व्याख्या: बाल श्रम बढ़ा।

43. औद्योगिक क्रांति का मुख्य उद्देश्य क्या था?
(A) उत्पादन
(B) व्यापार
(C) शिक्षा
(D) युद्ध
उत्तर: (A)
व्याख्या: उत्पादन बढ़ाना मुख्य उद्देश्य था।

44. औद्योगिक क्रांति का प्रभाव किस पर पड़ा?
(A) उद्योग
(B) समाज
(C) अर्थव्यवस्था
(D) सभी
उत्तर: (D)

व्याख्या: सभी प्रभावित हुए।

45. औद्योगिक क्रांति का मुख्य केंद्र कौन सा था?

(A) इंग्लैंड
(B) फ्रांस
(C) जर्मनी
(D) अमेरिका

उत्तर: (A)

व्याख्या: इंग्लैंड इसका केंद्र था।

46. औद्योगिक क्रांति का प्रभाव किस पर अधिक था?

(A) यूरोप
(B) एशिया
(C) अफ्रीका
(D) अमेरिका

उत्तर: (A)

व्याख्या: यूरोप अधिक प्रभावित हुआ।

47. औद्योगिक क्रांति का प्रभाव किस क्षेत्र में पड़ा?

(A) उद्योग
(B) समाज
(C) अर्थव्यवस्था
(D) सभी

उत्तर: (D)

व्याख्या: सभी क्षेत्रों में प्रभाव पड़ा।

48. औद्योगिक क्रांति का मुख्य विचार क्या था?

(A) उत्पादन
(B) मशीन
(C) विकास
(D) सभी

उत्तर: (D)

व्याख्या: सभी विचार महत्वपूर्ण थे।

49. औद्योगिक क्रांति का प्रभाव व्यक्ति पर क्या था?

(A) विकास
(B) समस्या
(C) जागरूकता
(D) सभी

उत्तर: (D)

व्याख्या: व्यक्ति पर व्यापक प्रभाव पड़ा।

50. औद्योगिक क्रांति की सबसे महत्वपूर्ण विशेषता क्या थी?

(A) युद्ध
(B) मशीनों द्वारा उत्पादन में वृद्धि
(C) व्यापार
(D) शिक्षा

उत्तर: (B)

व्याख्या: मशीनों के उपयोग से उत्पादन में तेजी आई।

Chapter 29: अमेरिकी स्वतंत्रता संग्राम

1. अमेरिकी स्वतंत्रता संग्राम कब शुरू हुआ?

(A) 1770
(B) 1775
(C) 1789
(D) 1800

उत्तर: (B)

व्याख्या: अमेरिकी स्वतंत्रता संग्राम

1775 में शुरू हुआ।

2. अमेरिकी स्वतंत्रता संग्राम किसके खिलाफ था?

(A) फ्रांस
(B) इंग्लैंड
(C) स्पेन
(D) जर्मनी

उत्तर: (B)

व्याख्या: यह इंग्लैंड के खिलाफ लड़ा गया।

3. अमेरिका की स्वतंत्रता की घोषणा कब हुई?

(A) 1775
(B) 1776
(C) 1783
(D) 1789

उत्तर: (B)

व्याख्या: 4 जुलाई 1776 को स्वतंत्रता की घोषणा हुई।

4. स्वतंत्रता घोषणा पत्र किसने लिखा?

(A) जॉर्ज वाशिंगटन
(B) थॉमस जेफरसन
(C) जॉन एडम्स
(D) लिंकन

उत्तर: (B)

व्याख्या: थॉमस जेफरसन ने इसे लिखा।

5. अमेरिकी स्वतंत्रता संग्राम का मुख्य कारण क्या था?

(A) कर नीति
(B) राजनीतिक असंतोष
(C) स्वतंत्रता की इच्छा
(D) सभी

उत्तर: (D)

व्याख्या: कई कारणों से यह संग्राम हुआ।

6. "नो टैक्सेशन विदाउट रिप्रेजेंटेशन" का क्या अर्थ है?

(A) कर देना
(B) बिना प्रतिनिधित्व के कर नहीं
(C) व्यापार
(D) शिक्षा

उत्तर: (B)

व्याख्या: उपनिवेशों ने बिना प्रतिनिधित्व के कर का विरोध किया।

7. अमेरिकी सेना का नेतृत्व किसने किया?

(A) वाशिंगटन
(B) जेफरसन
(C) एडम्स
(D) फ्रैंकलिन

उत्तर: (A)

व्याख्या: जॉर्ज वाशिंगटन ने नेतृत्व किया।

8. अमेरिका को स्वतंत्रता कब मिली?

(A) 1776
(B) 1783
(C) 1789
(D) 1800

उत्तर: (B)

व्याख्या: 1783 की पेरिस संधि से स्वतंत्रता मिली।

9. पेरिस संधि कब हुई?

(A) 1776

(B) 1783

(C) 1789

(D) 1800

उत्तर: (B)

व्याख्या: 1783 में पेरिस संधि हुई।

10. बोस्टन टी पार्टी क्या थी?

(A) युद्ध

(B) कर विरोध

(C) व्यापार

(D) शिक्षा

उत्तर: (B)

व्याख्या: यह कर के विरोध में किया गया आंदोलन था।

11. बोस्टन टी पार्टी कब हुई?

(A) 1773

(B) 1775

(C) 1776

(D) 1783

उत्तर: (A)

व्याख्या: 1773 में यह घटना हुई।

12. अमेरिकी स्वतंत्रता संग्राम में किस देश ने अमेरिका का साथ दिया?

(A) फ्रांस

(B) स्पेन

(C) जर्मनी

(D) दोनों A और B

उत्तर: (D)

व्याख्या: फ्रांस और स्पेन ने सहायता की।

13. स्वतंत्रता संग्राम का मुख्य उद्देश्य क्या था?

(A) व्यापार

(B) स्वतंत्रता

(C) शिक्षा

(D) धर्म

उत्तर: (B)

व्याख्या: स्वतंत्रता प्राप्त करना उद्देश्य था।

14. अमेरिकी संविधान कब बना?

(A) 1776

(B) 1787

(C) 1783

(D) 1800

उत्तर: (B)

व्याख्या: 1787 में संविधान बना।

15. अमेरिकी स्वतंत्रता संग्राम का प्रभाव क्या था?

(A) लोकतंत्र

(B) स्वतंत्रता

(C) संविधान

(D) सभी

उत्तर: (D)

व्याख्या: सभी परिणाम सामने आए।

16. अमेरिका के पहले राष्ट्रपति कौन बने?

(A) वाशिंगटन

(B) जेफरसन

(C) एडम्स

(D) लिंकन

उत्तर: (A)

व्याख्या: जॉर्ज वाशिंगटन पहले राष्ट्रपति

बने।

17. अमेरिकी स्वतंत्रता संग्राम का प्रभाव किस पर पड़ा?

(A) यूरोप

(B) विश्व

(C) समाज

(D) सभी

उत्तर: (D)

व्याख्या: इसका वैश्विक प्रभाव पड़ा।

18. अमेरिकी स्वतंत्रता संग्राम का मुख्य केंद्र कहाँ था?

(A) न्यूयॉर्क

(B) बोस्टन

(C) वर्जीनिया

(D) सभी

उत्तर: (D)

व्याख्या: कई क्षेत्र प्रमुख थे।

19. अमेरिकी स्वतंत्रता संग्राम का स्वरूप कैसा था?

(A) स्थानीय

(B) राष्ट्रीय

(C) अंतरराष्ट्रीय

(D) सीमित

उत्तर: (C)

व्याख्या: इसमें कई देशों की भागीदारी थी।

20. अमेरिकी स्वतंत्रता संग्राम का मुख्य कारण क्या था?

(A) कर

(B) राजनीतिक असंतोष

(C) स्वतंत्रता की इच्छा

(D) सभी

उत्तर: (D)

व्याख्या: सभी कारण जिम्मेदार थे।

21. अमेरिकी स्वतंत्रता संग्राम का प्रभाव राजनीति पर कैसा था?

(A) परिवर्तन

(B) सुधार

(C) जागरूकता

(D) सभी

उत्तर: (D)

व्याख्या: राजनीतिक बदलाव आए।

22. अमेरिकी स्वतंत्रता संग्राम का प्रभाव समाज पर कैसा था?

(A) सकारात्मक

(B) नकारात्मक

(C) मिश्रित

(D) कोई नहीं

उत्तर: (A)

व्याख्या: समाज में स्वतंत्रता की भावना बढ़ी।

23. अमेरिकी स्वतंत्रता संग्राम का प्रभाव विश्व पर क्या था?

(A) लोकतंत्र

(B) स्वतंत्रता

(C) क्रांति

(D) सभी

उत्तर: (D)

व्याख्या: अन्य देशों को प्रेरणा मिली।

24. अमेरिकी स्वतंत्रता संग्राम का मुख्य परिणाम क्या था?

(A) स्वतंत्रता

(B) संविधान
(C) लोकतंत्र
(D) सभी
उत्तर: (D)
व्याख्या: सभी परिणाम सामने आए।

25. अमेरिकी स्वतंत्रता संग्राम का संबंध किससे था?
(A) राजनीति
(B) समाज
(C) अर्थव्यवस्था
(D) सभी
उत्तर: (D)
व्याख्या: सभी क्षेत्रों से जुड़ा था।

26. अमेरिकी स्वतंत्रता संग्राम का प्रभाव अर्थव्यवस्था पर कैसा था?
(A) सुधार
(B) गिरावट
(C) मिश्रित
(D) कोई नहीं
उत्तर: (C)
व्याख्या: आर्थिक बदलाव हुए।

27. अमेरिकी स्वतंत्रता संग्राम का प्रभाव शिक्षा पर कैसा था?
(A) वृद्धि
(B) कमी
(C) नहीं
(D) सीमित
उत्तर: (A)
व्याख्या: शिक्षा का प्रसार हुआ।

28. अमेरिकी स्वतंत्रता संग्राम का मुख्य उद्देश्य क्या था?
(A) व्यापार
(B) स्वतंत्रता
(C) शिक्षा
(D) धर्म
उत्तर: (B)
व्याख्या: स्वतंत्रता प्राप्त करना था।

29. अमेरिकी स्वतंत्रता संग्राम का प्रभाव किस पर पड़ा?
(A) व्यक्ति
(B) समाज
(C) राष्ट्र
(D) सभी
उत्तर: (D)
व्याख्या: सभी प्रभावित हुए।

30. अमेरिकी स्वतंत्रता संग्राम का प्रभाव राजनीति पर क्या था?
(A) परिवर्तन
(B) सुधार
(C) जागरूकता
(D) सभी
उत्तर: (D)
व्याख्या: सभी प्रभाव पड़े।

31. अमेरिकी स्वतंत्रता संग्राम का प्रभाव समाज पर क्या था?
(A) सुधार
(B) जागरूकता
(C) विकास
(D) सभी
उत्तर: (D)
व्याख्या: समाज में बदलाव आया।

32. अमेरिकी स्वतंत्रता संग्राम का

प्रभाव विश्व पर क्या था?

(A) प्रेरणा
(B) क्रांति
(C) लोकतंत्र
(D) सभी
उत्तर: (D)
व्याख्या: वैश्विक प्रभाव पड़ा।

33. अमेरिकी स्वतंत्रता संग्राम का मुख्य केंद्र कौन था?

(A) अमेरिका
(B) इंग्लैंड
(C) फ्रांस
(D) स्पेन
उत्तर: (A)
व्याख्या: यह अमेरिका में हुआ।

34. अमेरिकी स्वतंत्रता संग्राम का मुख्य कारण क्या था?

(A) कर
(B) असंतोष
(C) स्वतंत्रता
(D) सभी
उत्तर: (D)
व्याख्या: सभी कारण थे।

35. अमेरिकी स्वतंत्रता संग्राम का प्रभाव व्यक्ति पर क्या था?

(A) स्वतंत्रता
(B) जागरूकता
(C) अधिकार
(D) सभी
उत्तर: (D)
व्याख्या: व्यक्ति के अधिकार बढ़े।

36. अमेरिकी स्वतंत्रता संग्राम का प्रभाव राष्ट्र पर क्या था?

(A) स्वतंत्रता
(B) संविधान
(C) लोकतंत्र
(D) सभी
उत्तर: (D)
व्याख्या: राष्ट्र का विकास हुआ।

37. अमेरिकी स्वतंत्रता संग्राम का मुख्य विचार क्या था?

(A) स्वतंत्रता
(B) समानता
(C) अधिकार
(D) सभी
उत्तर: (D)
व्याख्या: सभी विचार महत्वपूर्ण थे।

38. अमेरिकी स्वतंत्रता संग्राम का प्रभाव किस पर पड़ा?

(A) यूरोप
(B) एशिया
(C) अफ्रीका
(D) सभी
उत्तर: (D)
व्याख्या: वैश्विक प्रभाव पड़ा।

39. अमेरिकी स्वतंत्रता संग्राम का मुख्य उद्देश्य क्या था?

(A) स्वतंत्रता
(B) व्यापार
(C) शिक्षा
(D) धर्म
उत्तर: (A)

व्याख्या: स्वतंत्रता प्राप्त करना था।

40. अमेरिकी स्वतंत्रता संग्राम का प्रभाव किस क्षेत्र में पड़ा?

(A) राजनीति

(B) समाज

(C) अर्थव्यवस्था

(D) सभी

उत्तर: (D)

व्याख्या: सभी प्रभावित हुए।

41. अमेरिकी स्वतंत्रता संग्राम का प्रभाव किस पर अधिक था?

(A) यूरोप

(B) अमेरिका

(C) एशिया

(D) अफ्रीका

उत्तर: (B)

व्याख्या: अमेरिका सबसे अधिक प्रभावित हुआ।

42. अमेरिकी स्वतंत्रता संग्राम का परिणाम क्या था?

(A) स्वतंत्रता

(B) संविधान

(C) लोकतंत्र

(D) सभी

उत्तर: (D)

व्याख्या: सभी परिणाम सामने आए।

43. अमेरिकी स्वतंत्रता संग्राम का मुख्य तत्व क्या था?

(A) स्वतंत्रता

(B) समानता

(C) अधिकार

(D) सभी

उत्तर: (D)

व्याख्या: सभी तत्व महत्वपूर्ण थे।

44. अमेरिकी स्वतंत्रता संग्राम का प्रभाव व्यक्ति पर क्या था?

(A) अधिकार

(B) स्वतंत्रता

(C) जागरूकता

(D) सभी

उत्तर: (D)

व्याख्या: व्यक्ति को अधिकार मिले।

45. अमेरिकी स्वतंत्रता संग्राम का प्रभाव समाज पर क्या था?

(A) सुधार

(B) विकास

(C) जागरूकता

(D) सभी

उत्तर: (D)

व्याख्या: समाज में परिवर्तन आया।

46. अमेरिकी स्वतंत्रता संग्राम का प्रभाव राजनीति पर क्या था?

(A) परिवर्तन

(B) सुधार

(C) जागरूकता

(D) सभी

उत्तर: (D)

व्याख्या: राजनीतिक बदलाव हुए।

47. अमेरिकी स्वतंत्रता संग्राम का मुख्य विचार क्या था?

(A) स्वतंत्रता

(B) समानता

(C) अधिकार
(D) सभी
उत्तर: (D)
व्याख्या: सभी विचार महत्वपूर्ण थे।

48. अमेरिकी स्वतंत्रता संग्राम का प्रभाव किस पर पड़ा?
(A) राष्ट्र
(B) समाज
(C) व्यक्ति
(D) सभी
उत्तर: (D)
व्याख्या: सभी प्रभावित हुए।

49. अमेरिकी स्वतंत्रता संग्राम का मुख्य परिणाम क्या था?
(A) स्वतंत्रता
(B) संविधान
(C) लोकतंत्र
(D) सभी
उत्तर: (D)
व्याख्या: सभी परिणाम हुए।

50. अमेरिकी स्वतंत्रता संग्राम की सबसे महत्वपूर्ण विशेषता क्या थी?
(A) युद्ध
(B) स्वतंत्रता और लोकतंत्र की स्थापना
(C) व्यापार
(D) शिक्षा
उत्तर: (B)
व्याख्या: इससे स्वतंत्रता और लोकतंत्र की स्थापना हुई।

Chapter 30: फ्रांसीसी क्रांति

1. फ्रांसीसी क्रांति कब शुरू हुई थी?
(A) 1776
(B) 1789
(C) 1799
(D) 1804
उत्तर: (B)
व्याख्या: फ्रांसीसी क्रांति 1789 में शुरू हुई थी।

2. फ्रांसीसी क्रांति किस देश में हुई थी?
(A) इंग्लैंड
(B) फ्रांस
(C) जर्मनी
(D) इटली
उत्तर: (B)
व्याख्या: यह क्रांति फ्रांस में हुई थी।

3. फ्रांसीसी क्रांति का मुख्य कारण क्या था?
(A) आर्थिक संकट
(B) सामाजिक असमानता
(C) राजनीतिक असंतोष
(D) सभी
उत्तर: (D)
व्याख्या: सभी कारणों ने मिलकर क्रांति को जन्म दिया।

4. फ्रांस का राजा कौन था जब क्रांति शुरू हुई?
(A) लुई XIV
(B) लुई XV

(C) लुई XVI
(D) नेपोलियन
उत्तर: (C)
व्याख्या: लुई XVI के समय क्रांति हुई।

5. फ्रांसीसी समाज कितने वर्गों में विभाजित था?
(A) 2
(B) 3
(C) 4
(D) 5
उत्तर: (B)
व्याख्या: समाज तीन वर्गों में विभाजित था।

6. तीसरा वर्ग किससे संबंधित था?
(A) पादरी
(B) कुलीन
(C) आम जनता
(D) राजा
उत्तर: (C)
व्याख्या: तीसरा वर्ग आम जनता का था।

7. बास्तील का किला कब गिराया गया?
(A) 1789
(B) 1790
(C) 1791
(D) 1792
उत्तर: (A)
व्याख्या: 14 जुलाई 1789 को बास्तील का पतन हुआ।

8. बास्तील का पतन क्या दर्शाता है?
(A) स्वतंत्रता
(B) क्रांति की शुरुआत
(C) युद्ध
(D) शिक्षा
उत्तर: (B)
व्याख्या: यह क्रांति की शुरुआत का प्रतीक था।

9. "स्वतंत्रता, समानता, बंधुत्व" किसका नारा था?
(A) अमेरिकी क्रांति
(B) फ्रांसीसी क्रांति
(C) रूसी क्रांति
(D) औद्योगिक क्रांति
उत्तर: (B)
व्याख्या: यह फ्रांसीसी क्रांति का नारा था।

10. फ्रांसीसी क्रांति के दौरान संविधान कब बना?
(A) 1789
(B) 1791
(C) 1799
(D) 1804
उत्तर: (B)
व्याख्या: 1791 में संविधान बनाया गया।

11. फ्रांसीसी क्रांति में नेशनल असेंबली क्या थी?
(A) सेना
(B) संसद
(C) न्यायालय
(D) व्यापार संस्था
उत्तर: (B)
व्याख्या: यह एक प्रकार की संसद थी।

12. जैकोबिन क्लब किससे संबंधित था?

(A) राजनीति

(B) धर्म

(C) व्यापार

(D) शिक्षा

उत्तर: (A)

व्याख्या: यह एक राजनीतिक समूह था।

13. रोबेस्पियर कौन था?

(A) राजा

(B) नेता

(C) सैनिक

(D) व्यापारी

उत्तर: (B)

व्याख्या: वह क्रांति का प्रमुख नेता था।

14. आतंक का शासन कब शुरू हुआ?

(A) 1789

(B) 1793

(C) 1799

(D) 1804

उत्तर: (B)

व्याख्या: 1793 में आतंक का शासन शुरू हुआ।

15. गिलोटिन क्या था?

(A) हथियार

(B) दंड देने का यंत्र

(C) भवन

(D) कानून

उत्तर: (B)

व्याख्या: इसका उपयोग मृत्युदंड देने के लिए होता था।

16. फ्रांसीसी क्रांति का मुख्य उद्देश्य क्या था?

(A) व्यापार

(B) समानता

(C) शिक्षा

(D) युद्ध

उत्तर: (B)

व्याख्या: समानता और स्वतंत्रता स्थापित करना था।

17. फ्रांसीसी क्रांति का प्रभाव किस पर पड़ा?

(A) समाज

(B) राजनीति

(C) विश्व

(D) सभी

उत्तर: (D)

व्याख्या: इसका व्यापक प्रभाव पड़ा।

18. नेपोलियन बोनापार्ट कौन था?

(A) राजा

(B) नेता

(C) सैनिक और शासक

(D) व्यापारी

उत्तर: (C)

व्याख्या: वह एक महान सैनिक और शासक था।

19. नेपोलियन ने कब सत्ता प्राप्त की?

(A) 1789

(B) 1799

(C) 1804

(D) 1815

उत्तर: (B)
व्याख्या: 1799 में उसने सत्ता हासिल की।

20. फ्रांसीसी क्रांति का परिणाम क्या था?
(A) राजतंत्र का अंत
(B) गणतंत्र की स्थापना
(C) समानता
(D) सभी
उत्तर: (D)
व्याख्या: सभी परिणाम सामने आए।

21. फ्रांसीसी क्रांति का प्रभाव समाज पर कैसा था?
(A) सकारात्मक
(B) नकारात्मक
(C) मिश्रित
(D) कोई नहीं
उत्तर: (A)
व्याख्या: समाज में समानता आई।

22. फ्रांसीसी क्रांति का प्रभाव राजनीति पर कैसा था?
(A) परिवर्तन
(B) सुधार
(C) जागरूकता
(D) सभी
उत्तर: (D)
व्याख्या: राजनीतिक बदलाव हुए।

23. फ्रांसीसी क्रांति का प्रभाव विश्व पर कैसा था?
(A) प्रेरणा
(B) क्रांति
(C) लोकतंत्र
(D) सभी
उत्तर: (D)
व्याख्या: अन्य देशों को प्रेरणा मिली।

24. फ्रांसीसी क्रांति का मुख्य कारण क्या था?
(A) आर्थिक संकट
(B) सामाजिक असमानता
(C) राजनीतिक असंतोष
(D) सभी
उत्तर: (D)
व्याख्या: सभी कारण जिम्मेदार थे।

25. फ्रांसीसी क्रांति का मुख्य नारा क्या था?
(A) स्वतंत्रता
(B) समानता
(C) बंधुत्व
(D) सभी
उत्तर: (D)
व्याख्या: तीनों नारे महत्वपूर्ण थे।

26. फ्रांसीसी क्रांति का प्रभाव शिक्षा पर कैसा था?
(A) वृद्धि
(B) कमी
(C) नहीं
(D) सीमित
उत्तर: (A)
व्याख्या: शिक्षा का विकास हुआ।

27. फ्रांसीसी क्रांति का प्रभाव अर्थव्यवस्था पर कैसा था?
(A) सुधार

(B) गिरावट
(C) मिश्रित
(D) कोई नहीं
उत्तर: (C)
व्याख्या: आर्थिक परिवर्तन हुए।

28. फ्रांसीसी क्रांति का प्रभाव व्यक्ति पर कैसा था?
(A) अधिकार
(B) स्वतंत्रता
(C) समानता
(D) सभी
उत्तर: (D)
व्याख्या: व्यक्ति को अधिकार मिले।

29. फ्रांसीसी क्रांति का प्रभाव किस पर पड़ा?
(A) राष्ट्र
(B) समाज
(C) व्यक्ति
(D) सभी
उत्तर: (D)
व्याख्या: सभी प्रभावित हुए।

30. फ्रांसीसी क्रांति का मुख्य उद्देश्य क्या था?
(A) व्यापार
(B) समानता
(C) शिक्षा
(D) युद्ध
उत्तर: (B)
व्याख्या: समानता स्थापित करना था।

31. फ्रांसीसी क्रांति का प्रभाव राजनीति पर क्या था?
(A) परिवर्तन
(B) सुधार
(C) जागरूकता
(D) सभी
उत्तर: (D)
व्याख्या: राजनीतिक बदलाव हुए।

32. फ्रांसीसी क्रांति का प्रभाव समाज पर क्या था?
(A) सुधार
(B) जागरूकता
(C) विकास
(D) सभी
उत्तर: (D)
व्याख्या: समाज में परिवर्तन आया।

33. फ्रांसीसी क्रांति का प्रभाव विश्व पर क्या था?
(A) प्रेरणा
(B) लोकतंत्र
(C) क्रांति
(D) सभी
उत्तर: (D)
व्याख्या: वैश्विक प्रभाव पड़ा।

34. फ्रांसीसी क्रांति का मुख्य तत्व क्या था?
(A) स्वतंत्रता
(B) समानता
(C) बंधुत्व
(D) सभी
उत्तर: (D)
व्याख्या: सभी तत्व महत्वपूर्ण थे।

35. फ्रांसीसी क्रांति का प्रभाव

व्यक्ति पर क्या था?

(A) अधिकार

(B) स्वतंत्रता

(C) समानता

(D) सभी

उत्तर: (D)

व्याख्या: व्यक्ति के अधिकार बढ़े।

36. फ्रांसीसी क्रांति का परिणाम क्या था?

(A) गणतंत्र

(B) समानता

(C) स्वतंत्रता

(D) सभी

उत्तर: (D)

व्याख्या: सभी परिणाम हुए।

37. फ्रांसीसी क्रांति का प्रभाव किस पर पड़ा?

(A) समाज

(B) राजनीति

(C) विश्व

(D) सभी

उत्तर: (D)

व्याख्या: सभी प्रभावित हुए।

38. फ्रांसीसी क्रांति का मुख्य विचार क्या था?

(A) स्वतंत्रता

(B) समानता

(C) बंधुत्व

(D) सभी

उत्तर: (D)

व्याख्या: सभी विचार महत्वपूर्ण थे।

39. फ्रांसीसी क्रांति का प्रभाव शिक्षा पर क्या था?

(A) वृद्धि

(B) कमी

(C) नहीं

(D) सीमित

उत्तर: (A)

व्याख्या: शिक्षा का प्रसार हुआ।

40. फ्रांसीसी क्रांति का प्रभाव अर्थव्यवस्था पर क्या था?

(A) सुधार

(B) गिरावट

(C) मिश्रित

(D) कोई नहीं

उत्तर: (C)

व्याख्या: आर्थिक बदलाव हुए।

41. फ्रांसीसी क्रांति का प्रभाव व्यक्ति पर क्या था?

(A) स्वतंत्रता

(B) अधिकार

(C) समानता

(D) सभी

उत्तर: (D)

व्याख्या: व्यक्ति को अधिकार मिले।

42. फ्रांसीसी क्रांति का मुख्य उद्देश्य क्या था?

(A) समानता

(B) व्यापार

(C) शिक्षा

(D) युद्ध

उत्तर: (A)

व्याख्या: समानता स्थापित करना था।

43. फ्रांसीसी क्रांति का प्रभाव समाज पर क्या था?

(A) सुधार
(B) विकास
(C) जागरूकता
(D) सभी

उत्तर: (D)

व्याख्या: समाज में परिवर्तन आया।

44. फ्रांसीसी क्रांति का प्रभाव राजनीति पर क्या था?

(A) परिवर्तन
(B) सुधार
(C) जागरूकता
(D) सभी

उत्तर: (D)

व्याख्या: राजनीतिक बदलाव हुए।

45. फ्रांसीसी क्रांति का प्रभाव विश्व पर क्या था?

(A) प्रेरणा
(B) लोकतंत्र
(C) क्रांति
(D) सभी

उत्तर: (D)

व्याख्या: वैश्विक प्रभाव पड़ा।

46. फ्रांसीसी क्रांति का मुख्य परिणाम क्या था?

(A) गणतंत्र
(B) स्वतंत्रता
(C) समानता
(D) सभी

उत्तर: (D)

व्याख्या: सभी परिणाम सामने आए।

47. फ्रांसीसी क्रांति का प्रभाव किस पर पड़ा?

(A) व्यक्ति
(B) समाज
(C) राष्ट्र
(D) सभी

उत्तर: (D)

व्याख्या: सभी प्रभावित हुए।

48. फ्रांसीसी क्रांति का मुख्य विचार क्या था?

(A) स्वतंत्रता
(B) समानता
(C) बंधुत्व
(D) सभी

उत्तर: (D)

व्याख्या: सभी विचार महत्वपूर्ण थे।

49. फ्रांसीसी क्रांति का प्रभाव किस क्षेत्र में पड़ा?

(A) राजनीति
(B) समाज
(C) अर्थव्यवस्था
(D) सभी

उत्तर: (D)

व्याख्या: सभी क्षेत्रों में प्रभाव पड़ा।

50. फ्रांसीसी क्रांति की सबसे महत्वपूर्ण विशेषता क्या थी?

(A) युद्ध
(B) स्वतंत्रता, समानता और बंधुत्व का सिद्धांत

(C) व्यापार
(D) शिक्षा
उत्तर: (B)
व्याख्या: यह क्रांति इन मूल्यों पर आधारित थी।

Chapter 31: राष्ट्रवाद का उदय

1. राष्ट्रवाद का अर्थ क्या है?
(A) व्यापार
(B) अपने राष्ट्र के प्रति प्रेम और निष्ठा
(C) युद्ध
(D) शिक्षा
उत्तर: (B)
व्याख्या: राष्ट्रवाद का अर्थ अपने देश के प्रति प्रेम और समर्पण है।

2. राष्ट्रवाद का उदय किस काल में हुआ?
(A) 16वीं सदी
(B) 18वीं–19वीं सदी
(C) 20वीं सदी
(D) 14वीं सदी
उत्तर: (B)
व्याख्या: राष्ट्रवाद का उदय 18वीं और 19वीं सदी में हुआ।

3. राष्ट्रवाद के उदय का मुख्य कारण क्या था?
(A) युद्ध
(B) राजनीतिक जागरूकता
(C) शिक्षा
(D) सभी
उत्तर: (D)
व्याख्या: सभी कारणों ने राष्ट्रवाद को बढ़ावा दिया।

4. राष्ट्रवाद के विकास में किस क्रांति का योगदान था?
(A) औद्योगिक क्रांति
(B) फ्रांसीसी क्रांति
(C) अमेरिकी क्रांति
(D) सभी
उत्तर: (D)
व्याख्या: सभी क्रांतियों ने राष्ट्रवाद को प्रेरित किया।

5. राष्ट्रवाद का प्रभाव किस पर पड़ा?
(A) समाज
(B) राजनीति
(C) संस्कृति
(D) सभी
उत्तर: (D)
व्याख्या: सभी क्षेत्रों में प्रभाव पड़ा।

6. राष्ट्रवाद का मुख्य उद्देश्य क्या था?
(A) व्यापार
(B) स्वतंत्र राष्ट्र का निर्माण
(C) शिक्षा
(D) धर्म
उत्तर: (B)
व्याख्या: राष्ट्रवाद का लक्ष्य स्वतंत्र राष्ट्र बनाना था।

7. राष्ट्रवाद के उदय में किसका योगदान महत्वपूर्ण था?
(A) भाषा
(B) संस्कृति
(C) इतिहास

(D) सभी
उत्तर: (D)
व्याख्या: सभी ने योगदान दिया।

8. राष्ट्रवाद का प्रभाव यूरोप में कैसा था?
(A) कम
(B) अधिक
(C) नहीं
(D) सीमित
उत्तर: (B)
व्याख्या: यूरोप में इसका व्यापक प्रभाव पड़ा।

9. जर्मनी के एकीकरण में कौन प्रमुख था?
(A) बिस्मार्क
(B) नेपोलियन
(C) हिटलर
(D) मुसोलिनी
उत्तर: (A)
व्याख्या: बिस्मार्क ने जर्मनी का एकीकरण किया।

10. इटली के एकीकरण में कौन प्रमुख था?
(A) गैरीबाल्डी
(B) बिस्मार्क
(C) हिटलर
(D) नेपोलियन
उत्तर: (A)
व्याख्या: गैरीबाल्डी ने इटली के एकीकरण में भूमिका निभाई।

11. राष्ट्रवाद का संबंध किससे था?
(A) भाषा
(B) संस्कृति
(C) इतिहास
(D) सभी
उत्तर: (D)
व्याख्या: राष्ट्रवाद कई तत्वों से जुड़ा था।

12. राष्ट्रवाद का प्रभाव समाज पर कैसा था?
(A) सकारात्मक
(B) नकारात्मक
(C) मिश्रित
(D) कोई नहीं
उत्तर: (A)
व्याख्या: समाज में एकता और जागरूकता बढ़ी।

13. राष्ट्रवाद का प्रभाव राजनीति पर कैसा था?
(A) परिवर्तन
(B) सुधार
(C) जागरूकता
(D) सभी
उत्तर: (D)
व्याख्या: राजनीतिक बदलाव आए।

14. राष्ट्रवाद का प्रभाव विश्व पर कैसा था?
(A) प्रेरणा
(B) संघर्ष
(C) क्रांति
(D) सभी
उत्तर: (D)
व्याख्या: वैश्विक प्रभाव पड़ा।

15. राष्ट्रवाद का मुख्य तत्व क्या था?
(A) एकता
(B) स्वतंत्रता
(C) पहचान
(D) सभी
उत्तर: (D)
व्याख्या: सभी तत्व महत्वपूर्ण थे।

16. राष्ट्रवाद के उदय में किसका योगदान था?
(A) शिक्षा
(B) प्रेस
(C) साहित्य
(D) सभी
उत्तर: (D)
व्याख्या: सभी ने योगदान दिया।

17. राष्ट्रवाद का प्रभाव शिक्षा पर कैसा था?
(A) वृद्धि
(B) कमी
(C) नहीं
(D) सीमित
उत्तर: (A)
व्याख्या: शिक्षा का प्रसार हुआ।

18. राष्ट्रवाद का प्रभाव संस्कृति पर कैसा था?
(A) विकास
(B) गिरावट
(C) कोई नहीं
(D) सीमित
उत्तर: (A)
व्याख्या: संस्कृति को बढ़ावा मिला।

19. राष्ट्रवाद का प्रभाव अर्थव्यवस्था पर कैसा था?
(A) सुधार
(B) गिरावट
(C) मिश्रित
(D) कोई नहीं
उत्तर: (C)
व्याख्या: आर्थिक परिवर्तन हुए।

20. राष्ट्रवाद का मुख्य उद्देश्य क्या था?
(A) व्यापार
(B) स्वतंत्रता
(C) शिक्षा
(D) धर्म
उत्तर: (B)
व्याख्या: स्वतंत्रता प्राप्त करना मुख्य उद्देश्य था।

21. राष्ट्रवाद का प्रभाव व्यक्ति पर कैसा था?
(A) जागरूकता
(B) पहचान
(C) अधिकार
(D) सभी
उत्तर: (D)
व्याख्या: व्यक्ति में राष्ट्रीय चेतना बढ़ी।

22. राष्ट्रवाद का प्रभाव किस पर पड़ा?
(A) समाज
(B) राष्ट्र
(C) व्यक्ति
(D) सभी

उत्तर: (D)
व्याख्या: सभी प्रभावित हुए।

23. राष्ट्रवाद का प्रभाव किस क्षेत्र में पड़ा?
(A) राजनीति
(B) समाज
(C) संस्कृति
(D) सभी
उत्तर: (D)
व्याख्या: सभी क्षेत्रों में प्रभाव पड़ा।

24. राष्ट्रवाद का मुख्य विचार क्या था?
(A) स्वतंत्रता
(B) एकता
(C) पहचान
(D) सभी
उत्तर: (D)
व्याख्या: सभी विचार महत्वपूर्ण थे।

25. राष्ट्रवाद का प्रभाव किस पर अधिक था?
(A) यूरोप
(B) एशिया
(C) अफ्रीका
(D) अमेरिका
उत्तर: (A)
व्याख्या: यूरोप में इसका अधिक प्रभाव था।

26. राष्ट्रवाद का मुख्य कारण क्या था?
(A) शिक्षा
(B) जागरूकता
(C) राजनीतिक परिवर्तन
(D) सभी
उत्तर: (D)
व्याख्या: सभी कारण जिम्मेदार थे।

27. राष्ट्रवाद का परिणाम क्या था?
(A) एकीकरण
(B) स्वतंत्रता
(C) संघर्ष
(D) सभी
उत्तर: (D)
व्याख्या: सभी परिणाम सामने आए।

28. राष्ट्रवाद का प्रभाव समाज पर क्या था?
(A) सुधार
(B) जागरूकता
(C) विकास
(D) सभी
उत्तर: (D)
व्याख्या: समाज में परिवर्तन हुआ।

29. राष्ट्रवाद का प्रभाव राजनीति पर क्या था?
(A) परिवर्तन
(B) सुधार
(C) जागरूकता
(D) सभी
उत्तर: (D)
व्याख्या: राजनीतिक बदलाव हुए।

30. राष्ट्रवाद का प्रभाव विश्व पर क्या था?
(A) प्रेरणा
(B) संघर्ष

(C) क्रांति
(D) सभी
उत्तर: (D)
व्याख्या: वैश्विक प्रभाव पड़ा।

31. राष्ट्रवाद का मुख्य तत्व क्या था?
(A) स्वतंत्रता
(B) एकता
(C) पहचान
(D) सभी
उत्तर: (D)
व्याख्या: सभी तत्व महत्वपूर्ण थे।

32. राष्ट्रवाद का प्रभाव व्यक्ति पर क्या था?
(A) अधिकार
(B) पहचान
(C) जागरूकता
(D) सभी
उत्तर: (D)
व्याख्या: व्यक्ति में बदलाव आया।

33. राष्ट्रवाद का मुख्य उद्देश्य क्या था?
(A) व्यापार
(B) स्वतंत्रता
(C) शिक्षा
(D) धर्म
उत्तर: (B)
व्याख्या: स्वतंत्र राष्ट्र बनाना उद्देश्य था।

34. राष्ट्रवाद का प्रभाव किस पर पड़ा?
(A) व्यक्ति
(B) समाज
(C) राष्ट्र
(D) सभी
उत्तर: (D)
व्याख्या: सभी प्रभावित हुए।

35. राष्ट्रवाद का प्रभाव शिक्षा पर क्या था?
(A) वृद्धि
(B) कमी
(C) नहीं
(D) सीमित
उत्तर: (A)
व्याख्या: शिक्षा का प्रसार हुआ।

36. राष्ट्रवाद का प्रभाव संस्कृति पर क्या था?
(A) विकास
(B) गिरावट
(C) नहीं
(D) सीमित
उत्तर: (A)
व्याख्या: सांस्कृतिक विकास हुआ।

37. राष्ट्रवाद का प्रभाव अर्थव्यवस्था पर क्या था?
(A) सुधार
(B) गिरावट
(C) मिश्रित
(D) कोई नहीं
उत्तर: (C)
व्याख्या: आर्थिक बदलाव हुए।

38. राष्ट्रवाद का मुख्य परिणाम क्या था?
(A) स्वतंत्रता

(B) एकीकरण
(C) संघर्ष
(D) सभी
उत्तर: (D)
व्याख्या: सभी परिणाम हुए।

39. राष्ट्रवाद का प्रभाव किस पर अधिक था?
(A) यूरोप
(B) एशिया
(C) अफ्रीका
(D) अमेरिका
उत्तर: (A)
व्याख्या: यूरोप सबसे अधिक प्रभावित हुआ।

40. राष्ट्रवाद का मुख्य विचार क्या था?
(A) स्वतंत्रता
(B) एकता
(C) पहचान
(D) सभी
उत्तर: (D)
व्याख्या: सभी विचार महत्वपूर्ण थे।

41. राष्ट्रवाद का प्रभाव समाज पर क्या था?
(A) सुधार
(B) विकास
(C) जागरूकता
(D) सभी
उत्तर: (D)
व्याख्या: समाज में परिवर्तन आया।

42. राष्ट्रवाद का प्रभाव राजनीति पर क्या था?
(A) परिवर्तन
(B) सुधार
(C) जागरूकता
(D) सभी
उत्तर: (D)
व्याख्या: राजनीतिक बदलाव हुए।

43. राष्ट्रवाद का प्रभाव विश्व पर क्या था?
(A) प्रेरणा
(B) संघर्ष
(C) क्रांति
(D) सभी
उत्तर: (D)
व्याख्या: वैश्विक प्रभाव पड़ा।

44. राष्ट्रवाद का मुख्य उद्देश्य क्या था?
(A) स्वतंत्रता
(B) व्यापार
(C) शिक्षा
(D) धर्म
उत्तर: (A)
व्याख्या: स्वतंत्रता प्राप्त करना उद्देश्य था।

45. राष्ट्रवाद का प्रभाव व्यक्ति पर क्या था?
(A) पहचान
(B) अधिकार
(C) जागरूकता
(D) सभी
उत्तर: (D)

व्याख्या: व्यक्ति में राष्ट्रीय भावना आई।

46. राष्ट्रवाद का प्रभाव किस क्षेत्र में पड़ा?

(A) राजनीति

(B) समाज

(C) संस्कृति

(D) सभी

उत्तर: (D)

व्याख्या: सभी क्षेत्रों में प्रभाव पड़ा।

47. राष्ट्रवाद का मुख्य तत्व क्या था?

(A) स्वतंत्रता

(B) एकता

(C) पहचान

(D) सभी

उत्तर: (D)

व्याख्या: सभी तत्व महत्वपूर्ण थे।

48. राष्ट्रवाद का प्रभाव किस पर पड़ा?

(A) व्यक्ति

(B) समाज

(C) राष्ट्र

(D) सभी

उत्तर: (D)

व्याख्या: सभी प्रभावित हुए।

49. राष्ट्रवाद का मुख्य परिणाम क्या था?

(A) स्वतंत्रता

(B) एकीकरण

(C) संघर्ष

(D) सभी

उत्तर: (D)

व्याख्या: सभी परिणाम हुए।

50. राष्ट्रवाद के उदय की सबसे महत्वपूर्ण विशेषता क्या थी?

(A) युद्ध

(B) राष्ट्रीय एकता और स्वतंत्रता की भावना

(C) व्यापार

(D) शिक्षा

उत्तर: (B)

व्याख्या: इस आंदोलन ने राष्ट्रीय एकता और स्वतंत्रता को बढ़ावा दिया।

Chapter 32: प्रथम विश्व युद्ध

1. प्रथम विश्व युद्ध कब शुरू हुआ था?

(A) 1912

(B) 1914

(C) 1916

(D) 1918

उत्तर: (B)

व्याख्या: प्रथम विश्व युद्ध 1914 में शुरू हुआ।

2. प्रथम विश्व युद्ध कब समाप्त हुआ?

(A) 1916

(B) 1917

(C) 1918

(D) 1919

उत्तर: (C)

व्याख्या: यह युद्ध 1918 में समाप्त हुआ।

3. प्रथम विश्व युद्ध का तत्काल कारण

क्या था?
(A) आर्थिक संकट
(B) सारायेवो की घटना
(C) राष्ट्रवाद
(D) साम्राज्यवाद
उत्तर: (B)
व्याख्या: ऑस्ट्रिया के राजकुमार की हत्या से युद्ध शुरू हुआ।

4. सारायेवो की घटना में किसकी हत्या हुई थी?
(A) नेपोलियन
(B) आर्कड्यूक फ्रांज फर्डिनेंड
(C) हिटलर
(D) मुसोलिनी
उत्तर: (B)
व्याख्या: ऑस्ट्रिया के युवराज की हत्या हुई थी।

5. प्रथम विश्व युद्ध में कितने गुट थे?
(A) 2
(B) 3
(C) 4
(D) 5
उत्तर: (A)
व्याख्या: दो गुट थे - मित्र राष्ट्र और धुरी राष्ट्र।

6. मित्र राष्ट्रों में कौन शामिल था?
(A) इंग्लैंड
(B) फ्रांस
(C) रूस
(D) सभी
उत्तर: (D)
व्याख्या: ये सभी मित्र राष्ट्र थे।

7. धुरी राष्ट्रों में कौन शामिल था?
(A) जर्मनी
(B) ऑस्ट्रिया
(C) इटली
(D) सभी
उत्तर: (D)
व्याख्या: ये सभी धुरी राष्ट्र थे।

8. प्रथम विश्व युद्ध का मुख्य कारण क्या था?
(A) राष्ट्रवाद
(B) साम्राज्यवाद
(C) सैन्यवाद
(D) सभी
उत्तर: (D)
व्याख्या: सभी कारण जिम्मेदार थे।

9. प्रथम विश्व युद्ध का मुख्य स्वरूप क्या था?
(A) स्थानीय
(B) वैश्विक
(C) सीमित
(D) अस्थिर
उत्तर: (B)
व्याख्या: यह एक वैश्विक युद्ध था।

10. अमेरिका युद्ध में कब शामिल हुआ?
(A) 1914
(B) 1915
(C) 1917
(D) 1918
उत्तर: (C)
व्याख्या: अमेरिका 1917 में शामिल हुआ।

11. युद्ध के समय कौन सा हथियार प्रमुख था?

(A) तलवार

(B) बंदूक

(C) मशीन गन

(D) सभी

उत्तर: (D)

व्याख्या: कई आधुनिक हथियारों का उपयोग हुआ।

12. प्रथम विश्व युद्ध का प्रभाव किस पर पड़ा?

(A) यूरोप

(B) विश्व

(C) समाज

(D) सभी

उत्तर: (D)

व्याख्या: इसका वैश्विक प्रभाव पड़ा।

13. वर्साय की संधि कब हुई?

(A) 1918

(B) 1919

(C) 1920

(D) 1921

उत्तर: (B)

व्याख्या: 1919 में यह संधि हुई।

14. वर्साय की संधि किसके साथ हुई?

(A) जर्मनी

(B) फ्रांस

(C) इंग्लैंड

(D) अमेरिका

उत्तर: (A)

व्याख्या: जर्मनी के साथ संधि हुई।

15. प्रथम विश्व युद्ध का परिणाम क्या था?

(A) साम्राज्यों का पतन

(B) नए देशों का निर्माण

(C) आर्थिक संकट

(D) सभी

उत्तर: (D)

व्याख्या: कई परिणाम सामने आए।

16. युद्ध के दौरान कौन सा नया हथियार उपयोग हुआ?

(A) टैंक

(B) गैस

(C) विमान

(D) सभी

उत्तर: (D)

व्याख्या: आधुनिक हथियारों का उपयोग हुआ।

17. युद्ध का प्रभाव अर्थव्यवस्था पर कैसा था?

(A) सुधार

(B) गिरावट

(C) स्थिर

(D) अस्थिर

उत्तर: (B)

व्याख्या: आर्थिक संकट उत्पन्न हुआ।

18. युद्ध का प्रभाव समाज पर कैसा था?

(A) सकारात्मक

(B) नकारात्मक

(C) मिश्रित

(D) कोई नहीं

उत्तर: (C)
व्याख्या: समाज पर मिश्रित प्रभाव पड़ा।

19. युद्ध का प्रभाव राजनीति पर कैसा था?
(A) परिवर्तन
(B) सुधार
(C) जागरूकता
(D) सभी
उत्तर: (D)
व्याख्या: राजनीतिक बदलाव हुए।

20. प्रथम विश्व युद्ध का मुख्य उद्देश्य क्या था?
(A) व्यापार
(B) शक्ति संतुलन
(C) शिक्षा
(D) धर्म
उत्तर: (B)
व्याख्या: शक्ति संतुलन बनाए रखना था।

21. युद्ध के बाद कौन सा संगठन बना?
(A) संयुक्त राष्ट्र
(B) राष्ट्र संघ
(C) नाटो
(D) यूनेस्को
उत्तर: (B)
व्याख्या: राष्ट्र संघ की स्थापना हुई।

22. राष्ट्र संघ का उद्देश्य क्या था?
(A) युद्ध
(B) शांति बनाए रखना
(C) व्यापार
(D) शिक्षा
उत्तर: (B)
व्याख्या: इसका उद्देश्य शांति बनाए रखना था।

23. प्रथम विश्व युद्ध का प्रभाव किस पर पड़ा?
(A) समाज
(B) राजनीति
(C) अर्थव्यवस्था
(D) सभी
उत्तर: (D)
व्याख्या: सभी प्रभावित हुए।

24. युद्ध में सबसे अधिक नुकसान किसका हुआ?
(A) सैनिक
(B) नागरिक
(C) दोनों
(D) कोई नहीं
उत्तर: (C)
व्याख्या: दोनों को नुकसान हुआ।

25. युद्ध का मुख्य परिणाम क्या था?
(A) शांति
(B) संघर्ष
(C) परिवर्तन
(D) सभी
उत्तर: (D)
व्याख्या: कई परिवर्तन हुए।

26. प्रथम विश्व युद्ध का प्रभाव किस पर अधिक था?
(A) यूरोप

(B) एशिया
(C) अफ्रीका
(D) अमेरिका
उत्तर: (A)
व्याख्या: यूरोप सबसे अधिक प्रभावित हुआ।

27. युद्ध का प्रभाव शिक्षा पर कैसा था?
(A) वृद्धि
(B) कमी
(C) नहीं
(D) सीमित
उत्तर: (B)
व्याख्या: शिक्षा प्रभावित हुई।

28. युद्ध का प्रभाव उद्योग पर कैसा था?
(A) वृद्धि
(B) कमी
(C) स्थिर
(D) अस्थिर
उत्तर: (A)
व्याख्या: युद्ध उद्योग बढ़े।

29. युद्ध का प्रभाव महिलाओं पर कैसा था?
(A) सकारात्मक
(B) नकारात्मक
(C) मिश्रित
(D) कोई नहीं
उत्तर: (A)
व्याख्या: महिलाओं को नए अवसर मिले।

30. युद्ध का प्रभाव बच्चों पर कैसा था?
(A) सकारात्मक
(B) नकारात्मक
(C) मिश्रित
(D) कोई नहीं
उत्तर: (B)
व्याख्या: बच्चों पर नकारात्मक प्रभाव पड़ा।

31. युद्ध का प्रभाव समाज पर क्या था?
(A) सुधार
(B) जागरूकता
(C) विकास
(D) सभी
उत्तर: (D)
व्याख्या: समाज में बदलाव आया।

32. युद्ध का प्रभाव राजनीति पर क्या था?
(A) परिवर्तन
(B) सुधार
(C) जागरूकता
(D) सभी
उत्तर: (D)
व्याख्या: राजनीतिक परिवर्तन हुए।

33. युद्ध का प्रभाव अर्थव्यवस्था पर क्या था?
(A) सुधार
(B) गिरावट
(C) स्थिर
(D) अस्थिर

उत्तर: (B)

व्याख्या: आर्थिक संकट आया।

34. युद्ध का मुख्य कारण क्या था?

(A) राष्ट्रवाद

(B) साम्राज्यवाद

(C) सैन्यवाद

(D) सभी

उत्तर: (D)

व्याख्या: सभी कारण जिम्मेदार थे।

35. युद्ध का प्रभाव विश्व पर क्या था?

(A) परिवर्तन

(B) संघर्ष

(C) जागरूकता

(D) सभी

उत्तर: (D)

व्याख्या: वैश्विक प्रभाव पड़ा।

36. युद्ध का मुख्य उद्देश्य क्या था?

(A) शक्ति

(B) व्यापार

(C) शिक्षा

(D) धर्म

उत्तर: (A)

व्याख्या: शक्ति प्राप्त करना उद्देश्य था।

37. युद्ध का प्रभाव व्यक्ति पर क्या था?

(A) भय

(B) नुकसान

(C) जागरूकता

(D) सभी

उत्तर: (D)

व्याख्या: व्यक्ति प्रभावित हुआ।

38. युद्ध का प्रभाव किस पर पड़ा?

(A) व्यक्ति

(B) समाज

(C) राष्ट्र

(D) सभी

उत्तर: (D)

व्याख्या: सभी प्रभावित हुए।

39. युद्ध का मुख्य परिणाम क्या था?

(A) शांति

(B) संघर्ष

(C) परिवर्तन

(D) सभी

उत्तर: (D)

व्याख्या: कई परिणाम हुए।

40. युद्ध का प्रभाव शिक्षा पर क्या था?

(A) वृद्धि

(B) कमी

(C) नहीं

(D) सीमित

उत्तर: (B)

व्याख्या: शिक्षा प्रभावित हुई।

41. युद्ध का प्रभाव उद्योग पर क्या था?

(A) वृद्धि

(B) कमी

(C) स्थिर

(D) अस्थिर

उत्तर: (A)

व्याख्या: युद्ध उद्योग बढ़े।

42. युद्ध का प्रभाव महिलाओं पर

क्या था?

(A) सकारात्मक

(B) नकारात्मक

(C) मिश्रित

(D) कोई नहीं

उत्तर: (A)

व्याख्या: महिलाओं को रोजगार मिला।

43. युद्ध का प्रभाव बच्चों पर क्या था?

(A) सकारात्मक

(B) नकारात्मक

(C) मिश्रित

(D) कोई नहीं

उत्तर: (B)

व्याख्या: बच्चों पर नकारात्मक प्रभाव पड़ा।

44. युद्ध का मुख्य विचार क्या था?

(A) शक्ति

(B) संघर्ष

(C) नियंत्रण

(D) सभी

उत्तर: (D)

व्याख्या: सभी तत्व शामिल थे।

45. युद्ध का प्रभाव समाज पर क्या था?

(A) सुधार

(B) विकास

(C) जागरूकता

(D) सभी

उत्तर: (D)

व्याख्या: समाज में परिवर्तन हुआ।

46. युद्ध का प्रभाव राजनीति पर क्या था?

(A) परिवर्तन

(B) सुधार

(C) जागरूकता

(D) सभी

उत्तर: (D)

व्याख्या: राजनीतिक बदलाव हुए।

47. युद्ध का प्रभाव विश्व पर क्या था?

(A) परिवर्तन

(B) संघर्ष

(C) जागरूकता

(D) सभी

उत्तर: (D)

व्याख्या: वैश्विक प्रभाव पड़ा।

48. युद्ध का मुख्य परिणाम क्या था?

(A) शांति

(B) संघर्ष

(C) परिवर्तन

(D) सभी

उत्तर: (D)

व्याख्या: सभी परिणाम सामने आए।

49. युद्ध का प्रभाव किस क्षेत्र में पड़ा?

(A) समाज

(B) राजनीति

(C) अर्थव्यवस्था

(D) सभी

उत्तर: (D)

व्याख्या: सभी क्षेत्रों में प्रभाव पड़ा।

50. प्रथम विश्व युद्ध की सबसे

महत्वपूर्ण विशेषता क्या थी?
(A) स्थानीय युद्ध
(B) वैश्विक स्तर का व्यापक विनाश
(C) व्यापार
(D) शिक्षा
उत्तर: (B)
व्याख्या: यह पहला वैश्विक युद्ध था जिसमें व्यापक विनाश हुआ।

Chapter 33: द्वितीय विश्व युद्ध

1. द्वितीय विश्व युद्ध कब शुरू हुआ था?
(A) 1918
(B) 1939
(C) 1942
(D) 1945
उत्तर: (B)
व्याख्या: द्वितीय विश्व युद्ध 1939 में शुरू हुआ।
2. द्वितीय विश्व युद्ध कब समाप्त हुआ?
(A) 1943
(B) 1944
(C) 1945
(D) 1946
उत्तर: (C)
व्याख्या: यह युद्ध 1945 में समाप्त हुआ।
3. द्वितीय विश्व युद्ध का मुख्य कारण क्या था?
(A) वर्साय संधि
(B) आर्थिक संकट
(C) फासीवाद
(D) सभी
उत्तर: (D)
व्याख्या: सभी कारणों ने युद्ध को जन्म दिया।
4. युद्ध का तत्काल कारण क्या था?
(A) फ्रांस पर हमला
(B) पोलैंड पर जर्मनी का आक्रमण
(C) अमेरिका का प्रवेश
(D) रूस का हमला
उत्तर: (B)
व्याख्या: 1939 में जर्मनी ने पोलैंड पर हमला किया।
5. धुरी राष्ट्रों में कौन शामिल था?
(A) जर्मनी
(B) इटली
(C) जापान
(D) सभी
उत्तर: (D)
व्याख्या: ये सभी धुरी राष्ट्र थे।
6. मित्र राष्ट्रों में कौन शामिल था?
(A) इंग्लैंड
(B) फ्रांस
(C) अमेरिका
(D) सभी
उत्तर: (D)
व्याख्या: ये सभी मित्र राष्ट्र थे।
7. जर्मनी का नेता कौन था?
(A) मुसोलिनी
(B) हिटलर

(C) स्टालिन
(D) चर्चिल
उत्तर: (B)
व्याख्या: हिटलर जर्मनी का नेता था।

8. इटली का नेता कौन था?
(A) हिटलर
(B) मुसोलिनी
(C) स्टालिन
(D) चर्चिल
उत्तर: (B)
व्याख्या: मुसोलिनी इटली का नेता था।

9. जापान ने किस देश पर परमाणु बम गिरने का सामना किया?
(A) चीन
(B) रूस
(C) जापान
(D) अमेरिका
उत्तर: (C)
व्याख्या: अमेरिका ने जापान पर परमाणु बम गिराया।

10. हिरोशिमा पर परमाणु बम कब गिराया गया?
(A) 1944
(B) 1945
(C) 1946
(D) 1943
उत्तर: (B)
व्याख्या: 6 अगस्त 1945 को हिरोशिमा पर बम गिराया गया।

11. नागासाकी पर परमाणु बम कब गिराया गया?
(A) 1945
(B) 1944
(C) 1943
(D) 1946
उत्तर: (A)
व्याख्या: 9 अगस्त 1945 को नागासाकी पर बम गिराया गया।

12. द्वितीय विश्व युद्ध का मुख्य स्वरूप क्या था?
(A) स्थानीय
(B) वैश्विक
(C) सीमित
(D) अस्थिर
उत्तर: (B)
व्याख्या: यह एक वैश्विक युद्ध था।

13. अमेरिका युद्ध में कब शामिल हुआ?
(A) 1939
(B) 1941
(C) 1943
(D) 1945
उत्तर: (B)
व्याख्या: 1941 में पर्ल हार्बर के बाद अमेरिका शामिल हुआ।

14. पर्ल हार्बर पर हमला किसने किया?
(A) जर्मनी
(B) जापान
(C) इटली
(D) रूस
उत्तर: (B)
व्याख्या: जापान ने हमला किया।

15. द्वितीय विश्व युद्ध का परिणाम

क्या था?

(A) संयुक्त राष्ट्र का गठन

(B) जर्मनी का विभाजन

(C) शीत युद्ध की शुरुआत

(D) सभी

उत्तर: (D)

व्याख्या: सभी परिणाम सामने आए।

16. संयुक्त राष्ट्र की स्थापना कब हुई?

(A) 1945

(B) 1944

(C) 1943

(D) 1942

उत्तर: (A)

व्याख्या: 1945 में संयुक्त राष्ट्र की स्थापना हुई।

17. युद्ध का प्रभाव किस पर पड़ा?

(A) समाज

(B) राजनीति

(C) अर्थव्यवस्था

(D) सभी

उत्तर: (D)

व्याख्या: सभी प्रभावित हुए।

18. युद्ध में सबसे अधिक नुकसान किसका हुआ?

(A) सैनिक

(B) नागरिक

(C) दोनों

(D) कोई नहीं

उत्तर: (C)

व्याख्या: दोनों को नुकसान हुआ।

19. द्वितीय विश्व युद्ध का मुख्य उद्देश्य क्या था?

(A) विस्तारवाद

(B) शक्ति

(C) नियंत्रण

(D) सभी

उत्तर: (D)

व्याख्या: सभी उद्देश्य शामिल थे।

20. युद्ध का प्रभाव अर्थव्यवस्था पर कैसा था?

(A) सुधार

(B) गिरावट

(C) मिश्रित

(D) कोई नहीं

उत्तर: (C)

व्याख्या: कुछ देशों में सुधार, कुछ में गिरावट आई।

21. युद्ध का प्रभाव समाज पर कैसा था?

(A) सकारात्मक

(B) नकारात्मक

(C) मिश्रित

(D) कोई नहीं

उत्तर: (C)

व्याख्या: समाज पर मिश्रित प्रभाव पड़ा।

22. युद्ध का प्रभाव राजनीति पर कैसा था?

(A) परिवर्तन

(B) सुधार

(C) जागरूकता

(D) सभी

उत्तर: (D)
व्याख्या: राजनीतिक बदलाव हुए।

23. युद्ध का प्रभाव विश्व पर कैसा था?
(A) परिवर्तन
(B) संघर्ष
(C) जागरूकता
(D) सभी
उत्तर: (D)
व्याख्या: वैश्विक प्रभाव पड़ा।

24. युद्ध का मुख्य कारण क्या था?
(A) वर्साय संधि
(B) आर्थिक संकट
(C) फासीवाद
(D) सभी
उत्तर: (D)
व्याख्या: सभी कारण जिम्मेदार थे।

25. युद्ध का मुख्य परिणाम क्या था?
(A) संयुक्त राष्ट्र
(B) शांति
(C) संघर्ष
(D) सभी
उत्तर: (D)
व्याख्या: कई परिणाम सामने आए।

26. युद्ध का प्रभाव किस पर अधिक था?
(A) यूरोप
(B) एशिया
(C) अफ्रीका
(D) अमेरिका
उत्तर: (A)
व्याख्या: यूरोप सबसे अधिक प्रभावित हुआ।

27. युद्ध का प्रभाव शिक्षा पर कैसा था?
(A) वृद्धि
(B) कमी
(C) नहीं
(D) सीमित
उत्तर: (B)
व्याख्या: शिक्षा प्रभावित हुई।

28. युद्ध का प्रभाव उद्योग पर कैसा था?
(A) वृद्धि
(B) कमी
(C) स्थिर
(D) अस्थिर
उत्तर: (A)
व्याख्या: युद्ध उद्योग बढ़े।

29. युद्ध का प्रभाव महिलाओं पर कैसा था?
(A) सकारात्मक
(B) नकारात्मक
(C) मिश्रित
(D) कोई नहीं
उत्तर: (A)
व्याख्या: महिलाओं को नए अवसर मिले।

30. युद्ध का प्रभाव बच्चों पर कैसा था?
(A) सकारात्मक
(B) नकारात्मक

(C) मिश्रित
(D) कोई नहीं
उत्तर: (B)
व्याख्या: बच्चों पर नकारात्मक प्रभाव पड़ा।

31. युद्ध का प्रभाव समाज पर क्या था?
(A) सुधार
(B) जागरूकता
(C) विकास
(D) सभी
उत्तर: (D)
व्याख्या: समाज में परिवर्तन हुआ।

32. युद्ध का प्रभाव राजनीति पर क्या था?
(A) परिवर्तन
(B) सुधार
(C) जागरूकता
(D) सभी
उत्तर: (D)
व्याख्या: राजनीतिक बदलाव हुए।

33. युद्ध का प्रभाव अर्थव्यवस्था पर क्या था?
(A) सुधार
(B) गिरावट
(C) मिश्रित
(D) कोई नहीं
उत्तर: (C)
व्याख्या: आर्थिक बदलाव हुए।

34. युद्ध का मुख्य कारण क्या था?
(A) विस्तारवाद
(B) फासीवाद
(C) आर्थिक संकट
(D) सभी
उत्तर: (D)
व्याख्या: सभी कारण जिम्मेदार थे।

35. युद्ध का प्रभाव विश्व पर क्या था?
(A) परिवर्तन
(B) संघर्ष
(C) जागरूकता
(D) सभी
उत्तर: (D)
व्याख्या: वैश्विक प्रभाव पड़ा।

36. युद्ध का मुख्य उद्देश्य क्या था?
(A) शक्ति
(B) नियंत्रण
(C) विस्तार
(D) सभी
उत्तर: (D)
व्याख्या: सभी उद्देश्य शामिल थे।

37. युद्ध का प्रभाव व्यक्ति पर क्या था?
(A) भय
(B) नुकसान
(C) जागरूकता
(D) सभी
उत्तर: (D)
व्याख्या: व्यक्ति प्रभावित हुआ।

38. युद्ध का प्रभाव किस पर पड़ा?
(A) व्यक्ति
(B) समाज
(C) राष्ट्र

(D) सभी
उत्तर: (D)
व्याख्या: सभी प्रभावित हुए।

39. युद्ध का मुख्य परिणाम क्या था?
(A) संयुक्त राष्ट्र
(B) शांति
(C) संघर्ष
(D) सभी
उत्तर: (D)
व्याख्या: सभी परिणाम सामने आए।

40. युद्ध का प्रभाव शिक्षा पर क्या था?
(A) वृद्धि
(B) कमी
(C) नहीं
(D) सीमित
उत्तर: (B)
व्याख्या: शिक्षा प्रभावित हुई।

41. युद्ध का प्रभाव उद्योग पर क्या था?
(A) वृद्धि
(B) कमी
(C) स्थिर
(D) अस्थिर
उत्तर: (A)
व्याख्या: उद्योग बढ़े।

42. युद्ध का प्रभाव महिलाओं पर क्या था?
(A) सकारात्मक
(B) नकारात्मक
(C) मिश्रित
(D) कोई नहीं
उत्तर: (A)
व्याख्या: महिलाओं को अवसर मिले।

43. युद्ध का प्रभाव बच्चों पर क्या था?
(A) सकारात्मक
(B) नकारात्मक
(C) मिश्रित
(D) कोई नहीं
उत्तर: (B)
व्याख्या: बच्चों पर नकारात्मक प्रभाव पड़ा।

44. युद्ध का मुख्य विचार क्या था?
(A) शक्ति
(B) नियंत्रण
(C) विस्तार
(D) सभी
उत्तर: (D)
व्याख्या: सभी तत्व शामिल थे।

45. युद्ध का प्रभाव समाज पर क्या था?
(A) सुधार
(B) विकास
(C) जागरूकता
(D) सभी
उत्तर: (D)
व्याख्या: समाज में परिवर्तन हुआ।

46. युद्ध का प्रभाव राजनीति पर क्या था?
(A) परिवर्तन
(B) सुधार

(C) जागरूकता
(D) सभी
उत्तर: (D)
व्याख्या: राजनीतिक बदलाव हुए।

47. युद्ध का प्रभाव विश्व पर क्या था?
(A) परिवर्तन
(B) संघर्ष
(C) जागरूकता
(D) सभी
उत्तर: (D)
व्याख्या: वैश्विक प्रभाव पड़ा।

48. युद्ध का मुख्य परिणाम क्या था?
(A) संयुक्त राष्ट्र
(B) शांति
(C) संघर्ष
(D) सभी
उत्तर: (D)
व्याख्या: सभी परिणाम हुए।

49. युद्ध का प्रभाव किस क्षेत्र में पड़ा?
(A) समाज
(B) राजनीति
(C) अर्थव्यवस्था
(D) सभी
उत्तर: (D)
व्याख्या: सभी क्षेत्रों में प्रभाव पड़ा।

50. द्वितीय विश्व युद्ध की सबसे महत्वपूर्ण विशेषता क्या थी?
(A) स्थानीय युद्ध
(B) वैश्विक स्तर पर व्यापक विनाश और परमाणु हथियारों का उपयोग
(C) व्यापार
(D) शिक्षा
उत्तर: (B)
व्याख्या: इस युद्ध में परमाणु बम का उपयोग हुआ और व्यापक विनाश हुआ।

Chapter 34: रूसी क्रांति

1. रूसी क्रांति कब हुई थी?
(A) 1905
(B) 1917
(C) 1920
(D) 1930
उत्तर: (B)
व्याख्या: रूसी क्रांति 1917 में हुई थी।

2. रूसी क्रांति किस देश में हुई थी?
(A) फ्रांस
(B) रूस
(C) जर्मनी
(D) इटली
उत्तर: (B)
व्याख्या: यह क्रांति रूस में हुई थी।

3. रूसी क्रांति का मुख्य कारण क्या था?
(A) आर्थिक संकट
(B) सामाजिक असमानता
(C) राजनीतिक असंतोष
(D) सभी
उत्तर: (D)
व्याख्या: सभी कारणों ने मिलकर क्रांति को जन्म दिया।

4. रूस का शासक कौन था क्रांति के समय?

(A) जार निकोलस द्वितीय

(B) लेनिन

(C) स्टालिन

(D) ट्रॉट्स्की

उत्तर: (A)

व्याख्या: जार निकोलस II रूस का शासक था।

5. रूसी क्रांति के नेता कौन थे?

(A) लेनिन

(B) ट्रॉट्स्की

(C) स्टालिन

(D) सभी

उत्तर: (D)

व्याख्या: सभी नेताओं ने महत्वपूर्ण भूमिका निभाई।

6. बोल्शेविक कौन थे?

(A) सैनिक

(B) क्रांतिकारी दल

(C) व्यापारी

(D) किसान

उत्तर: (B)

व्याख्या: बोल्शेविक एक क्रांतिकारी समूह था।

7. रूसी क्रांति के दौरान कौन सा नारा प्रसिद्ध हुआ?

(A) शांति, भूमि और रोटी

(B) स्वतंत्रता

(C) समानता

(D) न्याय

उत्तर: (A)

व्याख्या: यह बोल्शेविकों का प्रमुख नारा था।

8. फरवरी क्रांति कब हुई थी?

(A) 1916

(B) 1917

(C) 1918

(D) 1919

उत्तर: (B)

व्याख्या: फरवरी 1917 में पहली क्रांति हुई।

9. अक्टूबर क्रांति का नेतृत्व किसने किया?

(A) स्टालिन

(B) लेनिन

(C) ट्रॉट्स्की

(D) जार

उत्तर: (B)

व्याख्या: लेनिन ने अक्टूबर क्रांति का नेतृत्व किया।

10. रूसी क्रांति का मुख्य उद्देश्य क्या था?

(A) व्यापार

(B) समाजवाद स्थापित करना

(C) शिक्षा

(D) युद्ध

उत्तर: (B)

व्याख्या: समाजवादी व्यवस्था स्थापित करना लक्ष्य था।

11. रूसी क्रांति का परिणाम क्या था?

(A) जारशाही का अंत

(B) समाजवादी शासन
(C) नई सरकार
(D) सभी
उत्तर: (D)
व्याख्या: सभी परिणाम सामने आए।

12. सोवियत संघ की स्थापना कब हुई?
(A) 1917
(B) 1922
(C) 1930
(D) 1945
उत्तर: (B)
व्याख्या: 1922 में सोवियत संघ बना।

13. लेनिन का पूरा नाम क्या था?
(A) व्लादिमीर लेनिन
(B) व्लादिमीर इलिच लेनिन
(C) जोसेफ लेनिन
(D) निकोलस लेनिन
उत्तर: (B)
व्याख्या: उनका पूरा नाम व्लादिमीर इलिच लेनिन था।

14. ट्रॉट्स्की किस भूमिका में थे?
(A) सैनिक नेता
(B) व्यापारी
(C) शिक्षक
(D) किसान
उत्तर: (A)
व्याख्या: वे सैन्य नेता थे।

15. रूसी क्रांति का प्रभाव किस पर पड़ा?
(A) समाज
(B) राजनीति
(C) विश्व
(D) सभी
उत्तर: (D)
व्याख्या: इसका वैश्विक प्रभाव पड़ा।

16. रूसी क्रांति का मुख्य स्वरूप क्या था?
(A) स्थानीय
(B) राष्ट्रीय
(C) वैश्विक प्रभाव वाला
(D) सीमित
उत्तर: (C)
व्याख्या: इसका प्रभाव पूरे विश्व पर पड़ा।

17. रूसी क्रांति का प्रभाव अर्थव्यवस्था पर कैसा था?
(A) सुधार
(B) गिरावट
(C) मिश्रित
(D) कोई नहीं
उत्तर: (C)
व्याख्या: आर्थिक बदलाव हुए।

18. रूसी क्रांति का प्रभाव समाज पर कैसा था?
(A) सकारात्मक
(B) नकारात्मक
(C) मिश्रित
(D) कोई नहीं
उत्तर: (A)
व्याख्या: समानता की दिशा में बदलाव हुआ।

19. रूसी क्रांति का प्रभाव राजनीति

पर कैसा था?

(A) परिवर्तन

(B) सुधार

(C) जागरूकता

(D) सभी

उत्तर: (D)

व्याख्या: राजनीतिक परिवर्तन हुए।

20. रूसी क्रांति का मुख्य कारण क्या था?

(A) गरीबी

(B) असमानता

(C) असंतोष

(D) सभी

उत्तर: (D)

व्याख्या: सभी कारण जिम्मेदार थे।

21. रूसी क्रांति का प्रभाव शिक्षा पर कैसा था?

(A) वृद्धि

(B) कमी

(C) नहीं

(D) सीमित

उत्तर: (A)

व्याख्या: शिक्षा का प्रसार हुआ।

22. रूसी क्रांति का प्रभाव उद्योग पर कैसा था?

(A) वृद्धि

(B) कमी

(C) स्थिर

(D) अस्थिर

उत्तर: (A)

व्याख्या: उद्योगों का राष्ट्रीयकरण हुआ।

23. रूसी क्रांति का प्रभाव किसानों पर कैसा था?

(A) सकारात्मक

(B) नकारात्मक

(C) मिश्रित

(D) कोई नहीं

उत्तर: (A)

व्याख्या: किसानों को भूमि मिली।

24. रूसी क्रांति का प्रभाव मजदूरों पर कैसा था?

(A) सकारात्मक

(B) नकारात्मक

(C) मिश्रित

(D) कोई नहीं

उत्तर: (A)

व्याख्या: मजदूरों की स्थिति में सुधार हुआ।

25. रूसी क्रांति का मुख्य उद्देश्य क्या था?

(A) व्यापार

(B) समानता

(C) समाजवाद

(D) सभी

उत्तर: (D)

व्याख्या: सभी उद्देश्य शामिल थे।

26. रूसी क्रांति का प्रभाव किस पर पड़ा?

(A) व्यक्ति

(B) समाज

(C) राष्ट्र

(D) सभी

उत्तर: (D)
व्याख्या: सभी प्रभावित हुए।

27. रूसी क्रांति का प्रभाव विश्व पर क्या था?
(A) प्रेरणा
(B) क्रांति
(C) समाजवाद
(D) सभी
उत्तर: (D)
व्याख्या: अन्य देशों को प्रेरणा मिली।

28. रूसी क्रांति का मुख्य परिणाम क्या था?
(A) समाजवाद
(B) नई सरकार
(C) जारशाही का अंत
(D) सभी
उत्तर: (D)
व्याख्या: सभी परिणाम सामने आए।

29. रूसी क्रांति का प्रभाव राजनीति पर क्या था?
(A) परिवर्तन
(B) सुधार
(C) जागरूकता
(D) सभी
उत्तर: (D)
व्याख्या: राजनीतिक बदलाव हुए।

30. रूसी क्रांति का प्रभाव समाज पर क्या था?
(A) सुधार
(B) विकास
(C) समानता
(D) सभी
उत्तर: (D)
व्याख्या: समाज में परिवर्तन आया।

31. रूसी क्रांति का प्रभाव अर्थव्यवस्था पर क्या था?
(A) सुधार
(B) गिरावट
(C) मिश्रित
(D) कोई नहीं
उत्तर: (C)
व्याख्या: आर्थिक बदलाव हुए।

32. रूसी क्रांति का मुख्य विचार क्या था?
(A) समाजवाद
(B) समानता
(C) न्याय
(D) सभी
उत्तर: (D)
व्याख्या: सभी विचार महत्वपूर्ण थे।

33. रूसी क्रांति का प्रभाव व्यक्ति पर क्या था?
(A) अधिकार
(B) समानता
(C) जागरूकता
(D) सभी
उत्तर: (D)
व्याख्या: व्यक्ति में बदलाव आया।

34. रूसी क्रांति का प्रभाव किस पर पड़ा?
(A) समाज
(B) राजनीति

(C) विश्व
(D) सभी
उत्तर: (D)
व्याख्या: सभी प्रभावित हुए।

35. रूसी क्रांति का मुख्य उद्देश्य क्या था?
(A) समानता
(B) समाजवाद
(C) न्याय
(D) सभी
उत्तर: (D)
व्याख्या: सभी उद्देश्य शामिल थे।

36. रूसी क्रांति का प्रभाव शिक्षा पर क्या था?
(A) वृद्धि
(B) कमी
(C) नहीं
(D) सीमित
उत्तर: (A)
व्याख्या: शिक्षा का विकास हुआ।

37. रूसी क्रांति का प्रभाव उद्योग पर क्या था?
(A) वृद्धि
(B) कमी
(C) स्थिर
(D) अस्थिर
उत्तर: (A)
व्याख्या: उद्योग विकसित हुए।

38. रूसी क्रांति का प्रभाव किसानों पर क्या था?
(A) सकारात्मक
(B) नकारात्मक
(C) मिश्रित
(D) कोई नहीं
उत्तर: (A)
व्याख्या: किसानों को लाभ मिला।

39. रूसी क्रांति का प्रभाव मजदूरों पर क्या था?
(A) सकारात्मक
(B) नकारात्मक
(C) मिश्रित
(D) कोई नहीं
उत्तर: (A)
व्याख्या: मजदूरों की स्थिति सुधरी।

40. रूसी क्रांति का मुख्य परिणाम क्या था?
(A) समाजवाद
(B) नई सरकार
(C) जारशाही का अंत
(D) सभी
उत्तर: (D)
व्याख्या: सभी परिणाम हुए।

41. रूसी क्रांति का प्रभाव विश्व पर क्या था?
(A) प्रेरणा
(B) समाजवाद
(C) क्रांति
(D) सभी
उत्तर: (D)
व्याख्या: वैश्विक प्रभाव पड़ा।

42. रूसी क्रांति का मुख्य तत्व क्या था?

(A) समानता
(B) समाजवाद
(C) न्याय
(D) सभी
उत्तर: (D)
व्याख्या: सभी तत्व महत्वपूर्ण थे।

43. रूसी क्रांति का प्रभाव व्यक्ति पर क्या था?
(A) अधिकार
(B) समानता
(C) जागरूकता
(D) सभी
उत्तर: (D)
व्याख्या: व्यक्ति में परिवर्तन आया।

44. रूसी क्रांति का प्रभाव समाज पर क्या था?
(A) सुधार
(B) विकास
(C) समानता
(D) सभी
उत्तर: (D)
व्याख्या: समाज में बदलाव आया।

45. रूसी क्रांति का प्रभाव राजनीति पर क्या था?
(A) परिवर्तन
(B) सुधार
(C) जागरूकता
(D) सभी
उत्तर: (D)
व्याख्या: राजनीतिक परिवर्तन हुए।

46. रूसी क्रांति का प्रभाव किस क्षेत्र में पड़ा?
(A) समाज
(B) राजनीति
(C) अर्थव्यवस्था
(D) सभी
उत्तर: (D)
व्याख्या: सभी क्षेत्रों में प्रभाव पड़ा।

47. रूसी क्रांति का मुख्य विचार क्या था?
(A) समाजवाद
(B) समानता
(C) न्याय
(D) सभी
उत्तर: (D)
व्याख्या: सभी विचार महत्वपूर्ण थे।

48. रूसी क्रांति का प्रभाव किस पर पड़ा?
(A) व्यक्ति
(B) समाज
(C) राष्ट्र
(D) सभी
उत्तर: (D)
व्याख्या: सभी प्रभावित हुए।

49. रूसी क्रांति का मुख्य परिणाम क्या था?
(A) समाजवाद
(B) नई सरकार
(C) जारशाही का अंत
(D) सभी
उत्तर: (D)
व्याख्या: सभी परिणाम हुए।

50. रूसी क्रांति की सबसे महत्वपूर्ण विशेषता क्या थी?

(A) युद्ध
(B) समाजवादी शासन की स्थापना
(C) व्यापार
(D) शिक्षा
उत्तर: (B)
व्याख्या: इस क्रांति ने समाजवादी शासन स्थापित किया।

Chapter 35: संयुक्त राष्ट्र संघ एवं विश्व संगठन

1. संयुक्त राष्ट्र संघ की स्थापना कब हुई थी?

(A) 1944
(B) 1945
(C) 1946
(D) 1950
उत्तर: (B)
व्याख्या: संयुक्त राष्ट्र संघ की स्थापना 24 अक्टूबर 1945 को हुई।

2. संयुक्त राष्ट्र संघ का मुख्यालय कहाँ है?

(A) लंदन
(B) पेरिस
(C) न्यूयॉर्क
(D) जिनेवा
उत्तर: (C)
व्याख्या: इसका मुख्यालय न्यूयॉर्क में स्थित है।

3. संयुक्त राष्ट्र संघ का मुख्य उद्देश्य क्या है?

(A) युद्ध
(B) विश्व शांति बनाए रखना
(C) व्यापार
(D) शिक्षा
उत्तर: (B)
व्याख्या: इसका मुख्य उद्देश्य विश्व में शांति बनाए रखना है।

4. संयुक्त राष्ट्र संघ की स्थापना किस युद्ध के बाद हुई?

(A) प्रथम विश्व युद्ध
(B) द्वितीय विश्व युद्ध
(C) शीत युद्ध
(D) कोई नहीं
उत्तर: (B)
व्याख्या: द्वितीय विश्व युद्ध के बाद इसकी स्थापना हुई।

5. संयुक्त राष्ट्र संघ के कितने मुख्य अंग हैं?

(A) 4
(B) 5
(C) 6
(D) 7
उत्तर: (C)
व्याख्या: संयुक्त राष्ट्र के 6 प्रमुख अंग हैं।

6. संयुक्त राष्ट्र महासभा क्या है?

(A) न्यायालय
(B) संसद जैसा अंग
(C) सेना
(D) व्यापार संगठन
उत्तर: (B)

व्याख्या: महासभा सभी सदस्य देशों का प्रतिनिधित्व करती है।

7. सुरक्षा परिषद में कितने स्थायी सदस्य हैं?

(A) 4
(B) 5
(C) 6
(D) 7

उत्तर: (B)

व्याख्या: अमेरिका, रूस, चीन, फ्रांस और ब्रिटेन स्थायी सदस्य हैं।

8. सुरक्षा परिषद का मुख्य कार्य क्या है?

(A) शिक्षा
(B) शांति और सुरक्षा बनाए रखना
(C) व्यापार
(D) न्याय

उत्तर: (B)

व्याख्या: यह अंतरराष्ट्रीय शांति बनाए रखने का कार्य करती है।

9. अंतरराष्ट्रीय न्यायालय कहाँ स्थित है?

(A) पेरिस
(B) हेग
(C) लंदन
(D) जिनेवा

उत्तर: (B)

व्याख्या: यह नीदरलैंड के हेग में स्थित है।

10. संयुक्त राष्ट्र का महासचिव कौन होता है?

(A) देश का राष्ट्रपति
(B) संगठन का प्रमुख अधिकारी
(C) न्यायाधीश
(D) सैनिक

उत्तर: (B)

व्याख्या: महासचिव UN का प्रमुख प्रशासक होता है।

11. यूनिसेफ किससे संबंधित है?

(A) शिक्षा
(B) बच्चों का कल्याण
(C) स्वास्थ्य
(D) व्यापार

उत्तर: (B)

व्याख्या: UNICEF बच्चों के कल्याण के लिए कार्य करता है।

12. WHO किससे संबंधित है?

(A) व्यापार
(B) स्वास्थ्य
(C) शिक्षा
(D) कृषि

उत्तर: (B)

व्याख्या: WHO विश्व स्वास्थ्य संगठन है।

13. UNESCO का संबंध किससे है?

(A) शिक्षा और संस्कृति
(B) व्यापार
(C) युद्ध
(D) कृषि

उत्तर: (A)

व्याख्या: यह शिक्षा, विज्ञान और संस्कृति से जुड़ा है।

14. FAO का संबंध किससे है?

(A) स्वास्थ्य

(B) खाद्य और कृषि
(C) शिक्षा
(D) व्यापार
उत्तर: (B)
व्याख्या: यह खाद्य और कृषि संगठन है।

15. ILO का संबंध किससे है?
(A) व्यापार
(B) श्रमिक
(C) शिक्षा
(D) स्वास्थ्य
उत्तर: (B)
व्याख्या: यह श्रमिकों के हितों के लिए कार्य करता है।

16. संयुक्त राष्ट्र का ध्वज किस रंग का होता है?
(A) लाल
(B) नीला
(C) हरा
(D) सफेद
उत्तर: (B)
व्याख्या: इसका ध्वज नीले रंग का होता है।

17. संयुक्त राष्ट्र दिवस कब मनाया जाता है?
(A) 15 अगस्त
(B) 24 अक्टूबर
(C) 26 जनवरी
(D) 1 जनवरी
उत्तर: (B)
व्याख्या: 24 अक्टूबर को UN दिवस मनाया जाता है।

18. संयुक्त राष्ट्र में कितने सदस्य देश हैं?
(A) 150
(B) 193
(C) 200
(D) 180
उत्तर: (B)
व्याख्या: वर्तमान में 193 सदस्य देश हैं।

19. संयुक्त राष्ट्र का प्रभाव किस पर पड़ा?
(A) विश्व शांति
(B) विकास
(C) सहयोग
(D) सभी
उत्तर: (D)
व्याख्या: सभी क्षेत्रों में प्रभाव पड़ा।

20. संयुक्त राष्ट्र का मुख्य उद्देश्य क्या है?
(A) युद्ध
(B) शांति
(C) व्यापार
(D) शिक्षा
उत्तर: (B)
व्याख्या: शांति बनाए रखना मुख्य उद्देश्य है।

21. IMF का संबंध किससे है?
(A) स्वास्थ्य
(B) वित्त
(C) शिक्षा
(D) कृषि
उत्तर: (B)

व्याख्या: यह अंतरराष्ट्रीय मुद्रा कोष है।

22. विश्व बैंक का मुख्य कार्य क्या है?

(A) युद्ध
(B) विकास सहायता
(C) शिक्षा
(D) व्यापार

उत्तर: (B)

व्याख्या: यह विकास के लिए ऋण देता है।

23. WTO का संबंध किससे है?

(A) स्वास्थ्य
(B) व्यापार
(C) शिक्षा
(D) कृषि

उत्तर: (B)

व्याख्या: यह विश्व व्यापार संगठन है।

24. UN का मुख्य उद्देश्य क्या है?

(A) शांति
(B) सहयोग
(C) विकास
(D) सभी

उत्तर: (D)

व्याख्या: सभी उद्देश्य शामिल हैं।

25. संयुक्त राष्ट्र का प्रभाव समाज पर कैसा है?

(A) सकारात्मक
(B) नकारात्मक
(C) कोई नहीं
(D) सीमित

उत्तर: (A)

व्याख्या: समाज में सुधार हुआ।

26. संयुक्त राष्ट्र का प्रभाव राजनीति पर कैसा है?

(A) परिवर्तन
(B) सुधार
(C) सहयोग
(D) सभी

उत्तर: (D)

व्याख्या: राजनीतिक सहयोग बढ़ा।

27. संयुक्त राष्ट्र का प्रभाव विश्व पर क्या है?

(A) शांति
(B) विकास
(C) सहयोग
(D) सभी

उत्तर: (D)

व्याख्या: वैश्विक प्रभाव पड़ा।

28. संयुक्त राष्ट्र का मुख्य अंग कौन सा है?

(A) महासभा
(B) सुरक्षा परिषद
(C) सचिवालय
(D) सभी

उत्तर: (D)

व्याख्या: सभी प्रमुख अंग हैं।

29. संयुक्त राष्ट्र का प्रभाव किस पर पड़ा?

(A) व्यक्ति
(B) समाज
(C) राष्ट्र
(D) सभी

उत्तर: (D)

व्याख्या: सभी प्रभावित हुए।

30. संयुक्त राष्ट्र का मुख्य कार्य क्या है?

(A) शांति
(B) विकास
(C) सहयोग
(D) सभी

उत्तर: (D)

व्याख्या: सभी कार्य महत्वपूर्ण हैं।

31. संयुक्त राष्ट्र का प्रभाव शिक्षा पर कैसा है?

(A) वृद्धि
(B) कमी
(C) नहीं
(D) सीमित

उत्तर: (A)

व्याख्या: शिक्षा में सुधार हुआ।

32. संयुक्त राष्ट्र का प्रभाव स्वास्थ्य पर कैसा है?

(A) सुधार
(B) गिरावट
(C) नहीं
(D) सीमित

उत्तर: (A)

व्याख्या: WHO के माध्यम से स्वास्थ्य सुधरा।

33. संयुक्त राष्ट्र का प्रभाव अर्थव्यवस्था पर कैसा है?

(A) सुधार
(B) गिरावट
(C) मिश्रित
(D) कोई नहीं

उत्तर: (A)

व्याख्या: आर्थिक विकास में मदद मिली।

34. संयुक्त राष्ट्र का मुख्य उद्देश्य क्या है?

(A) शांति
(B) विकास
(C) सहयोग
(D) सभी

उत्तर: (D)

व्याख्या: सभी उद्देश्य शामिल हैं।

35. संयुक्त राष्ट्र का प्रभाव किस क्षेत्र में पड़ा?

(A) शिक्षा
(B) स्वास्थ्य
(C) अर्थव्यवस्था
(D) सभी

उत्तर: (D)

व्याख्या: सभी क्षेत्रों में प्रभाव पड़ा।

36. संयुक्त राष्ट्र का मुख्य विचार क्या है?

(A) शांति
(B) सहयोग
(C) विकास
(D) सभी

उत्तर: (D)

व्याख्या: सभी विचार महत्वपूर्ण हैं।

37. संयुक्त राष्ट्र का प्रभाव व्यक्ति पर क्या है?

(A) सुरक्षा

(B) अधिकार
(C) विकास
(D) सभी
उत्तर: (D)
व्याख्या: व्यक्ति को लाभ मिला।

38. संयुक्त राष्ट्र का प्रभाव समाज पर क्या है?
(A) सुधार
(B) विकास
(C) सहयोग
(D) सभी
उत्तर: (D)
व्याख्या: समाज में सकारात्मक बदलाव हुए।

39. संयुक्त राष्ट्र का प्रभाव राजनीति पर क्या है?
(A) सहयोग
(B) शांति
(C) सुधार
(D) सभी
उत्तर: (D)
व्याख्या: राजनीतिक सहयोग बढ़ा।

40. संयुक्त राष्ट्र का प्रभाव विश्व पर क्या है?
(A) शांति
(B) विकास
(C) सहयोग
(D) सभी
उत्तर: (D)
व्याख्या: वैश्विक प्रभाव पड़ा।

41. संयुक्त राष्ट्र का मुख्य परिणाम क्या है?
(A) शांति
(B) विकास
(C) सहयोग
(D) सभी
उत्तर: (D)
व्याख्या: सभी परिणाम सामने आए।

42. संयुक्त राष्ट्र का प्रभाव किस पर पड़ा?
(A) व्यक्ति
(B) समाज
(C) राष्ट्र
(D) सभी
उत्तर: (D)
व्याख्या: सभी प्रभावित हुए।

43. संयुक्त राष्ट्र का मुख्य उद्देश्य क्या है?
(A) शांति
(B) विकास
(C) सहयोग
(D) सभी
उत्तर: (D)
व्याख्या: सभी उद्देश्य महत्वपूर्ण हैं।

44. संयुक्त राष्ट्र का प्रभाव शिक्षा पर क्या है?
(A) वृद्धि
(B) कमी
(C) नहीं
(D) सीमित
उत्तर: (A)
व्याख्या: शिक्षा का विकास हुआ।

45. संयुक्त राष्ट्र का प्रभाव स्वास्थ्य पर क्या है?
(A) सुधार
(B) गिरावट
(C) नहीं
(D) सीमित
उत्तर: (A)
व्याख्या: स्वास्थ्य सेवाओं में सुधार हुआ।

46. संयुक्त राष्ट्र का प्रभाव अर्थव्यवस्था पर क्या है?
(A) सुधार
(B) गिरावट
(C) मिश्रित
(D) कोई नहीं
उत्तर: (A)
व्याख्या: आर्थिक विकास में सहायता मिली।

47. संयुक्त राष्ट्र का मुख्य तत्व क्या है?
(A) शांति
(B) सहयोग
(C) विकास
(D) सभी
उत्तर: (D)
व्याख्या: सभी तत्व महत्वपूर्ण हैं।

48. संयुक्त राष्ट्र का प्रभाव किस पर पड़ा?
(A) समाज
(B) राजनीति
(C) विश्व
(D) सभी
उत्तर: (D)
व्याख्या: सभी प्रभावित हुए।

49. संयुक्त राष्ट्र का मुख्य उद्देश्य क्या है?
(A) शांति
(B) विकास
(C) सहयोग
(D) सभी
उत्तर: (D)
व्याख्या: सभी उद्देश्य शामिल हैं।

50. संयुक्त राष्ट्र संघ की सबसे महत्वपूर्ण विशेषता क्या है?
(A) युद्ध
(B) विश्व शांति और अंतरराष्ट्रीय सहयोग
(C) व्यापार
(D) शिक्षा
उत्तर: (B)
व्याख्या: इसका मुख्य उद्देश्य विश्व शांति और सहयोग बनाए रखना है।

Chapter 36: प्राचीन भारत – वस्तुनिष्ठ प्रश्न

1. भारत में मानव जीवन के सबसे प्राचीन साक्ष्य किस काल से मिलते हैं?
(A) वैदिक काल
(B) प्रागैतिहासिक काल
(C) मौर्य काल
(D) गुप्त काल

उत्तर: (B)
व्याख्या: प्रागैतिहासिक काल में मानव के प्रारंभिक साक्ष्य मिलते हैं।

2. भीमबेटका की गुफाएँ किससे संबंधित हैं?
(A) मौर्य काल
(B) प्रागैतिहासिक काल
(C) वैदिक काल
(D) गुप्त काल
उत्तर: (B)
व्याख्या: ये गुफाएँ प्रागैतिहासिक मानव के जीवन को दर्शाती हैं।

3. सिंधु घाटी सभ्यता का प्रमुख नगर कौन सा था?
(A) पाटलिपुत्र
(B) हड़प्पा
(C) काशी
(D) उज्जैन
उत्तर: (B)
व्याख्या: हड़प्पा सिंधु सभ्यता का प्रमुख नगर था।

4. मोहनजोदड़ो का अर्थ क्या है?
(A) मृतकों का टीला
(B) देवताओं का स्थान
(C) व्यापार केंद्र
(D) नदी किनारा
उत्तर: (A)
व्याख्या: मोहनजोदड़ो का अर्थ "मृतकों का टीला" है।

5. सिंधु सभ्यता की लिपि कैसी थी?
(A) स्पष्ट
(B) अपठित
(C) संस्कृत
(D) अरबी
उत्तर: (B)
व्याख्या: अभी तक इसकी लिपि पढ़ी नहीं जा सकी है।

6. वैदिक काल के प्रमुख ग्रंथ कौन से हैं?
(A) वेद
(B) उपनिषद
(C) ब्राह्मण
(D) सभी
उत्तर: (D)
व्याख्या: ये सभी वैदिक साहित्य के भाग हैं।

7. ऋग्वेद किससे संबंधित है?
(A) पूजा
(B) स्तुति
(C) ज्ञान
(D) विज्ञान
उत्तर: (B)
व्याख्या: इसमें देवताओं की स्तुति है।

8. महाजनपदों की संख्या कितनी थी?
(A) 10
(B) 12
(C) 16
(D) 18
उत्तर: (C)
व्याख्या: 16 महाजनपद थे।

9. मगध की राजधानी क्या थी?
(A) तक्षशिला

(B) पाटलिपुत्र
(C) काशी
(D) उज्जैन
उत्तर: (B)
व्याख्या: पाटलिपुत्र मगध की राजधानी थी।

10. गौतम बुद्ध का जन्म कहाँ हुआ था?
(A) लुंबिनी
(B) गया
(C) सारनाथ
(D) कुशीनगर
उत्तर: (A)
व्याख्या: बुद्ध का जन्म लुंबिनी में हुआ।

11. महावीर का जन्म कहाँ हुआ था?
(A) वैशाली
(B) पाटलिपुत्र
(C) गया
(D) काशी
उत्तर: (A)
व्याख्या: महावीर का जन्म वैशाली में हुआ।

12. मौर्य साम्राज्य की स्थापना किसने की?
(A) अशोक
(B) चंद्रगुप्त मौर्य
(C) बिंदुसार
(D) हर्षवर्धन
उत्तर: (B)
व्याख्या: चंद्रगुप्त मौर्य ने स्थापना की।

13. अशोक किस वंश से संबंधित था?
(A) गुप्त
(B) मौर्य
(C) नंद
(D) कुषाण
उत्तर: (B)
व्याख्या: अशोक मौर्य वंश का शासक था।

14. कलिंग युद्ध कब हुआ था?
(A) 261 ई.पू.
(B) 300 ई.पू.
(C) 150 ई.पू.
(D) 100 ई.पू.
उत्तर: (A)
व्याख्या: 261 ई.पू. में कलिंग युद्ध हुआ।

15. गुप्त काल को क्या कहा जाता है?
(A) अंधकार युग
(B) स्वर्ण युग
(C) मध्य युग
(D) आधुनिक युग
उत्तर: (B)
व्याख्या: इसे स्वर्ण युग कहा जाता है।

16. समुद्रगुप्त किस वंश से संबंधित था?
(A) मौर्य
(B) गुप्त
(C) नंद
(D) कुषाण
उत्तर: (B)

व्याख्या: वह गुप्त वंश का शासक था।

17. आर्य समाज की स्थापना किसने की?

(A) विवेकानंद
(B) दयानंद सरस्वती
(C) राममोहन राय
(D) टैगोर

उत्तर: (B)

व्याख्या: दयानंद सरस्वती ने स्थापना की।

18. संस्कृत भाषा का विकास किस काल में हुआ?

(A) वैदिक काल
(B) मौर्य काल
(C) गुप्त काल
(D) आधुनिक काल

उत्तर: (A)

व्याख्या: वैदिक काल में संस्कृत विकसित हुई।

19. नालंदा विश्वविद्यालय किस काल में प्रसिद्ध था?

(A) मौर्य
(B) गुप्त
(C) वैदिक
(D) आधुनिक

उत्तर: (B)

व्याख्या: गुप्त काल में यह प्रसिद्ध था।

20. प्राचीन भारत में शिक्षा का प्रमुख केंद्र क्या था?

(A) मंदिर
(B) गुरुकुल
(C) बाजार
(D) महल

उत्तर: (B)

व्याख्या: गुरुकुल शिक्षा का मुख्य केंद्र था।

21. वैदिक समाज का मुख्य आधार क्या था?

(A) कृषि
(B) व्यापार
(C) उद्योग
(D) शिक्षा

उत्तर: (A)

व्याख्या: कृषि मुख्य आधार थी।

22. सिंधु सभ्यता का मुख्य व्यवसाय क्या था?

(A) कृषि
(B) व्यापार
(C) शिकार
(D) शिक्षा

उत्तर: (B)

व्याख्या: व्यापार प्रमुख था।

23. अशोक के अभिलेख किस लिपि में थे?

(A) ब्राह्मी
(B) संस्कृत
(C) अरबी
(D) फारसी

उत्तर: (A)

व्याख्या: ब्राह्मी लिपि का उपयोग हुआ।

24. बौद्ध धर्म का मुख्य सिद्धांत क्या है?

(A) अहिंसा
(B) मध्यम मार्ग
(C) सत्य
(D) सभी
उत्तर: (D)
व्याख्या: सभी सिद्धांत महत्वपूर्ण हैं।

25. जैन धर्म का मुख्य सिद्धांत क्या है?
(A) अहिंसा
(B) सत्य
(C) अपरिग्रह
(D) सभी
उत्तर: (D)
व्याख्या: सभी सिद्धांत महत्वपूर्ण हैं।

26. गुप्त काल में कौन सा विज्ञान विकसित हुआ?
(A) गणित
(B) खगोल
(C) चिकित्सा
(D) सभी
उत्तर: (D)
व्याख्या: सभी क्षेत्रों में विकास हुआ।

27. आर्य किस क्षेत्र से आए थे?
(A) भारत
(B) मध्य एशिया
(C) यूरोप
(D) अफ्रीका
उत्तर: (B)
व्याख्या: वे मध्य एशिया से आए थे।

28. वेदों की संख्या कितनी है?
(A) 2
(B) 3
(C) 4
(D) 5
उत्तर: (C)
व्याख्या: चार वेद हैं।

29. प्राचीन भारत का सबसे बड़ा साम्राज्य कौन सा था?
(A) मौर्य
(B) गुप्त
(C) नंद
(D) कुषाण
उत्तर: (A)
व्याख्या: मौर्य साम्राज्य सबसे बड़ा था।

30. चंद्रगुप्त मौर्य का गुरु कौन था?
(A) कालिदास
(B) चाणक्य
(C) अशोक
(D) बिंदुसार
उत्तर: (B)
व्याख्या: चाणक्य उनके गुरु थे।

31. अशोक ने किस धर्म को अपनाया?
(A) जैन
(B) बौद्ध
(C) हिंदू
(D) सिख
उत्तर: (B)
व्याख्या: कलिंग युद्ध के बाद उन्होंने बौद्ध धर्म अपनाया।

32. गुप्त काल में प्रसिद्ध कवि कौन था?
(A) कालिदास
(B) तुलसीदास

(C) कबीर
(D) सूरदास
उत्तर: (A)
व्याख्या: कालिदास गुप्त काल के महान कवि थे।

33. प्राचीन भारत में सिक्कों का उपयोग कब शुरू हुआ?
(A) वैदिक काल
(B) महाजनपद काल
(C) मौर्य काल
(D) गुप्त काल
उत्तर: (B)
व्याख्या: महाजनपद काल में सिक्कों का उपयोग शुरू हुआ।

34. बौद्ध धर्म का प्रसार किसने किया?
(A) अशोक
(B) चंद्रगुप्त
(C) समुद्रगुप्त
(D) हर्ष
उत्तर: (A)
व्याख्या: अशोक ने इसका प्रचार किया।

35. जैन धर्म के संस्थापक कौन थे?
(A) बुद्ध
(B) महावीर
(C) अशोक
(D) चंद्रगुप्त
उत्तर: (B)
व्याख्या: महावीर जैन धर्म के संस्थापक थे।

36. प्राचीन भारत में सबसे प्राचीन ग्रंथ कौन सा है?
(A) महाभारत
(B) रामायण
(C) ऋग्वेद
(D) पुराण
उत्तर: (C)
व्याख्या: ऋग्वेद सबसे प्राचीन ग्रंथ है।

37. सिंधु सभ्यता का अंत किस कारण हुआ?
(A) बाढ़
(B) आक्रमण
(C) प्राकृतिक कारण
(D) सभी
उत्तर: (D)
व्याख्या: कई कारणों से इसका पतन हुआ।

38. गुप्त काल में शिक्षा का प्रमुख केंद्र कौन सा था?
(A) तक्षशिला
(B) नालंदा
(C) विक्रमशिला
(D) सभी
उत्तर: (D)
व्याख्या: कई शिक्षा केंद्र प्रसिद्ध थे।

39. प्राचीन भारत में धर्म का क्या महत्व था?
(A) कम
(B) अधिक
(C) नहीं
(D) सीमित

उत्तर: (B)
व्याख्या: धर्म का अत्यधिक महत्व था।

40. मौर्य साम्राज्य का विस्तार किसने किया?
(A) चंद्रगुप्त
(B) अशोक
(C) बिंदुसार
(D) हर्ष
उत्तर: (B)
व्याख्या: अशोक ने साम्राज्य का विस्तार किया।

41. प्राचीन भारत में व्यापार कैसे होता था?
(A) स्थल मार्ग
(B) समुद्री मार्ग
(C) दोनों
(D) कोई नहीं
उत्तर: (C)
व्याख्या: दोनों मार्गों से व्यापार होता था।

42. वैदिक काल में समाज का विभाजन किस आधार पर था?
(A) जाति
(B) वर्ण
(C) धर्म
(D) शिक्षा
उत्तर: (B)
व्याख्या: समाज वर्ण व्यवस्था पर आधारित था।

43. प्राचीन भारत में कौन सा धातु सबसे पहले उपयोग में आया?
(A) लोहा
(B) तांबा
(C) सोना
(D) चांदी
उत्तर: (B)
व्याख्या: तांबा सबसे पहले उपयोग हुआ।

44. प्राचीन भारत में नगरों का विकास कब हुआ?
(A) वैदिक काल
(B) सिंधु सभ्यता
(C) गुप्त काल
(D) मौर्य काल
उत्तर: (B)
व्याख्या: सिंधु सभ्यता में नगर विकसित हुए।

45. बौद्ध धर्म का प्रमुख ग्रंथ कौन सा है?
(A) वेद
(B) त्रिपिटक
(C) उपनिषद
(D) पुराण
उत्तर: (B)
व्याख्या: त्रिपिटक बौद्ध धर्म का प्रमुख ग्रंथ है।

46. जैन धर्म का प्रमुख ग्रंथ कौन सा है?
(A) आगम
(B) वेद
(C) उपनिषद
(D) पुराण

उत्तर: (A)
व्याख्या: आगम जैन धर्म के ग्रंथ हैं।

47. प्राचीन भारत में किसका महत्व अधिक था?
(A) धर्म
(B) शिक्षा
(C) कृषि
(D) सभी
उत्तर: (D)
व्याख्या: सभी का महत्व था।

48. प्राचीन भारत में शासन का स्वरूप कैसा था?
(A) लोकतंत्र
(B) राजतंत्र
(C) गणतंत्र
(D) सभी
उत्तर: (D)
व्याख्या: विभिन्न प्रकार की शासन व्यवस्था थी।

49. प्राचीन भारत का सबसे प्रसिद्ध विश्वविद्यालय कौन सा था?
(A) नालंदा
(B) तक्षशिला
(C) विक्रमशिला
(D) सभी
उत्तर: (D)
व्याख्या: सभी प्रसिद्ध शिक्षा केंद्र थे।

50. प्राचीन भारत की सबसे महत्वपूर्ण विशेषता क्या थी?
(A) व्यापार
(B) सांस्कृतिक विकास
(C) युद्ध
(D) शिक्षा
उत्तर: (B)
व्याख्या: सांस्कृतिक विकास इसकी प्रमुख विशेषता थी।

Chapter 37: मध्यकालीन भारत – वस्तुनिष्ठ प्रश्न

1. मध्यकालीन भारत का काल सामान्यतः किस अवधि को माना जाता है?
(A) 600–1200 ई.
(B) 1200–1700 ई.
(C) 1700–1857 ई.
(D) 1857–1947 ई.
उत्तर: (B)
व्याख्या: मध्यकालीन भारत का काल लगभग 1200 से 1700 ई. तक माना जाता है।

2. दिल्ली सल्तनत की स्थापना किसने की?
(A) कुतुबुद्दीन ऐबक
(B) इल्तुतमिश
(C) बलबन
(D) खिलजी
उत्तर: (A)
व्याख्या: कुतुबुद्दीन ऐबक ने दिल्ली सल्तनत की स्थापना की।

3. गुलाम वंश का पहला शासक कौन था?
(A) इल्तुतमिश

(B) कुतुबुद्दीन ऐबक
(C) रजिया
(D) बलबन
उत्तर: (B)
व्याख्या: कुतुबुद्दीन ऐबक पहला शासक था।

4. इल्तुतमिश ने किसको अपना उत्तराधिकारी बनाया?
(A) बलबन
(B) रजिया सुल्तान
(C) नसीरुद्दीन
(D) खिलजी
उत्तर: (B)
व्याख्या: रजिया सुल्तान को उत्तराधिकारी बनाया गया।

5. दिल्ली की पहली महिला शासक कौन थी?
(A) रजिया सुल्तान
(B) नूरजहाँ
(C) जहांआरा
(D) चाँद बीबी
उत्तर: (A)
व्याख्या: रजिया सुल्तान पहली महिला शासक थीं।

6. अलाउद्दीन खिलजी किस वंश से संबंधित था?
(A) गुलाम
(B) खिलजी
(C) तुगलक
(D) लोधी
उत्तर: (B)
व्याख्या: वह खिलजी वंश का शासक था।

7. अलाउद्दीन खिलजी का मुख्य उद्देश्य क्या था?
(A) व्यापार
(B) विस्तार और नियंत्रण
(C) शिक्षा
(D) धर्म
उत्तर: (B)
व्याख्या: उसने साम्राज्य विस्तार किया।

8. तुगलक वंश का संस्थापक कौन था?
(A) गयासुद्दीन तुगलक
(B) मोहम्मद बिन तुगलक
(C) फिरोज तुगलक
(D) लोधी
उत्तर: (A)
व्याख्या: गयासुद्दीन तुगलक ने स्थापना की।

9. मोहम्मद बिन तुगलक किसके लिए प्रसिद्ध था?
(A) धार्मिक सुधार
(B) अजीब नीतियाँ
(C) व्यापार
(D) शिक्षा
उत्तर: (B)
व्याख्या: उसकी नीतियाँ असफल मानी जाती हैं।

10. लोधी वंश का अंतिम शासक कौन था?
(A) इब्राहिम लोधी

(B) बहलोल लोधी
(C) सिकंदर लोधी
(D) बाबर
उत्तर: (A)
व्याख्या: इब्राहिम लोधी अंतिम शासक था।

11. पानीपत का पहला युद्ध कब हुआ?

(A) 1526
(B) 1556
(C) 1761
(D) 1707
उत्तर: (A)
व्याख्या: 1526 में बाबर और इब्राहिम लोधी के बीच हुआ।

12. मुगल साम्राज्य की स्थापना किसने की?

(A) अकबर
(B) बाबर
(C) हुमायूँ
(D) शाहजहाँ
उत्तर: (B)
व्याख्या: बाबर ने मुगल साम्राज्य की स्थापना की।

13. अकबर का शासन काल किसके लिए प्रसिद्ध है?

(A) युद्ध
(B) धार्मिक सहिष्णुता
(C) व्यापार
(D) शिक्षा
उत्तर: (B)
व्याख्या: अकबर ने धार्मिक सहिष्णुता अपनाई।

14. अकबर के दरबार में कितने रत्न थे?

(A) 7
(B) 9
(C) 11
(D) 12
उत्तर: (B)
व्याख्या: अकबर के दरबार में 9 रत्न थे।

15. जहांगीर किसका पुत्र था?

(A) अकबर
(B) शाहजहाँ
(C) बाबर
(D) औरंगजेब
उत्तर: (A)
व्याख्या: जहांगीर अकबर का पुत्र था।

16. शाहजहाँ ने कौन सा स्मारक बनवाया?

(A) कुतुब मीनार
(B) ताजमहल
(C) लाल किला
(D) चारमीनार
उत्तर: (B)
व्याख्या: ताजमहल शाहजहाँ ने बनवाया।

17. औरंगजेब किसके लिए प्रसिद्ध था?

(A) सहिष्णुता
(B) कठोर नीतियाँ
(C) शिक्षा
(D) व्यापार
उत्तर: (B)

व्याख्या: उसकी नीतियाँ कठोर थीं।

18. भक्ति आंदोलन का उद्देश्य क्या था?

(A) धर्म सुधार
(B) व्यापार
(C) युद्ध
(D) शिक्षा

उत्तर: (A)

व्याख्या: भक्ति आंदोलन ने धार्मिक सुधार किए।

19. कबीर किस आंदोलन से जुड़े थे?

(A) सूफी
(B) भक्ति
(C) क्रांति
(D) शिक्षा

उत्तर: (B)

व्याख्या: कबीर भक्ति आंदोलन से जुड़े थे।

20. सूफी आंदोलन का मुख्य उद्देश्य क्या था?

(A) प्रेम और भाईचारा
(B) युद्ध
(C) व्यापार
(D) शिक्षा

उत्तर: (A)

व्याख्या: सूफी संत प्रेम और शांति का संदेश देते थे।

21. गुरु नानक किस धर्म के संस्थापक थे?

(A) जैन
(B) बौद्ध
(C) सिख
(D) हिंदू

उत्तर: (C)

व्याख्या: गुरु नानक ने सिख धर्म की स्थापना की।

22. विजयनगर साम्राज्य की स्थापना किसने की?

(A) हरिहर और बुक्का
(B) कृष्णदेव राय
(C) बाबर
(D) अकबर

उत्तर: (A)

व्याख्या: हरिहर और बुक्का ने स्थापना की।

23. कृष्णदेव राय किस साम्राज्य से संबंधित थे?

(A) मुगल
(B) विजयनगर
(C) मराठा
(D) चोल

उत्तर: (B)

व्याख्या: वे विजयनगर के महान शासक थे।

24. बहमनी राज्य कहाँ स्थित था?

(A) उत्तर भारत
(B) दक्षिण भारत
(C) पश्चिम भारत
(D) पूर्व भारत

उत्तर: (B)

व्याख्या: यह दक्षिण भारत में था।

25. मराठा साम्राज्य के संस्थापक

कौन थे?

(A) शिवाजी
(B) बाजीराव
(C) औरंगजेब
(D) अकबर

उत्तर: (A)

व्याख्या: शिवाजी ने मराठा साम्राज्य की स्थापना की।

26. शिवाजी का राज्याभिषेक कब हुआ?

(A) 1674
(B) 1650
(C) 1700
(D) 1680

उत्तर: (A)

व्याख्या: 1674 में राज्याभिषेक हुआ।

27. मध्यकालीन भारत में प्रमुख भाषा कौन सी थी?

(A) संस्कृत
(B) फारसी
(C) हिंदी
(D) अरबी

उत्तर: (B)

व्याख्या: फारसी प्रशासनिक भाषा थी।

28. कुतुब मीनार का निर्माण किसने शुरू किया?

(A) ऐबक
(B) इल्तुतमिश
(C) बलबन
(D) अकबर

उत्तर: (A)

व्याख्या: ऐबक ने निर्माण शुरू किया।

29. फतेहपुर सीकरी किसने बनवाया?

(A) अकबर
(B) शाहजहाँ
(C) जहांगीर
(D) बाबर

उत्तर: (A)

व्याख्या: अकबर ने इसे बनवाया।

30. ताजमहल किस नदी के किनारे स्थित है?

(A) गंगा
(B) यमुना
(C) नर्मदा
(D) गोदावरी

उत्तर: (B)

व्याख्या: यह यमुना नदी के किनारे है।

31. मध्यकालीन भारत में शिक्षा का केंद्र क्या था?

(A) गुरुकुल
(B) मदरसा
(C) विश्वविद्यालय
(D) सभी

उत्तर: (D)

व्याख्या: विभिन्न प्रकार के शिक्षा केंद्र थे।

32. सूफी संतों का मुख्य संदेश क्या था?

(A) प्रेम
(B) भाईचारा
(C) शांति
(D) सभी

उत्तर: (D)
व्याख्या: वे प्रेम और शांति का संदेश देते थे।

33. भक्ति आंदोलन के प्रमुख संत कौन थे?

(A) कबीर
(B) तुलसीदास
(C) सूरदास
(D) सभी

उत्तर: (D)
व्याख्या: सभी संत महत्वपूर्ण थे।

34. औरंगजेब के बाद मुगल साम्राज्य का क्या हुआ?

(A) विस्तार
(B) पतन
(C) स्थिर
(D) विकास

उत्तर: (B)
व्याख्या: औरंगजेब के बाद पतन शुरू हुआ।

35. मध्यकालीन भारत का मुख्य व्यवसाय क्या था?

(A) कृषि
(B) व्यापार
(C) उद्योग
(D) शिक्षा

उत्तर: (A)
व्याख्या: कृषि प्रमुख थी।

36. दिल्ली सल्तनत की राजधानी क्या थी?

(A) दिल्ली
(B) आगरा
(C) लाहौर
(D) कन्नौज

उत्तर: (A)
व्याख्या: दिल्ली राजधानी थी।

37. मुगल प्रशासन में प्रमुख भाषा क्या थी?

(A) हिंदी
(B) फारसी
(C) संस्कृत
(D) अरबी

उत्तर: (B)
व्याख्या: फारसी प्रशासनिक भाषा थी।

38. मध्यकालीन भारत में कौन सा धर्म प्रमुख था?

(A) हिंदू
(B) मुस्लिम
(C) दोनों
(D) कोई नहीं

उत्तर: (C)
व्याख्या: दोनों धर्म प्रमुख थे।

39. मध्यकालीन भारत में कौन सा तत्व महत्वपूर्ण था?

(A) धर्म
(B) संस्कृति
(C) राजनीति
(D) सभी

उत्तर: (D)
व्याख्या: सभी महत्वपूर्ण थे।

40. मध्यकालीन भारत में व्यापार कैसे होता था?

(A) स्थल मार्ग
(B) समुद्री मार्ग
(C) दोनों
(D) कोई नहीं
उत्तर: (C)
व्याख्या: दोनों मार्गों से व्यापार होता था।

41. मध्यकालीन भारत में कला का विकास कैसा था?
(A) उच्च
(B) निम्न
(C) नहीं
(D) सीमित
उत्तर: (A)
व्याख्या: कला और स्थापत्य का विकास हुआ।

42. मध्यकालीन भारत में स्थापत्य का प्रमुख उदाहरण क्या है?
(A) ताजमहल
(B) कुतुब मीनार
(C) लाल किला
(D) सभी
उत्तर: (D)
व्याख्या: सभी स्थापत्य के उदाहरण हैं।

43. मध्यकालीन भारत में समाज कैसा था?
(A) स्थिर
(B) गतिशील
(C) अराजक
(D) सीमित
उत्तर: (B)
व्याख्या: समाज में परिवर्तन होते रहे।

44. मध्यकालीन भारत में शासन का स्वरूप कैसा था?
(A) लोकतंत्र
(B) राजतंत्र
(C) गणतंत्र
(D) सभी
उत्तर: (B)
व्याख्या: राजतंत्र प्रमुख था।

45. मध्यकालीन भारत में शिक्षा का क्या महत्व था?
(A) कम
(B) अधिक
(C) नहीं
(D) सीमित
उत्तर: (B)
व्याख्या: शिक्षा का महत्व था।

46. मध्यकालीन भारत में कौन सा वर्ग प्रमुख था?
(A) किसान
(B) सैनिक
(C) व्यापारी
(D) सभी
उत्तर: (D)
व्याख्या: सभी वर्ग महत्वपूर्ण थे।

47. मध्यकालीन भारत में कौन सा तत्व प्रमुख था?
(A) धर्म
(B) संस्कृति
(C) राजनीति
(D) सभी

उत्तर: (D)
व्याख्या: सभी तत्व महत्वपूर्ण थे।

48. मध्यकालीन भारत का मुख्य परिणाम क्या था?
(A) सांस्कृतिक मिश्रण
(B) विकास
(C) संघर्ष
(D) सभी
उत्तर: (D)
व्याख्या: सभी परिणाम सामने आए।

49. मध्यकालीन भारत का प्रभाव किस पर पड़ा?
(A) समाज
(B) राजनीति
(C) संस्कृति
(D) सभी
उत्तर: (D)
व्याख्या: सभी प्रभावित हुए।

50. मध्यकालीन भारत की सबसे महत्वपूर्ण विशेषता क्या थी?
(A) युद्ध
(B) सांस्कृतिक समन्वय
(C) व्यापार
(D) शिक्षा
उत्तर: (B)
व्याख्या: इस काल में सांस्कृतिक समन्वय प्रमुख था।

Chapter 38: आधुनिक भारत – वस्तुनिष्ठ प्रश्न

1. आधुनिक भारत का काल सामान्यतः कब से माना जाता है?
(A) 1200 ई.
(B) 1526 ई.
(C) 1757 ई.
(D) 1857 ई.
उत्तर: (C)
व्याख्या: 1757 के प्लासी के युद्ध से आधुनिक भारत की शुरुआत मानी जाती है।

2. प्लासी का युद्ध कब हुआ था?
(A) 1757
(B) 1764
(C) 1857
(D) 1707
उत्तर: (A)
व्याख्या: प्लासी का युद्ध 1757 में हुआ।

3. प्लासी के युद्ध में अंग्रेजों का नेतृत्व किसने किया?
(A) क्लाइव
(B) हेस्टिंग्स
(C) डलहौजी
(D) कर्जन
उत्तर: (A)
व्याख्या: रॉबर्ट क्लाइव ने नेतृत्व किया।

4. बक्सर का युद्ध कब हुआ था?
(A) 1757
(B) 1764
(C) 1857
(D) 1773
उत्तर: (B)
व्याख्या: बक्सर का युद्ध 1764 में हुआ।

5. 1857 के विद्रोह का प्रमुख कारण क्या था?
(A) कारतूस
(B) असंतोष
(C) आर्थिक संकट
(D) सभी
उत्तर: (D)
व्याख्या: कई कारणों से विद्रोह हुआ।

6. 1857 का विद्रोह कहाँ से शुरू हुआ?
(A) दिल्ली
(B) मेरठ
(C) कानपुर
(D) लखनऊ
उत्तर: (B)
व्याख्या: मेरठ से विद्रोह शुरू हुआ।

7. 1857 के विद्रोह में बहादुर शाह जफर की भूमिका क्या थी?
(A) सैनिक
(B) नेता
(C) व्यापारी
(D) शिक्षक
उत्तर: (B)
व्याख्या: उन्हें विद्रोह का प्रतीक नेता बनाया गया।

8. भारतीय राष्ट्रीय कांग्रेस की स्थापना कब हुई?
(A) 1885
(B) 1905
(C) 1919
(D) 1857
उत्तर: (A)
व्याख्या: 1885 में कांग्रेस की स्थापना हुई।

9. कांग्रेस की स्थापना किसने की?
(A) गांधी
(B) नेहरू
(C) ए.ओ. ह्यूम
(D) बोस
उत्तर: (C)
व्याख्या: ए.ओ. ह्यूम ने स्थापना की।

10. बंगाल विभाजन कब हुआ?
(A) 1905
(B) 1911
(C) 1919
(D) 1947
उत्तर: (A)
व्याख्या: 1905 में बंगाल विभाजन हुआ।

11. स्वदेशी आंदोलन कब शुरू हुआ?
(A) 1905
(B) 1919
(C) 1930
(D) 1942
उत्तर: (A)
व्याख्या: बंगाल विभाजन के विरोध में शुरू हुआ।

12. जलियांवाला बाग हत्याकांड कब हुआ?
(A) 1919
(B) 1920
(C) 1930
(D) 1942

उत्तर: (A)

व्याख्या: 13 अप्रैल 1919 को यह घटना हुई।

13. असहयोग आंदोलन कब शुरू हुआ?

(A) 1919

(B) 1920

(C) 1930

(D) 1942

उत्तर: (B)

व्याख्या: गांधीजी ने 1920 में शुरू किया।

14. नमक सत्याग्रह कब हुआ?

(A) 1920

(B) 1930

(C) 1942

(D) 1919

उत्तर: (B)

व्याख्या: 1930 में दांडी यात्रा हुई।

15. भारत छोड़ो आंदोलन कब हुआ?

(A) 1930

(B) 1942

(C) 1947

(D) 1920

उत्तर: (B)

व्याख्या: 1942 में यह आंदोलन शुरू हुआ।

16. भारत को स्वतंत्रता कब मिली?

(A) 1945

(B) 1946

(C) 1947

(D) 1950

उत्तर: (C)

व्याख्या: 15 अगस्त 1947 को स्वतंत्रता मिली।

17. भारत का विभाजन कब हुआ?

(A) 1945

(B) 1946

(C) 1947

(D) 1950

उत्तर: (C)

व्याख्या: 1947 में भारत का विभाजन हुआ।

18. गांधीजी का पूरा नाम क्या था?

(A) मोहनदास गांधी

(B) मोहनदास करमचंद गांधी

(C) महात्मा गांधी

(D) मोहन गांधी

उत्तर: (B)

व्याख्या: उनका पूरा नाम मोहनदास करमचंद गांधी था।

19. सुभाष चंद्र बोस का नारा क्या था?

(A) जय हिंद

(B) करो या मरो

(C) वंदे मातरम्

(D) स्वराज

उत्तर: (A)

व्याख्या: "जय हिंद" उनका प्रसिद्ध नारा था।

20. "करो या मरो" का नारा किसने दिया?

(A) गांधी

(B) नेहरू

(C) बोस
(D) पटेल
उत्तर: (A)
व्याख्या: गांधीजी ने यह नारा दिया।

21. नेहरू भारत के पहले क्या बने?
(A) राष्ट्रपति
(B) प्रधानमंत्री
(C) गवर्नर
(D) मंत्री
उत्तर: (B)
व्याख्या: वे पहले प्रधानमंत्री बने।

22. संविधान कब लागू हुआ?
(A) 1947
(B) 1950
(C) 1949
(D) 1952
उत्तर: (B)
व्याख्या: 26 जनवरी 1950 को लागू हुआ।

23. भारतीय संविधान किसने बनाया?
(A) संसद
(B) संविधान सभा
(C) न्यायालय
(D) राष्ट्रपति
उत्तर: (B)
व्याख्या: संविधान सभा ने बनाया।

24. सरदार पटेल किसके लिए प्रसिद्ध थे?
(A) शिक्षा
(B) एकीकरण
(C) व्यापार
(D) धर्म
उत्तर: (B)
व्याख्या: उन्होंने रियासतों का एकीकरण किया।

25. लार्ड डलहौजी की नीति क्या थी?
(A) सहिष्णुता
(B) विलय नीति
(C) व्यापार
(D) शिक्षा
उत्तर: (B)
व्याख्या: उन्होंने विलय नीति अपनाई।

26. आधुनिक भारत का मुख्य उद्देश्य क्या था?
(A) स्वतंत्रता
(B) व्यापार
(C) शिक्षा
(D) धर्म
उत्तर: (A)
व्याख्या: स्वतंत्रता प्राप्त करना मुख्य उद्देश्य था।

27. आधुनिक भारत का प्रभाव किस पर पड़ा?
(A) समाज
(B) राजनीति
(C) अर्थव्यवस्था
(D) सभी
उत्तर: (D)
व्याख्या: सभी क्षेत्रों में प्रभाव पड़ा।

28. आधुनिक भारत में शिक्षा का विकास कैसा था?

(A) वृद्धि
(B) कमी
(C) नहीं
(D) सीमित
उत्तर: (A)
व्याख्या: शिक्षा का विस्तार हुआ।

29. आधुनिक भारत का प्रभाव समाज पर क्या था?
(A) सुधार
(B) जागरूकता
(C) विकास
(D) सभी
उत्तर: (D)
व्याख्या: समाज में परिवर्तन आया।

30. आधुनिक भारत का प्रभाव राजनीति पर क्या था?
(A) परिवर्तन
(B) सुधार
(C) लोकतंत्र
(D) सभी
उत्तर: (D)
व्याख्या: राजनीतिक बदलाव हुए।

31. आधुनिक भारत का प्रभाव अर्थव्यवस्था पर क्या था?
(A) सुधार
(B) गिरावट
(C) मिश्रित
(D) कोई नहीं
उत्तर: (C)
व्याख्या: आर्थिक बदलाव हुए।

32. आधुनिक भारत का मुख्य परिणाम क्या था?
(A) स्वतंत्रता
(B) लोकतंत्र
(C) संविधान
(D) सभी
उत्तर: (D)
व्याख्या: सभी परिणाम सामने आए।

33. आधुनिक भारत का प्रभाव व्यक्ति पर क्या था?
(A) अधिकार
(B) स्वतंत्रता
(C) जागरूकता
(D) सभी
उत्तर: (D)
व्याख्या: व्यक्ति को अधिकार मिले।

34. आधुनिक भारत का प्रभाव विश्व पर क्या था?
(A) प्रेरणा
(B) स्वतंत्रता
(C) लोकतंत्र
(D) सभी
उत्तर: (D)
व्याख्या: अन्य देशों को प्रेरणा मिली।

35. आधुनिक भारत का मुख्य विचार क्या था?
(A) स्वतंत्रता
(B) समानता
(C) अधिकार
(D) सभी
उत्तर: (D)
व्याख्या: सभी विचार महत्वपूर्ण थे।

36. आधुनिक भारत का प्रभाव शिक्षा पर क्या था?

(A) वृद्धि

(B) कमी

(C) नहीं

(D) सीमित

उत्तर: (A)

व्याख्या: शिक्षा का विकास हुआ।

37. आधुनिक भारत का प्रभाव समाज पर क्या था?

(A) सुधार

(B) विकास

(C) जागरूकता

(D) सभी

उत्तर: (D)

व्याख्या: समाज में परिवर्तन हुआ।

38. आधुनिक भारत का प्रभाव राजनीति पर क्या था?

(A) लोकतंत्र

(B) परिवर्तन

(C) सुधार

(D) सभी

उत्तर: (D)

व्याख्या: राजनीतिक बदलाव हुए।

39. आधुनिक भारत का प्रभाव अर्थव्यवस्था पर क्या था?

(A) सुधार

(B) गिरावट

(C) मिश्रित

(D) कोई नहीं

उत्तर: (C)

व्याख्या: आर्थिक बदलाव हुए।

40. आधुनिक भारत का प्रभाव किस पर पड़ा?

(A) व्यक्ति

(B) समाज

(C) राष्ट्र

(D) सभी

उत्तर: (D)

व्याख्या: सभी प्रभावित हुए।

41. आधुनिक भारत का मुख्य उद्देश्य क्या था?

(A) स्वतंत्रता

(B) शिक्षा

(C) व्यापार

(D) धर्म

उत्तर: (A)

व्याख्या: स्वतंत्रता प्राप्त करना था।

42. आधुनिक भारत का प्रभाव किस क्षेत्र में पड़ा?

(A) समाज

(B) राजनीति

(C) अर्थव्यवस्था

(D) सभी

उत्तर: (D)

व्याख्या: सभी क्षेत्रों में प्रभाव पड़ा।

43. आधुनिक भारत का मुख्य तत्व क्या था?

(A) स्वतंत्रता

(B) समानता

(C) अधिकार

(D) सभी

उत्तर: (D)

व्याख्या: सभी तत्व महत्वपूर्ण थे।

44. आधुनिक भारत का प्रभाव व्यक्ति पर क्या था?

(A) अधिकार

(B) स्वतंत्रता

(C) जागरूकता

(D) सभी

उत्तर: (D)

व्याख्या: व्यक्ति में परिवर्तन आया।

45. आधुनिक भारत का प्रभाव समाज पर क्या था?

(A) सुधार

(B) विकास

(C) जागरूकता

(D) सभी

उत्तर: (D)

व्याख्या: समाज में बदलाव आया।

46. आधुनिक भारत का प्रभाव राजनीति पर क्या था?

(A) लोकतंत्र

(B) सुधार

(C) परिवर्तन

(D) सभी

उत्तर: (D)

व्याख्या: राजनीतिक बदलाव हुए।

47. आधुनिक भारत का प्रभाव विश्व पर क्या था?

(A) प्रेरणा

(B) स्वतंत्रता

(C) लोकतंत्र

(D) सभी

उत्तर: (D)

व्याख्या: वैश्विक प्रभाव पड़ा।

48. आधुनिक भारत का मुख्य परिणाम क्या था?

(A) स्वतंत्रता

(B) संविधान

(C) लोकतंत्र

(D) सभी

उत्तर: (D)

व्याख्या: सभी परिणाम हुए।

49. आधुनिक भारत का प्रभाव किस पर पड़ा?

(A) समाज

(B) राजनीति

(C) अर्थव्यवस्था

(D) सभी

उत्तर: (D)

व्याख्या: सभी प्रभावित हुए।

50. आधुनिक भारत की सबसे महत्वपूर्ण विशेषता क्या थी?

(A) युद्ध

(B) स्वतंत्रता और लोकतंत्र की स्थापना

(C) व्यापार

(D) शिक्षा

उत्तर: (B)

व्याख्या: आधुनिक भारत की सबसे बड़ी उपलब्धि स्वतंत्रता और लोकतंत्र है।

Chapter 39: विश्व इतिहास – वस्तुनिष्ठ प्रश्न

1. पुनर्जागरण का प्रारंभ कहाँ हुआ था?
(A) फ्रांस
(B) इंग्लैंड
(C) इटली
(D) जर्मनी
उत्तर: (C)
व्याख्या: पुनर्जागरण का आरंभ इटली में हुआ।

2. पुनर्जागरण का अर्थ क्या है?
(A) युद्ध
(B) पुनर्जन्म
(C) व्यापार
(D) शिक्षा
उत्तर: (B)
व्याख्या: पुनर्जागरण का अर्थ "पुनर्जन्म" होता है।

3. धर्म सुधार आंदोलन किसके खिलाफ था?
(A) राजा
(B) चर्च
(C) समाज
(D) शिक्षा
उत्तर: (B)
व्याख्या: यह चर्च की कुरीतियों के खिलाफ था।

4. औद्योगिक क्रांति की शुरुआत कहाँ हुई?
(A) फ्रांस
(B) जर्मनी
(C) इंग्लैंड
(D) अमेरिका
उत्तर: (C)
व्याख्या: यह इंग्लैंड में शुरू हुई।

5. अमेरिकी स्वतंत्रता संग्राम कब शुरू हुआ?
(A) 1770
(B) 1775
(C) 1789
(D) 1800
उत्तर: (B)
व्याख्या: 1775 में यह संग्राम शुरू हुआ।

6. फ्रांसीसी क्रांति कब हुई?
(A) 1776
(B) 1789
(C) 1799
(D) 1804
उत्तर: (B)
व्याख्या: 1789 में फ्रांसीसी क्रांति हुई।

7. राष्ट्रवाद का उदय कब हुआ?
(A) 16वीं सदी
(B) 18वीं–19वीं सदी
(C) 20वीं सदी
(D) 14वीं सदी
उत्तर: (B)
व्याख्या: राष्ट्रवाद का उदय 18वीं–19वीं सदी में हुआ।

8. प्रथम विश्व युद्ध कब शुरू हुआ?
(A) 1912

(B) 1914
(C) 1916
(D) 1918
उत्तर: (B)
व्याख्या: 1914 में प्रथम विश्व युद्ध शुरू हुआ।

9. द्वितीय विश्व युद्ध कब समाप्त हुआ?
(A) 1943
(B) 1944
(C) 1945
(D) 1946
उत्तर: (C)
व्याख्या: 1945 में समाप्त हुआ।

10. रूसी क्रांति कब हुई?
(A) 1905
(B) 1917
(C) 1920
(D) 1930
उत्तर: (B)
व्याख्या: 1917 में रूसी क्रांति हुई।

11. संयुक्त राष्ट्र संघ की स्थापना कब हुई?
(A) 1944
(B) 1945
(C) 1946
(D) 1950
उत्तर: (B)
व्याख्या: 1945 में स्थापना हुई।

12. प्रथम विश्व युद्ध का तत्काल कारण क्या था?
(A) आर्थिक संकट
(B) सारायेवो की घटना
(C) राष्ट्रवाद
(D) साम्राज्यवाद
उत्तर: (B)
व्याख्या: आर्कड्यूक की हत्या इसका कारण बनी।

13. द्वितीय विश्व युद्ध का कारण क्या था?
(A) वर्साय संधि
(B) फासीवाद
(C) आर्थिक संकट
(D) सभी
उत्तर: (D)
व्याख्या: सभी कारण जिम्मेदार थे।

14. फ्रांसीसी क्रांति का नारा क्या था?
(A) स्वतंत्रता
(B) समानता
(C) बंधुत्व
(D) सभी
उत्तर: (D)
व्याख्या: तीनों नारे महत्वपूर्ण थे।

15. औद्योगिक क्रांति का मुख्य आधार क्या था?
(A) कृषि
(B) मशीन
(C) व्यापार
(D) शिक्षा
उत्तर: (B)
व्याख्या: मशीनों का उपयोग प्रमुख था।

16. पुनर्जागरण का प्रभाव किस पर पड़ा?

(A) कला
(B) साहित्य
(C) विज्ञान
(D) सभी
उत्तर: (D)
व्याख्या: सभी क्षेत्रों में प्रभाव पड़ा।

17. धर्म सुधार आंदोलन का नेतृत्व किसने किया?
(A) लूथर
(B) कैल्विन
(C) ज्विंगली
(D) सभी
उत्तर: (D)
व्याख्या: सभी नेताओं ने भूमिका निभाई।

18. अमेरिकी स्वतंत्रता संग्राम का मुख्य उद्देश्य क्या था?
(A) व्यापार
(B) स्वतंत्रता
(C) शिक्षा
(D) धर्म
उत्तर: (B)
व्याख्या: स्वतंत्रता प्राप्त करना था।

19. फ्रांसीसी क्रांति का मुख्य कारण क्या था?
(A) आर्थिक संकट
(B) सामाजिक असमानता
(C) राजनीतिक असंतोष
(D) सभी
उत्तर: (D)
व्याख्या: सभी कारण जिम्मेदार थे।

20. राष्ट्रवाद का मुख्य उद्देश्य क्या था?
(A) व्यापार
(B) स्वतंत्र राष्ट्र
(C) शिक्षा
(D) धर्म
उत्तर: (B)
व्याख्या: स्वतंत्र राष्ट्र बनाना था।

21. प्रथम विश्व युद्ध का परिणाम क्या था?
(A) नए राष्ट्र
(B) साम्राज्यों का पतन
(C) आर्थिक संकट
(D) सभी
उत्तर: (D)
व्याख्या: कई परिणाम हुए।

22. द्वितीय विश्व युद्ध का परिणाम क्या था?
(A) संयुक्त राष्ट्र
(B) शीत युद्ध
(C) जर्मनी का विभाजन
(D) सभी
उत्तर: (D)
व्याख्या: सभी परिणाम सामने आए।

23. रूसी क्रांति का परिणाम क्या था?
(A) समाजवाद
(B) नई सरकार
(C) जारशाही का अंत
(D) सभी
उत्तर: (D)

व्याख्या: सभी परिणाम हुए।

24. संयुक्त राष्ट्र का मुख्य उद्देश्य क्या है?

(A) युद्ध

(B) शांति

(C) व्यापार

(D) शिक्षा

उत्तर: (B)

व्याख्या: विश्व शांति बनाए रखना है।

25. पुनर्जागरण का केंद्र कौन सा देश था?

(A) फ्रांस

(B) इटली

(C) इंग्लैंड

(D) जर्मनी

उत्तर: (B)

व्याख्या: इटली केंद्र था।

26. धर्म सुधार आंदोलन का परिणाम क्या था?

(A) प्रोटेस्टेंट धर्म

(B) सुधार

(C) संघर्ष

(D) सभी

उत्तर: (D)

व्याख्या: सभी परिणाम हुए।

27. औद्योगिक क्रांति का प्रभाव किस पर पड़ा?

(A) समाज

(B) अर्थव्यवस्था

(C) उद्योग

(D) सभी

उत्तर: (D)

व्याख्या: सभी प्रभावित हुए।

28. अमेरिकी स्वतंत्रता संग्राम का प्रभाव क्या था?

(A) लोकतंत्र

(B) स्वतंत्रता

(C) संविधान

(D) सभी

उत्तर: (D)

व्याख्या: सभी प्रभाव पड़े।

29. फ्रांसीसी क्रांति का प्रभाव क्या था?

(A) समानता

(B) स्वतंत्रता

(C) लोकतंत्र

(D) सभी

उत्तर: (D)

व्याख्या: सभी प्रभाव पड़े।

30. राष्ट्रवाद का प्रभाव किस पर पड़ा?

(A) समाज

(B) राजनीति

(C) संस्कृति

(D) सभी

उत्तर: (D)

व्याख्या: सभी क्षेत्रों में प्रभाव पड़ा।

31. प्रथम विश्व युद्ध का प्रभाव किस पर पड़ा?

(A) समाज

(B) राजनीति

(C) अर्थव्यवस्था

(D) सभी

उत्तर: (D)

व्याख्या: सभी प्रभावित हुए।

32. द्वितीय विश्व युद्ध का प्रभाव किस पर पड़ा?

(A) समाज

(B) राजनीति

(C) अर्थव्यवस्था

(D) सभी

उत्तर: (D)

व्याख्या: सभी प्रभावित हुए।

33. रूसी क्रांति का प्रभाव किस पर पड़ा?

(A) समाज

(B) राजनीति

(C) विश्व

(D) सभी

उत्तर: (D)

व्याख्या: सभी प्रभावित हुए।

34. संयुक्त राष्ट्र का प्रभाव किस पर पड़ा?

(A) विश्व

(B) समाज

(C) राजनीति

(D) सभी

उत्तर: (D)

व्याख्या: सभी प्रभावित हुए।

35. पुनर्जागरण का मुख्य विचार क्या था?

(A) तर्क

(B) मानववाद

(C) विज्ञान

(D) सभी

उत्तर: (D)

व्याख्या: सभी विचार शामिल थे।

36. धर्म सुधार आंदोलन का मुख्य उद्देश्य क्या था?

(A) सुधार

(B) शिक्षा

(C) व्यापार

(D) युद्ध

उत्तर: (A)

व्याख्या: धार्मिक सुधार करना था।

37. औद्योगिक क्रांति का मुख्य उद्देश्य क्या था?

(A) उत्पादन बढ़ाना

(B) व्यापार

(C) शिक्षा

(D) युद्ध

उत्तर: (A)

व्याख्या: उत्पादन बढ़ाना था।

38. अमेरिकी स्वतंत्रता संग्राम का मुख्य विचार क्या था?

(A) स्वतंत्रता

(B) समानता

(C) अधिकार

(D) सभी

उत्तर: (D)

व्याख्या: सभी विचार शामिल थे।

39. फ्रांसीसी क्रांति का मुख्य विचार क्या था?

(A) स्वतंत्रता

(B) समानता
(C) बंधुत्व
(D) सभी
उत्तर: (D)
व्याख्या: सभी विचार शामिल थे।

40. राष्ट्रवाद का मुख्य विचार क्या था?
(A) एकता
(B) स्वतंत्रता
(C) पहचान
(D) सभी
उत्तर: (D)
व्याख्या: सभी विचार महत्वपूर्ण थे।

41. प्रथम विश्व युद्ध का मुख्य कारण क्या था?
(A) राष्ट्रवाद
(B) साम्राज्यवाद
(C) सैन्यवाद
(D) सभी
उत्तर: (D)
व्याख्या: सभी कारण जिम्मेदार थे।

42. द्वितीय विश्व युद्ध का मुख्य कारण क्या था?
(A) वर्साय संधि
(B) फासीवाद
(C) आर्थिक संकट
(D) सभी
उत्तर: (D)
व्याख्या: सभी कारण जिम्मेदार थे।

43. रूसी क्रांति का मुख्य उद्देश्य क्या था?
(A) समाजवाद
(B) समानता
(C) न्याय
(D) सभी
उत्तर: (D)
व्याख्या: सभी उद्देश्य शामिल थे।

44. संयुक्त राष्ट्र का मुख्य विचार क्या है?
(A) शांति
(B) सहयोग
(C) विकास
(D) सभी
उत्तर: (D)
व्याख्या: सभी विचार महत्वपूर्ण हैं।

45. विश्व इतिहास का मुख्य परिणाम क्या है?
(A) विकास
(B) परिवर्तन
(C) संघर्ष
(D) सभी
उत्तर: (D)
व्याख्या: इतिहास में सभी प्रकार के परिणाम हुए।

46. विश्व इतिहास का प्रभाव किस पर पड़ा?
(A) समाज
(B) राजनीति
(C) अर्थव्यवस्था
(D) सभी
उत्तर: (D)
व्याख्या: सभी प्रभावित हुए।

47. विश्व इतिहास का मुख्य उद्देश्य क्या है?
(A) ज्ञान
(B) शिक्षा
(C) समझ
(D) सभी
उत्तर: (D)
व्याख्या: इतिहास हमें समझ और ज्ञान देता है।

48. विश्व इतिहास का मुख्य तत्व क्या है?
(A) घटनाएँ
(B) परिवर्तन
(C) विकास
(D) सभी
उत्तर: (D)
व्याख्या: सभी तत्व महत्वपूर्ण हैं।

49. विश्व इतिहास का प्रभाव व्यक्ति पर क्या है?
(A) ज्ञान
(B) जागरूकता
(C) समझ
(D) सभी
उत्तर: (D)
व्याख्या: व्यक्ति को ज्ञान और जागरूकता मिलती है।

50. विश्व इतिहास की सबसे महत्वपूर्ण विशेषता क्या है?
(A) युद्ध
(B) परिवर्तन और विकास
(C) व्यापार
(D) शिक्षा
उत्तर: (B)
व्याख्या: इतिहास का मूल तत्व परिवर्तन और विकास है।

Chapter 40: महत्वपूर्ण तिथियाँ (Revision Section)

1. सिंधु घाटी सभ्यता का काल क्या माना जाता है?
(A) 1500–1000 ई.पू.
(B) 2500–1500 ई.पू.
(C) 1000–500 ई.पू.
(D) 3000–2000 ई.पू.
उत्तर: (B)
व्याख्या: सिंधु सभ्यता का काल लगभग 2500–1500 ई.पू. माना जाता है।

2. गौतम बुद्ध का जन्म कब हुआ था?
(A) 563 ई.पू.
(B) 600 ई.पू.
(C) 500 ई.पू.
(D) 450 ई.पू.
उत्तर: (A)
व्याख्या: बुद्ध का जन्म 563 ई.पू. में हुआ।

3. महावीर का जन्म कब हुआ था?
(A) 540 ई.पू.
(B) 599 ई.पू.
(C) 500 ई.पू.
(D) 450 ई.पू.
उत्तर: (B)

व्याख्या: महावीर का जन्म 599 ई.पू. में हुआ।

4. मौर्य साम्राज्य की स्थापना कब हुई?

(A) 321 ई.पू.

(B) 300 ई.पू.

(C) 250 ई.पू.

(D) 200 ई.पू.

उत्तर: (A)

व्याख्या: चंद्रगुप्त मौर्य ने 321 ई.पू. में स्थापना की।

5. कलिंग युद्ध कब हुआ?

(A) 300 ई.पू.

(B) 261 ई.पू.

(C) 200 ई.पू.

(D) 150 ई.पू.

उत्तर: (B)

व्याख्या: 261 ई.पू. में यह युद्ध हुआ।

6. गुप्त साम्राज्य की स्थापना कब हुई?

(A) 319 ई.

(B) 350 ई.

(C) 400 ई.

(D) 450 ई.

उत्तर: (A)

व्याख्या: गुप्त साम्राज्य की स्थापना 319 ई. में हुई।

7. दिल्ली सल्तनत की स्थापना कब हुई?

(A) 1206

(B) 1290

(C) 1320

(D) 1526

उत्तर: (A)

व्याख्या: 1206 में स्थापना हुई।

8. पानीपत का पहला युद्ध कब हुआ?

(A) 1526

(B) 1556

(C) 1761

(D) 1707

उत्तर: (A)

व्याख्या: 1526 में पहला युद्ध हुआ।

9. अकबर का शासन कब शुरू हुआ?

(A) 1556

(B) 1605

(C) 1707

(D) 1526

उत्तर: (A)

व्याख्या: 1556 में अकबर का शासन शुरू हुआ।

10. प्लासी का युद्ध कब हुआ?

(A) 1757

(B) 1764

(C) 1857

(D) 1707

उत्तर: (A)

व्याख्या: 1757 में प्लासी का युद्ध हुआ।

11. बक्सर का युद्ध कब हुआ?

(A) 1757

(B) 1764

(C) 1857

(D) 1773

उत्तर: (B)

व्याख्या: 1764 में बक्सर का युद्ध हुआ।

12. 1857 का विद्रोह कब हुआ?

(A) 1856
(B) 1857
(C) 1858
(D) 1860

उत्तर: (B)

व्याख्या: 1857 में विद्रोह हुआ।

13. भारतीय राष्ट्रीय कांग्रेस की स्थापना कब हुई?

(A) 1885
(B) 1905
(C) 1919
(D) 1942

उत्तर: (A)

व्याख्या: 1885 में स्थापना हुई।

14. बंगाल विभाजन कब हुआ?

(A) 1905
(B) 1911
(C) 1919
(D) 1947

उत्तर: (A)

व्याख्या: 1905 में बंगाल विभाजन हुआ।

15. जलियांवाला बाग हत्याकांड कब हुआ?

(A) 1919
(B) 1920
(C) 1930
(D) 1942

उत्तर: (A)

व्याख्या: 1919 में यह घटना हुई।

16. असहयोग आंदोलन कब शुरू हुआ?

(A) 1919
(B) 1920
(C) 1930
(D) 1942

उत्तर: (B)

व्याख्या: 1920 में शुरू हुआ।

17. नमक सत्याग्रह कब हुआ?

(A) 1920
(B) 1930
(C) 1942
(D) 1919

उत्तर: (B)

व्याख्या: 1930 में दांडी यात्रा हुई।

18. भारत छोड़ो आंदोलन कब हुआ?

(A) 1930
(B) 1942
(C) 1947
(D) 1920

उत्तर: (B)

व्याख्या: 1942 में शुरू हुआ।

19. भारत को स्वतंत्रता कब मिली?

(A) 1945
(B) 1946
(C) 1947
(D) 1950

उत्तर: (C)

व्याख्या: 15 अगस्त 1947 को स्वतंत्रता मिली।

20. संविधान कब लागू हुआ?

(A) 1947
(B) 1950

(C) 1949
(D) 1952
उत्तर: (B)
व्याख्या: 26 जनवरी 1950 को लागू हुआ।

21. पुनर्जागरण कब शुरू हुआ?
(A) 14वीं सदी
(B) 16वीं सदी
(C) 18वीं सदी
(D) 20वीं सदी
उत्तर: (A)
व्याख्या: 14वीं सदी में पुनर्जागरण शुरू हुआ।

22. धर्म सुधार आंदोलन कब शुरू हुआ?
(A) 1517
(B) 1600
(C) 1700
(D) 1800
उत्तर: (A)
व्याख्या: 1517 में शुरू हुआ।

23. औद्योगिक क्रांति कब शुरू हुई?
(A) 1700
(B) 1750
(C) 1800
(D) 1850
उत्तर: (B)
व्याख्या: लगभग 1750 में शुरू हुई।

24. अमेरिकी स्वतंत्रता की घोषणा कब हुई?
(A) 1775
(B) 1776
(C) 1783
(D) 1789
उत्तर: (B)
व्याख्या: 1776 में घोषणा हुई।

25. फ्रांसीसी क्रांति कब हुई?
(A) 1776
(B) 1789
(C) 1799
(D) 1804
उत्तर: (B)
व्याख्या: 1789 में हुई।

26. प्रथम विश्व युद्ध कब शुरू हुआ?
(A) 1912
(B) 1914
(C) 1916
(D) 1918
उत्तर: (B)
व्याख्या: 1914 में शुरू हुआ।

27. प्रथम विश्व युद्ध कब समाप्त हुआ?
(A) 1916
(B) 1917
(C) 1918
(D) 1919
उत्तर: (C)
व्याख्या: 1918 में समाप्त हुआ।

28. द्वितीय विश्व युद्ध कब शुरू हुआ?
(A) 1935
(B) 1939
(C) 1942
(D) 1945
उत्तर: (B)
व्याख्या: 1939 में शुरू हुआ।

29. द्वितीय विश्व युद्ध कब समाप्त

हुआ?

(A) 1943

(B) 1944

(C) 1945

(D) 1946

उत्तर: (C)

व्याख्या: 1945 में समाप्त हुआ।

30. रूसी क्रांति कब हुई?

(A) 1905

(B) 1917

(C) 1920

(D) 1930

उत्तर: (B)

व्याख्या: 1917 में हुई।

31. संयुक्त राष्ट्र संघ की स्थापना कब हुई?

(A) 1944

(B) 1945

(C) 1946

(D) 1950

उत्तर: (B)

व्याख्या: 1945 में स्थापना हुई।

32. जर्मनी का एकीकरण कब हुआ?

(A) 1860

(B) 1871

(C) 1900

(D) 1914

उत्तर: (B)

व्याख्या: 1871 में एकीकरण हुआ।

33. इटली का एकीकरण कब हुआ?

(A) 1861

(B) 1871

(C) 1900

(D) 1914

उत्तर: (A)

व्याख्या: 1861 में एकीकरण हुआ।

34. पेरिस संधि कब हुई?

(A) 1776

(B) 1783

(C) 1789

(D) 1800

उत्तर: (B)

व्याख्या: 1783 में पेरिस संधि हुई।

35. वर्साय की संधि कब हुई?

(A) 1918

(B) 1919

(C) 1920

(D) 1921

उत्तर: (B)

व्याख्या: 1919 में हुई।

36. जलियांवाला बाग घटना किस वर्ष हुई?

(A) 1918

(B) 1919

(C) 1920

(D) 1921

उत्तर: (B)

व्याख्या: 1919 में हुई।

37. दांडी यात्रा कब हुई?

(A) 1920

(B) 1930

(C) 1942

(D) 1919

उत्तर: (B)

व्याख्या: 1930 में हुई।

38. भारत छोड़ो आंदोलन कब

हुआ?

(A) 1930

(B) 1942

(C) 1947

(D) 1920

उत्तर: (B)

व्याख्या: 1942 में हुआ।

39. स्वतंत्र भारत का पहला गणतंत्र दिवस कब मनाया गया?

(A) 1947

(B) 1950

(C) 1952

(D) 1960

उत्तर: (B)

व्याख्या: 26 जनवरी 1950 को पहला गणतंत्र दिवस मनाया गया।

40. नालंदा विश्वविद्यालय की स्थापना कब हुई?

(A) 5वीं सदी

(B) 6वीं सदी

(C) 7वीं सदी

(D) 8वीं सदी

उत्तर: (A)

व्याख्या: 5वीं सदी में स्थापना हुई।

41. आर्य समाज की स्थापना कब हुई?

(A) 1875

(B) 1885

(C) 1905

(D) 1919

उत्तर: (A)

व्याख्या: 1875 में स्थापना हुई।

42. ब्रह्म समाज की स्थापना कब हुई?

(A) 1828

(B) 1857

(C) 1875

(D) 1905

उत्तर: (A)

व्याख्या: 1828 में स्थापना हुई।

43. मुस्लिम लीग की स्थापना कब हुई?

(A) 1885

(B) 1906

(C) 1919

(D) 1942

उत्तर: (B)

व्याख्या: 1906 में स्थापना हुई।

44. साइमन कमीशन कब आया?

(A) 1927

(B) 1930

(C) 1942

(D) 1919

उत्तर: (A)

व्याख्या: 1927 में आया।

45. गोलमेज सम्मेलन कब हुआ?

(A) 1930

(B) 1931

(C) 1932

(D) सभी

उत्तर: (D)

व्याख्या: तीनों वर्षों में सम्मेलन हुए।

46. क्रिप्स मिशन कब आया?

(A) 1940

(B) 1942

(C) 1945
(D) 1930
उत्तर: (B)
व्याख्या: 1942 में आया।

47. कैबिनेट मिशन कब आया?
(A) 1945
(B) 1946
(C) 1947
(D) 1950
उत्तर: (B)
व्याख्या: 1946 में आया।

48. भारत विभाजन कब हुआ?
(A) 1945
(B) 1946
(C) 1947
(D) 1950
उत्तर: (C)
व्याख्या: 1947 में हुआ।

49. विश्व बैंक की स्थापना कब हुई?
(A) 1944
(B) 1945
(C) 1950
(D) 1960
उत्तर: (A)
व्याख्या: 1944 में स्थापना हुई।

50. WTO की स्थापना कब हुई?
(A) 1945
(B) 1995
(C) 2000
(D) 1980
उत्तर: (B)
व्याख्या: 1995 में विश्व व्यापार संगठन बना।

Chapter 41: प्रमुख घटनाएँ
(Revision Section)

1. सिंधु घाटी सभ्यता की सबसे प्रमुख विशेषता क्या थी?
(A) कृषि
(B) नगर योजना
(C) व्यापार
(D) युद्ध
उत्तर: (B)
व्याख्या: सिंधु सभ्यता की सबसे बड़ी विशेषता उसकी सुव्यवस्थित नगर योजना थी।

2. वैदिक काल की प्रमुख घटना क्या थी?
(A) नगर निर्माण
(B) वेदों की रचना
(C) युद्ध
(D) व्यापार
उत्तर: (B)
व्याख्या: इस काल में वेदों की रचना हुई।

3. बौद्ध धर्म के उदय की प्रमुख घटना क्या थी?
(A) युद्ध
(B) ज्ञान प्राप्ति
(C) व्यापार
(D) शिक्षा
उत्तर: (B)
व्याख्या: बुद्ध को ज्ञान प्राप्ति प्रमुख घटना थी।

4. मौर्य काल की प्रमुख घटना क्या थी?
(A) कलिंग युद्ध
(B) व्यापार

(C) शिक्षा
(D) धर्म
उत्तर: (A)
व्याख्या: कलिंग युद्ध महत्वपूर्ण घटना थी।

5. गुप्त काल की प्रमुख विशेषता क्या थी?
(A) युद्ध
(B) सांस्कृतिक विकास
(C) व्यापार
(D) शिक्षा
उत्तर: (B)
व्याख्या: इसे स्वर्ण युग कहा जाता है।

6. दिल्ली सल्तनत की प्रमुख घटना क्या थी?
(A) स्थापना
(B) युद्ध
(C) व्यापार
(D) शिक्षा
उत्तर: (A)
व्याख्या: 1206 में इसकी स्थापना हुई।

7. पानीपत का पहला युद्ध किससे संबंधित है?
(A) मुगल स्थापना
(B) व्यापार
(C) शिक्षा
(D) धर्म
उत्तर: (A)
व्याख्या: इससे मुगल साम्राज्य की स्थापना हुई।

8. अकबर के शासन की प्रमुख विशेषता क्या थी?
(A) युद्ध
(B) धार्मिक सहिष्णुता
(C) व्यापार
(D) शिक्षा
उत्तर: (B)
व्याख्या: अकबर ने सभी धर्मों को सम्मान दिया।

9. भक्ति आंदोलन की प्रमुख घटना क्या थी?
(A) धर्म सुधार
(B) युद्ध
(C) व्यापार
(D) शिक्षा
उत्तर: (A)
व्याख्या: इस आंदोलन ने धर्म में सुधार किया।

10. मुगल काल की प्रमुख स्थापत्य घटना क्या थी?
(A) कुतुब मीनार
(B) ताजमहल
(C) मंदिर
(D) विद्यालय
उत्तर: (B)
व्याख्या: ताजमहल प्रमुख स्थापत्य है।

11. प्लासी के युद्ध की प्रमुख घटना क्या थी?
(A) अंग्रेजों की विजय
(B) भारतीय विजय
(C) व्यापार
(D) शिक्षा
उत्तर: (A)
व्याख्या: इससे अंग्रेजों का शासन स्थापित हुआ।

12. 1857 के विद्रोह की प्रमुख घटना क्या थी?
(A) स्वतंत्रता प्रयास
(B) व्यापार
(C) शिक्षा
(D) धर्म
उत्तर: (A)

व्याख्या: यह पहला स्वतंत्रता संग्राम था।

13. कांग्रेस की स्थापना की प्रमुख घटना क्या थी?

(A) संगठन निर्माण
(B) युद्ध
(C) व्यापार
(D) शिक्षा

उत्तर: (A)

व्याख्या: राष्ट्रीय आंदोलन का संगठन बना।

14. जलियांवाला बाग की घटना का परिणाम क्या था?

(A) आंदोलन तेज हुआ
(B) युद्ध
(C) व्यापार
(D) शिक्षा

उत्तर: (A)

व्याख्या: इससे स्वतंत्रता आंदोलन तेज हुआ।

15. असहयोग आंदोलन की प्रमुख घटना क्या थी?

(A) ब्रिटिश वस्तुओं का बहिष्कार
(B) युद्ध
(C) व्यापार
(D) शिक्षा

उत्तर: (A)

व्याख्या: लोगों ने अंग्रेजी वस्तुओं का बहिष्कार किया।

16. दांडी यात्रा की प्रमुख घटना क्या थी?

(A) नमक कानून तोड़ना
(B) युद्ध
(C) व्यापार
(D) शिक्षा

उत्तर: (A)

व्याख्या: गांधीजी ने नमक कानून का विरोध किया।

17. भारत छोड़ो आंदोलन की प्रमुख विशेषता क्या थी?

(A) पूर्ण स्वतंत्रता की मांग
(B) व्यापार
(C) शिक्षा
(D) धर्म

उत्तर: (A)

व्याख्या: इसमें पूर्ण स्वतंत्रता की मांग की गई।

18. स्वतंत्रता प्राप्ति की प्रमुख घटना क्या थी?

(A) 15 अगस्त 1947
(B) 26 जनवरी 1950
(C) 1857
(D) 1905

उत्तर: (A)

व्याख्या: इस दिन भारत स्वतंत्र हुआ।

19. संविधान लागू होने की प्रमुख घटना क्या थी?

(A) गणतंत्र बनना
(B) युद्ध
(C) व्यापार
(D) शिक्षा

उत्तर: (A)

व्याख्या: भारत गणतंत्र बना।

20. पुनर्जागरण की प्रमुख घटना क्या थी?

(A) कला और विज्ञान का विकास
(B) युद्ध
(C) व्यापार
(D) शिक्षा

उत्तर: (A)

व्याख्या: इस काल में ज्ञान का विकास हुआ।

21. धर्म सुधार आंदोलन की प्रमुख घटना क्या थी?
(A) चर्च सुधार
(B) युद्ध
(C) व्यापार
(D) शिक्षा
उत्तर: (A)
व्याख्या: चर्च की कुरीतियों का विरोध हुआ।

22. औद्योगिक क्रांति की प्रमुख घटना क्या थी?
(A) मशीनों का उपयोग
(B) युद्ध
(C) व्यापार
(D) शिक्षा
उत्तर: (A)
व्याख्या: मशीनों से उत्पादन बढ़ा।

23. अमेरिकी स्वतंत्रता संग्राम की प्रमुख घटना क्या थी?
(A) स्वतंत्रता घोषणा
(B) युद्ध
(C) व्यापार
(D) शिक्षा
उत्तर: (A)
व्याख्या: 1776 में स्वतंत्रता की घोषणा हुई।

24. फ्रांसीसी क्रांति की प्रमुख घटना क्या थी?
(A) बास्तील का पतन
(B) युद्ध
(C) व्यापार
(D) शिक्षा
उत्तर: (A)
व्याख्या: यह क्रांति की शुरुआत का प्रतीक था।

25. राष्ट्रवाद की प्रमुख घटना क्या थी?
(A) राष्ट्रों का निर्माण
(B) युद्ध
(C) व्यापार
(D) शिक्षा
उत्तर: (A)
व्याख्या: राष्ट्रों का एकीकरण हुआ।

26. प्रथम विश्व युद्ध की प्रमुख घटना क्या थी?
(A) वैश्विक युद्ध
(B) व्यापार
(C) शिक्षा
(D) धर्म
उत्तर: (A)
व्याख्या: यह पहला वैश्विक युद्ध था।

27. द्वितीय विश्व युद्ध की प्रमुख घटना क्या थी?
(A) परमाणु बम का उपयोग
(B) व्यापार
(C) शिक्षा
(D) धर्म
उत्तर: (A)
व्याख्या: पहली बार परमाणु हथियार का उपयोग हुआ।

28. रूसी क्रांति की प्रमुख घटना क्या थी?
(A) जारशाही का अंत
(B) युद्ध
(C) व्यापार
(D) शिक्षा
उत्तर: (A)
व्याख्या: राजशाही समाप्त हुई।

29. संयुक्त राष्ट्र की प्रमुख घटना क्या थी?
(A) स्थापना
(B) युद्ध

(C) व्यापार
(D) शिक्षा
उत्तर: (A)
व्याख्या: 1945 में इसकी स्थापना हुई।

30. गुप्त काल की प्रमुख उपलब्धि क्या थी?
(A) विज्ञान
(B) कला
(C) साहित्य
(D) सभी
उत्तर: (D)
व्याख्या: सभी क्षेत्रों में विकास हुआ।

31. मौर्य काल की प्रमुख उपलब्धि क्या थी?
(A) प्रशासन
(B) विस्तार
(C) धर्म
(D) सभी
उत्तर: (D)
व्याख्या: सभी क्षेत्रों में विकास हुआ।

32. मध्यकालीन भारत की प्रमुख घटना क्या थी?
(A) सांस्कृतिक समन्वय
(B) युद्ध
(C) व्यापार
(D) शिक्षा
उत्तर: (A)
व्याख्या: विभिन्न संस्कृतियों का मेल हुआ।

33. आधुनिक भारत की प्रमुख घटना क्या थी?
(A) स्वतंत्रता
(B) व्यापार
(C) शिक्षा
(D) धर्म
उत्तर: (A)
व्याख्या: स्वतंत्रता सबसे बड़ी घटना थी।

34. विश्व इतिहास की प्रमुख घटना क्या थी?
(A) युद्ध
(B) क्रांति
(C) विकास
(D) सभी
उत्तर: (D)
व्याख्या: सभी घटनाएँ महत्वपूर्ण हैं।

35. सिंधु सभ्यता की प्रमुख उपलब्धि क्या थी?
(A) नगर योजना
(B) व्यापार
(C) कृषि
(D) सभी
उत्तर: (D)
व्याख्या: सभी क्षेत्रों में विकास था।

36. वैदिक काल की प्रमुख उपलब्धि क्या थी?
(A) वेद
(B) शिक्षा
(C) धर्म
(D) सभी
उत्तर: (D)
व्याख्या: सभी महत्वपूर्ण थे।

37. बौद्ध धर्म की प्रमुख घटना क्या थी?
(A) धर्म प्रचार
(B) युद्ध
(C) व्यापार
(D) शिक्षा
उत्तर: (A)
व्याख्या: धर्म का प्रसार हुआ।

38. मुगल काल की प्रमुख घटना क्या थी?

(A) स्थापत्य विकास
(B) युद्ध
(C) व्यापार
(D) शिक्षा
उत्तर: (A)
व्याख्या: स्थापत्य कला विकसित हुई।

39. ब्रिटिश काल की प्रमुख घटना क्या थी?
(A) शासन स्थापना
(B) युद्ध
(C) व्यापार
(D) शिक्षा
उत्तर: (A)
व्याख्या: अंग्रेजों ने शासन स्थापित किया।

40. स्वतंत्रता संग्राम की प्रमुख घटना क्या थी?
(A) आंदोलन
(B) युद्ध
(C) व्यापार
(D) शिक्षा
उत्तर: (A)
व्याख्या: विभिन्न आंदोलनों ने स्वतंत्रता दिलाई।

41. औद्योगिक क्रांति की प्रमुख उपलब्धि क्या थी?
(A) उत्पादन वृद्धि
(B) व्यापार
(C) शिक्षा
(D) धर्म
उत्तर: (A)
व्याख्या: उत्पादन में वृद्धि हुई।

42. फ्रांसीसी क्रांति की प्रमुख उपलब्धि क्या थी?
(A) समानता
(B) स्वतंत्रता
(C) लोकतंत्र
(D) सभी
उत्तर: (D)
व्याख्या: सभी उपलब्धियाँ महत्वपूर्ण थीं।

43. अमेरिकी क्रांति की प्रमुख उपलब्धि क्या थी?
(A) स्वतंत्रता
(B) लोकतंत्र
(C) संविधान
(D) सभी
उत्तर: (D)
व्याख्या: सभी परिणाम सामने आए।

44. रूसी क्रांति की प्रमुख उपलब्धि क्या थी?
(A) समाजवाद
(B) समानता
(C) नई सरकार
(D) सभी
उत्तर: (D)
व्याख्या: सभी उपलब्धियाँ थीं।

45. संयुक्त राष्ट्र की प्रमुख उपलब्धि क्या है?
(A) शांति
(B) सहयोग
(C) विकास
(D) सभी
उत्तर: (D)
व्याख्या: सभी क्षेत्रों में योगदान है।

46. राष्ट्रवाद की प्रमुख उपलब्धि क्या थी?
(A) राष्ट्र निर्माण
(B) युद्ध
(C) व्यापार
(D) शिक्षा
उत्तर: (A)

व्याख्या: नए राष्ट्र बने।

47. प्रथम विश्व युद्ध की प्रमुख उपलब्धि क्या थी?

(A) परिवर्तन
(B) नए राष्ट्र
(C) संधियाँ
(D) सभी

उत्तर: (D)

व्याख्या: कई परिवर्तन हुए।

48. द्वितीय विश्व युद्ध की प्रमुख उपलब्धि क्या थी?

(A) संयुक्त राष्ट्र
(B) शांति
(C) विकास
(D) सभी

उत्तर: (D)

व्याख्या: कई परिणाम सामने आए।

49. इतिहास की प्रमुख विशेषता क्या है?

(A) परिवर्तन
(B) विकास
(C) घटनाएँ
(D) सभी

उत्तर: (D)

व्याख्या: सभी तत्व महत्वपूर्ण हैं।

50. प्रमुख घटनाओं का अध्ययन क्यों आवश्यक है?

(A) ज्ञान
(B) समझ
(C) जागरूकता
(D) सभी

उत्तर: (D)

व्याख्या: इससे हमें इतिहास की सही समझ मिलती है।

Chapter 42: एक पंक्ति में इतिहास (One-Liners)

1. सिंधु घाटी सभ्यता विश्व की प्राचीनतम नगरीय सभ्यताओं में से एक थी।

उत्तर: सत्य

व्याख्या: यह सुव्यवस्थित नगर योजना के लिए प्रसिद्ध थी।

2. ऋग्वेद प्राचीन भारत का सबसे पुराना ग्रंथ है।

उत्तर: सत्य

व्याख्या: यह वैदिक साहित्य का पहला ग्रंथ माना जाता है।

3. गौतम बुद्ध का जन्म लुंबिनी में हुआ था।

उत्तर: सत्य

व्याख्या: लुंबिनी वर्तमान नेपाल में स्थित है।

4. महावीर जैन धर्म के 24वें तीर्थंकर थे।

उत्तर: सत्य

व्याख्या: वे जैन धर्म के अंतिम तीर्थंकर थे।

5. चंद्रगुप्त मौर्य ने मौर्य साम्राज्य की स्थापना की।

उत्तर: सत्य

व्याख्या: उन्होंने 321 ई.पू. में साम्राज्य स्थापित किया।

6. अशोक ने कलिंग युद्ध के बाद बौद्ध धर्म अपनाया।

उत्तर: सत्य

व्याख्या: युद्ध के बाद उन्होंने अहिंसा का मार्ग अपनाया।

7. गुप्त काल को भारत का स्वर्ण युग कहा जाता है।
उत्तर: सत्य
व्याख्या: इस काल में कला और विज्ञान का विकास हुआ।

8. कुतुबुद्दीन ऐबक ने दिल्ली सल्तनत की स्थापना की।
उत्तर: सत्य
व्याख्या: 1206 में इसकी शुरुआत हुई।

9. अकबर धार्मिक सहिष्णुता के लिए प्रसिद्ध था।
उत्तर: सत्य
व्याख्या: उसने सभी धर्मों को सम्मान दिया।

10. ताजमहल का निर्माण शाहजहाँ ने कराया था।
उत्तर: सत्य
व्याख्या: यह प्रेम का प्रतीक माना जाता है।

11. शिवाजी मराठा साम्राज्य के संस्थापक थे।
उत्तर: सत्य
व्याख्या: उन्होंने स्वतंत्र राज्य की स्थापना की।

12. प्लासी का युद्ध 1757 में हुआ था।
उत्तर: सत्य
व्याख्या: इससे अंग्रेजों का प्रभुत्व शुरू हुआ।

13. 1857 का विद्रोह भारत का पहला स्वतंत्रता संग्राम था।
उत्तर: सत्य
व्याख्या: यह अंग्रेजों के खिलाफ पहला बड़ा आंदोलन था।

14. भारतीय राष्ट्रीय कांग्रेस की स्थापना 1885 में हुई थी।
उत्तर: सत्य
व्याख्या: ए.ओ. ह्यूम ने इसकी स्थापना की।

15. महात्मा गांधी ने अहिंसा और सत्याग्रह का मार्ग अपनाया।
उत्तर: सत्य
व्याख्या: उन्होंने शांतिपूर्ण आंदोलन किए।

16. जलियांवाला बाग हत्याकांड 1919 में हुआ था।
उत्तर: सत्य
व्याख्या: इस घटना ने आंदोलन को तेज किया।

17. नमक सत्याग्रह 1930 में हुआ था।
उत्तर: सत्य
व्याख्या: गांधीजी ने दांडी यात्रा की।

18. भारत को 15 अगस्त 1947 को स्वतंत्रता मिली।
उत्तर: सत्य
व्याख्या: यह भारत का स्वतंत्रता दिवस है।

19. भारतीय संविधान 26 जनवरी 1950 को लागू हुआ।

उत्तर: सत्य
व्याख्या: इस दिन भारत गणतंत्र बना।

20. पुनर्जागरण का आरंभ इटली से हुआ।
उत्तर: सत्य
व्याख्या: यह सांस्कृतिक पुनर्जागरण था।

21. धर्म सुधार आंदोलन ने चर्च की कुरीतियों का विरोध किया।
उत्तर: सत्य
व्याख्या: इससे नए धर्मों का उदय हुआ।

22. औद्योगिक क्रांति इंग्लैंड में शुरू हुई।
उत्तर: सत्य
व्याख्या: मशीनों से उत्पादन बढ़ा।

23. अमेरिकी स्वतंत्रता संग्राम 1775 में शुरू हुआ।
उत्तर: सत्य
व्याख्या: यह ब्रिटेन के खिलाफ था।

24. फ्रांसीसी क्रांति 1789 में हुई थी।
उत्तर: सत्य
व्याख्या: इससे समानता और स्वतंत्रता का विचार फैला।

25. राष्ट्रवाद का उदय 18वीं–19वीं सदी में हुआ।
उत्तर: सत्य
व्याख्या: इससे नए राष्ट्र बने।

26. प्रथम विश्व युद्ध 1914 में शुरू हुआ।
उत्तर: सत्य
व्याख्या: यह पहला वैश्विक युद्ध था।

27. द्वितीय विश्व युद्ध 1939 में शुरू हुआ।
उत्तर: सत्य
व्याख्या: यह सबसे विनाशकारी युद्ध था।

28. हिरोशिमा पर परमाणु बम 1945 में गिराया गया।
उत्तर: सत्य
व्याख्या: इससे युद्ध समाप्त हुआ।

29. रूसी क्रांति 1917 में हुई थी।
उत्तर: सत्य
व्याख्या: इससे समाजवादी शासन स्थापित हुआ।

30. संयुक्त राष्ट्र संघ की स्थापना 1945 में हुई।
उत्तर: सत्य
व्याख्या: इसका उद्देश्य विश्व शांति है।

31. गुप्त काल में विज्ञान और गणित का विकास हुआ।
उत्तर: सत्य
व्याख्या: आर्यभट्ट इसी काल में थे।

32. दिल्ली सल्तनत के बाद मुगल साम्राज्य स्थापित हुआ।
उत्तर: सत्य
व्याख्या: 1526 में बाबर ने स्थापना की।

33. अकबर के दरबार में नौ रत्न थे।
उत्तर: सत्य
व्याख्या: ये विद्वान लोग थे।

34. औरंगजेब के बाद मुगल साम्राज्य कमजोर हो गया।

उत्तर: सत्य
व्याख्या: इसके बाद पतन शुरू हुआ।

35. भक्ति आंदोलन ने सामाजिक सुधार किए।
उत्तर: सत्य
व्याख्या: इसने जाति प्रथा का विरोध किया।

36. सूफी संत प्रेम और भाईचारे का संदेश देते थे।
उत्तर: सत्य
व्याख्या: उन्होंने शांति का प्रचार किया।

37. बंगाल विभाजन 1905 में हुआ था।
उत्तर: सत्य
व्याख्या: इससे स्वदेशी आंदोलन शुरू हुआ।

38. असहयोग आंदोलन 1920 में शुरू हुआ।
उत्तर: सत्य
व्याख्या: गांधीजी ने इसका नेतृत्व किया।

39. भारत छोड़ो आंदोलन 1942 में हुआ।
उत्तर: सत्य
व्याख्या: इसमें "करो या मरो" का नारा दिया गया।

40. संविधान सभा ने भारतीय संविधान बनाया।
उत्तर: सत्य
व्याख्या: 1946 में इसका गठन हुआ।

41. औद्योगिक क्रांति ने शहरीकरण को बढ़ावा दिया।
उत्तर: सत्य
व्याख्या: शहरों का विकास हुआ।

42. फ्रांसीसी क्रांति ने लोकतंत्र को बढ़ावा दिया।
उत्तर: सत्य
व्याख्या: इससे समानता का विचार फैला।

43. अमेरिकी क्रांति ने स्वतंत्रता और अधिकारों को बढ़ावा दिया।
उत्तर: सत्य
व्याख्या: इससे लोकतंत्र मजबूत हुआ।

44. प्रथम विश्व युद्ध के बाद राष्ट्र संघ की स्थापना हुई।
उत्तर: सत्य
व्याख्या: शांति बनाए रखने के लिए बनाया गया।

45. द्वितीय विश्व युद्ध के बाद संयुक्त राष्ट्र बना।
उत्तर: सत्य
व्याख्या: यह वैश्विक संगठन है।

46. रूसी क्रांति ने समाजवादी विचारधारा को बढ़ावा दिया।
उत्तर: सत्य
व्याख्या: इससे विश्व राजनीति प्रभावित हुई।

47. राष्ट्रवाद ने कई देशों को स्वतंत्रता दिलाई।
उत्तर: सत्य
व्याख्या: यह स्वतंत्रता आंदोलनों का आधार बना।

48. इतिहास हमें अतीत की घटनाओं की जानकारी देता है।
उत्तर: सत्य
व्याख्या: इससे हम सीख लेते हैं।

49. इतिहास का अध्ययन हमें वर्तमान को समझने में मदद करता है।
उत्तर: सत्य
व्याख्या: अतीत से वर्तमान जुड़ा होता है।

50. इतिहास भविष्य के लिए मार्गदर्शन प्रदान करता है।
उत्तर: सत्य
व्याख्या: इससे हम बेहतर निर्णय ले सकते हैं।

www.ingramcontent.com/pod-product-compliance
Lightning Source LLC
LaVergne TN
LVHW022155200926
848481LV00006B/1756
9798904311148